Vorwort des Herausgebers:
Dr. Ulrich Volz

Es existieren eine ganze Reihe von Büchern über Joao Teixeira da Faria, die unterschiedliche Aspekte seines Wirkens und seiner Arbeit beschreiben.
Der besondere Reiz des vorliegenden Buches „Spirituelle Heilung" liegt darin, dass die Informationen direkt aus dem Munde Joaos stammen und eine einzigartige Authentizität vermitteln.
Als konsequent ganzheitlich arbeitender Zahnarzt (www.zahnklinik.de) habe ich erstmals im Februar 2008 und seitdem in halbjährlichem Rhythmus die „Casa de Dom Inácio" besucht, um mir einen Eindruck über Art, Durchführung und Erfolg der dort durchgeführten, spirituellen Heilungen zu verschaffen. Die Arbeit von Joao de Deus in der Casa hat mich dermaßen überzeugt, dass ich seitdem regelmäßig Patienten unserer Klinik einerseits über Fernheilung dort behandeln lasse oder aber direkt dort hinschicke.
Wir unterstützen Patienten und Kranke bei Fernheilung und bieten unsere Hilfe über eine stiftungsähnliche Gesellschaft (www.ulrich-volz-stiftung.org), welche auch das vorliegende Buch im Eigenverlag übersetzt und herausgegeben hat, für begleitete Reisen an.

Meersburg, den 26. Jan. 2009

Dr. Ulich Volz

Übersetzung: Dr. Ulrich Volz

Inhalt

Kapitel I

Einführung

Zur Einführung wird anfangs allgemein auf den Autor, das Buch, die Medien und die Medialität, die Casa de Dom Inácio und die dort vollbrachten Heilungen Bezug genommen, darüber hinaus werden dem Leser weitere nützliche Informationen zur Lektüre geliefert.

1. Der Autor

Wer ist der Autor?

Der Autor ist Universitätsprofessor und einer der Rechtsanwälte des Mediums João und der Casa de Dom Inácio.

Welche öffentlichen Aufgaben hat der Autor schon erfüllt?

Schriftsteller, Sachverständiger, politischer Abgeordneter und gerichtlicher Anklagevertreter.

Hat er neben den öffentlichen Aufgaben weitere Tätigkeiten ausgeübt?

Ja. Direktor der Juristischen Fakultät der Katholischen Universität von Goiás und Präsident der Anwaltskammer Brasiliens - Abteilung Goiás.

Welcher Religion gehört der Autor an?

Der Autor gehört keiner spezifischen Religion an. Er nennt sich "katholisch-spiritistisch", wenn es möglich ist doppelte Religionszugehörigkeit zu besitzen. Doch er empfindet großen Respekt für alle anderen Religionen.

Ist er nicht eher Katholik und Sympathisant des Spiritismus?

Nein. Man könnte sagen, dass er Sympathisant verschiedener Religionen ist. Doch bezüglich des Spiritismus handelt es sich um mehr als nur Sympathie. Der Autor fühlt sich gut mit der Aussage, dass er Anhänger des Katholizismus und des Spiritismus ist. Darüber hinaus hat er tiefe familiäre Verbindungen zum Spiritismus, sowohl väterlicher, als auch mütterlicherseits.
Der Vater des Autors (Augusto Estulano Garcia) war Spiritist. Der Großvater väterlicherseits (João Estulano Garcia) erwarb, als er den Wohnsitz in Begleitung seiner Ehefrau (Ana Custódia de Jesus) und ihrer Kinder, darunter der noch ledige Vater des Autors, von São Paolo ins Landesinnere von Goiás verlegte, Landbesitz im Kreis Pouso Alto (heute Piracanjuba), wobei er zehn Hektar Land für Wohnungsbau und die Errichtung einer spiritistischen Gemeinde spendete, welche unter dem Namen "Estulânia" heute noch existiert.

Die Mutter des Autors war Medium und praktizierende Spiritistin. Die Großeltern mütterlicherseits (Alfredo Peixoto dos Santos e Margarida Pires dos Santos) hatten Verbindungen zum Spiritismus.

Wäre es nicht widersinnig, zu behaupten, man sei Katholik und Spiritist, man gehöre zwei verschieden Religionen gleichzeitig an?

Religion ist eine menschliche Organisation. Doch die Religiosität ist, selbst ohne Berührung mit irgendeiner bestimmten Religion, ein sehr erhabenes Gefühl, welches den Glauben in etwas wissenschaftlich Unerklärliches übersetzt. Es liegt aus Sicht des Autors keinerlei Widerspruch darin, sich mit mehr als einer Religion gut zu stellen. Er ist Katholik aufgrund des anhaltenden Zusammenlebens mit katholischen Menschen, besonders mit den Leitern des Unternehmens, in welchem er seit über dreißig Jahren arbeitet (Katholische Universität von Goiás). Er ist Spiritist aufgrund seiner vergangenen familiären Verbindungen zum Spiritismus und der Lektüre zahlreicher Bücher, welche spirituelle Themen berühren.

Da beides, sowohl der Katholizismus als auch der Spiritismus, Religionen sind, würde nur eine nicht ausreichen?

Ja, für jemanden, der nur die religiöse Seite sucht. Der Spiritismus ist nicht nur Religion, sondern eine Doktrin, die mit allen anderen spirituellen Religionen vereinbar ist. Es lohnt sich, das Wunder kennen zu lernen, welches der wissenschaftliche und der philosophische Aspekt der Doktrin darstellen. Der Spiritismus hat den Tod getötet, denn für ihn ist der Tod nicht das Ende des Lebens, sondern nur der Übergang in eine andere Dimension.

Wie verlief der erste Kontakt des Autors mit der Casa de Dom Inácio?

Für gewöhnlich suchen die Menschen die Casa de Dom Inácio von "Schmerz" getrieben auf, manchmal verzweifelt, suchen sie irgendeine Form von spiritueller Hilfe für die Leiden des Körpers oder der Seele; oder aus "Liebe", wenn sie das Bedürfnis verspüren, ein spiritistisches Umfeld zu frequentieren; oder eben aus "Neugier", beim Versuch zu verstehen, was dort geschieht. Im Fall des Autors fand der erste Kontakt mit der Casa de Dom Inácio weder vom Schmerz, noch von der Liebe und noch weniger von Neugier geleitet, statt.

Der Autor hatte als Rechtsanwalt bereits in einem Strafverfahren eine wegen spiritueller Heilung der Scharlatanerie angeklagte Person verteidigt. Er hatte Schwierigkeiten, da weder die Doktrin, noch die Rechtssprechung das Thema eingehend behandeln. Bei dieser Gelegenheit hörte er die Kommentare eines Kollegen, Professor für Strafrecht (Expedito Miranda e Silva), dass ein spiritistisches Medium, welches Messer und Taschenmesser benutzt, nicht illegal Medizin ausübe, da keine Medizinische Schule lehrt, chirurgische Operationen mit Messer oder Taschenmesser ohne Anästhesie und ohne Desinfektion, auszuführen. Er fand dies interessant und diskutierte diese These mit dem Kollegen. Einige Zeit später fragte dieser, ob der Autor bei der Verteidigung des Mediums João helfen könne, der wieder einmal der illegalen Ausübung der Medizin und der Scharlatanerie angeklagt worden war. Er nahm diese Einladung an und untersuchte die Strafverfahren. Dann lernte er Medium João und die Casa de Dom Inácio kennen. Er hat sich nie wieder von der Casa abgewandt.

Hatte der Autor irgendein gesundheitliches Problem, als er zum ersten Mal in die Casa de Dom Inácio kam?

Ja. Der Autor hatte zur Zeit der ersten Kontakte mit der Casa de Dom Inácio ernste gesundheitliche Probleme. Doch in Wahrheit war die Krankheit nicht der erste Grund für seinen Besuch in der Casa, denn er befand sich in alternativer medizinischer Behandlung und glaubte ehrlich an ein positives Ergebnis.

Heute kann der Autor ohne Angst, sich zu irren, sagen, dass das Kennenlernen der Casa de Dom Inácio sein Leben komplett verändert hat.

Wie geschah die Umwandlung des "Zweifels" des Autors in den "Glauben" in das, was er erlebt hat?

Auf natürliche Weise. Viele Male rief die Wesenheit den Autor, der dort zwischen den zahlreichen Hilfsmedien saß und sich konzentrierte, um eine bestimmte spirituelle Operation aus der Nähe zu erleben. An der Seite des inkorporierten Mediums João hat der Autor unglaubliche Szenen erlebt. Er möchte sie hier lieber nicht erzählen, da es viele waren.

Der gesunde Menschenverstand leitet in dem Sinne, dass der Bericht verschiedener Fälle durch eine Person weniger Glaubwürdigkeit besitzt, als die Fallberichte verschiedener Personen, welche jeweils ihr eigenes Problem erörtern.

Wann genau geschah der Wandel vom "Zweifeln" zum "Glauben"?

Der Autor kann nicht genau festlegen, wann dies geschah. Es war nicht von einem Moment zum anderen, sondern längerfristig, nachdem er mehrere Fakten miterlebt hatte. Immer wenn der Autor gerufen wurde, um bei einer spirituellen Operation dabei zu sein, blieb er sehr wachsam, um möglichen Betrug aufdecken zu können. Vom Verstand her machte er folgende Beobachtung: "Ich träume nicht, bin weder hypnotisiert, noch stehe ich unter Drogen oder Alkoholeinfluss, ich befinde mich in meinem normalen und wachen Geisteszustand. Kann es sein, dass das, was ich erlebe, wirklich ist?"

Wurde der Autor einmal von einer Wesenheit auf die Tatsache, dass er das Erlebte nicht glaubte, angesprochen?

Ja. Zu Beginn einer Operation, die in der Ausschabung eines der Augen der behandelten Person unter Einsatz eines kleinen Küchenmessers, ohne Anästhesie und ohne Desinfektion, bestand, fragte die Wesenheit: "Was muss getan werden, damit dieser Sohn hier glaubt? Musst du hundert Fälle von Spiritueller Heilung miterleben?" Die Antwort war: "Ich bin ehrlich. Ich beobachte sehr aufmerksam alles was geschieht und ziehe meine Schlussfolgerungen daraus."

Wusste die Wesenheit, wann der Autor anfing zu glauben?

Ja. An einem bestimmten Tag, nachdem er zig Spirituelle Heilungen erlebt hatte und von der Wesenheit ausgewählt wurde, den Abschluss der Arbeiten zu leiten, sprach die Wesenheit mit einer anderen, ebenfalls ausgewählten Person, über den Autor: "Wie sich der Sohn gewandelt hat. Heute ist er ein anderer Mensch."

Könnte nicht die Tatsache, dass der Autor andauernd mit der Casa de Dom Inácio in Verbindung stand, zu Fanatismus geführt haben?

Der Autor hat sich der Casa de Dom Inácio in der Tat sehr gewidmet. Und hat die Absicht, dies weiterhin zu tun. Wenn man berücksichtigt, dass er alles aus einer rationalen Sicht betrachtet, besteht keine Gefahr des Fanatismus. Die rationale Hingabe an eine Religion ist heilsam, die fanatische Hingabe jedoch krankhaft. Der Autor nimmt teil, beobachtet und zieht seine Schlussfolgerungen, ohne Beeinflussung durch Dritte. Der rationale Glaube ist positiv und der blinde Glaube negativ.

Bestehen juristische Probleme, welche das Medium João und die Casa de Dom Inácio betreffen?

Die gibt es, und zwar viele. Der Autor ist nur einer der Rechtsanwälte des Mediums João und der Casa de Dom Inácio.

Ist der Autor Schriftsteller?

Der Autor hat weitere Bücher über Recht veröffentlicht, was sein berufliches Tätigkeitsfeld ist. Doch darin werden ganz andere Themen behandelt. Er hält sich nicht für einen Schriftsteller und er hat im Rahmen seiner Möglichkeiten versucht, eine möglichst einfache Form zu entwickeln.

2. Das Buch

Wie ist die Idee zu diesem Buch entstanden?

Das Buch ging nicht aus der Initiative des Autors hervor. Zunächst wurde er von den Wesenheiten, welche das Medium João inkorporieren, vorgeschlagen, später beauftragt. Folglich war das Schreiben über dieses Thema keine Herausforderung, sondern eine Mission. Der Autor konnte die Wesenheit über den Grund der Auserwählung zur Niederschrift dieses Buches befragen und erhielt die Antwort, dass es eine Mission sei und er versuchen müsse, sie bestmöglich zu erfüllen, wobei er nach Möglichkeit auch den Bezug zu Verbindungen mit dem Spiritismus herstellen sollte.

Warum lautet der Titel des Buches "Spirituelle Heilungen"?

Ohne genauer darauf einzugehen, erschien der Titel dem Autor angemessen. Im Laufe der Arbeit wurde der zunächst vorläufige Titel übernommen, da er der Absicht des Buches entsprach. Es ist kein ausgesuchter Titel, er tauchte auf natürliche Weise auf. Spirituelle Heilungen spricht das Thema auf eine umfassende Weise ohne religiöse Andeutung an, was unvermeidbar geschehen wäre, hätte man den Titel angepasst. Der Titel könnte *Unerklärliche Heilungen, Geistige Heilungen, Psychische Heilungen, Paranormale Heilungen, Psychologische Heilungen, Spirituelle Erscheinungen, Wunderheilungen, Mediale Heilungen, Unsichtbare Heilungen, Heilungen durch Geistwesen, Medizin der Seele, Medizin der Geistwesen* oder ähnlich lauten. Doch der Autor fand den Titel *Spirituelle Heilungen* passender.

Es gibt viele technische Begriffe über das Thema Spirituelle Heilungen, sowohl aus medizinischer, als auch aus religiöser und juristischer Sicht. Wie wurde das Buch in Bezug auf die technische Terminologie entwickelt?

Der Autor ist weder Experte der portugiesischen Sprache, noch wendet er ein gehobenes Vokabular an. Dennoch hat er versucht, eine klare diskursive Darstellung zu liefern und versucht allgemein leicht verständliches Vokabular zu verwenden. Im Rahmen der Möglichkeiten hat er die von den befragten Personen verwendeten Worte übernommen, auch wenn es sich nicht um die richtigen technischen Ausdrücke handelte. Deshalb könnten einige Darstellungen für Ärzte,

Religionsanhänger und Juristen unannehmbar sein. Doch der Autor beabsichtigt eine Kommunikation ohne Spitzfindigkeiten.

Folgte die Entwicklung des Buches einem vorgefassten Kriterium?

Da er nicht genau wusste, wie er diese Arbeit entwickeln konnte, begann der Autor mit der zufälligen Aufzeichnung verschiedener Einzelheiten. Ohne größere Schwierigkeiten wählte er am Ende die Form von Interviews mit allgemeinen und spezifischen Fragen über die behandelten Themen, um sie im Anschluss nieder zu schreiben. Die formulierten Antworten versuchen nahe zu bringen, was die Menschen tatsächlich wissen möchten. Beziehungsweise wurde versucht, die üblichen Befragungen zu machen. Diese Methode wurde sogar bis zum Selbstinterview verfolgt, bei welchem der Autor für sich selbst Fragen und Antworten formulierte.

Neben der direkten Befragung des Bürgers João Teixeira de Farias durch den Autor, wurde dieser auch interviewt, als er inkorporiert war, was bedeutet, dass die Wesenheiten, welche João de Deus als "Werkzeug" benutzen, bei vielen Zweifeln zu Rate gezogen wurden, wobei sie die zur Erklärung notwendigen Antworten lieferten.[1] Die dem Medium João gestellten Fragen wurden manchmal zusammengefasst und manchmal detailliert beantwortet. Bevor das Buch gedruckt wurde, wurden ihm die Fragen und Antworten zur Prüfung vorgelegt.

Der Autor machte persönliche Beobachtungen und führte nützliche Gespräche mit den Angestellten, Bediensteten, Helfern, Besuchern der Casa, mit Ärzten, Anwälten, Richtern, Anklagevertretern, politischen Abgeordneten und Religionswissenschaftlern. Auch begleitete er das Medium João auf Reisen ins Ausland, wo er gleichzeitig Beobachter und Helfer bei den durchgeführten Arbeiten war.

Wusste der Autor, mit welcher Wesenheit er sprach?

Nein. Über das Buch gab es niemals eine Identifikation.

Welchen Zweck verfolgt das Buch?

Man kann sagen, dass das Buch zwei Ziele hat. Das erste liegt im Versuch, die brasilianischen, für diese Belange zuständigen Behörden, so wie private Einrichtungen dahingehend zu sensibilisieren, dass sie wissenschaftliche Studien betreiben, um Betrügereien in der Casa de Dom Inácio aufzudecken oder auszuschließen. Und wenn nichts Falsches festgestellt werden kann, dass sie dann die Existenz der Spirituellen Heilungen anerkennen. Die Casa de Dom Inácio war schon Schauplatz für die Durchführung von Studien, doch mehr von ausländischen Wissenschaftlern, als von brasilianischen.

Das zweite Ziel ist es, allgemeine Informationen über den Ort zu liefern, damit eine größtmögliche Zahl von Menschen von der Existenz der Casa erfahren kann, um auf irgendeine Weise spirituellen Nutzen daraus ziehen zu können.

---

[1] Nach einem Interview mit dem Medium João in der Casa de Dom Inácio, bei welchem zahlreiche Fragen gestellt worden waren, wurden die Arbeiten der Spirituellen Heilung begonnen. Der Autor saß konzentriert an seinem Platz, als das inkorporierte Medium João sich ihm näherte und die Hand auf seinen Kopf legte, wobei er sagte, dass viele der schwer zu beantwortenden Fragen nicht von dem Medium, sondern von den Wesenheiten beantwortet worden waren.

Könnte der Versuch der Annäherung von Wissenschaft und Religion auch ein Ziel sein?

Die Annäherung von Wissenschaft und Religion ist nicht wirklich eines der Ziele, doch ist sie eine Folge, wenn wissenschaftliche Studien über Spirituelle Heilungen durchgeführt werden. Es kann nicht bestätigt werden, dass es in der Welt eine Bewegung mit dem Ziel der Annäherung zwischen Wissenschaft und Religion gäbe. Doch existiert unleugbar eine Tendenz in diese Richtung, ohne dass es irgendeine Organisation oder ein Projekt gäbe. Was geschieht ist, dass es individuelle und spontane Initiativen zu unterschiedlichen Zeitpunkten und an unterschiedlichen Orten gibt, ohne persönliche Ansprüche und Synchronisation der Vorgehensweisen, aber mit derselben Ausrichtung.

Was die Wissenschaften allgemein und die Religionen betrifft, besteht noch immer ein großer Abstand.[2] Doch dieser dürfte verschwinden.

Nimmt man das Symbol der Pyramide, so befinden sich die Religionen und die verschiedenen Wissenschaften zurzeit auf derselben Ebene, an der Basis der Pyramide. Die von jeder bekennenden Religion unabhängigen Spirituellen Heilungen und die Medizin werden sich früher oder später auf der Spitze der Pyramide befinden. Beachtet man dies, so wird die Spitze der Pyramide umso niedriger sein, als die Spirituellen Heilungen wissenschaftlich untersucht werden. Hierzu lohnt es sich die Worte Albert Einsteins zu zitieren: "Wissenschaft ohne Religion hinkt, Religion ohne Wissenschaft ist blind."[3]

Das vorliegende Buch ist nur ein Wassertropfen im Ozean des Anspruches, Wissenschaft und die Religion zu vereinen.

Wie ist das Buch strukturiert?

Zur Vereinfachung und zum besseren Verständnis wurde das Buch in sechs Kapitel wie folgt unterteilt:

Kapitel I - Einführung. Gibt Auskunft über den Autor und versucht einen allgemeinen Überblick über das gesamte Buch zu geben, mit den für eine leichte und angenehme Lektüre notwendigen Informationen.

Kapitel II - João de Deus. Um dem Leser Informationen über das Medium João Teixeira de Faria, bekannt als "João de Deus", zu geben, wurden ihm zahlreiche Fragen über Einzelheiten gestellt, welche die Menschen normalerweise gerne wissen möchten.

Kapitel III - Casa de Dom Inácio. Beabsichtigt, einen Überblick zu liefern über das, was die Casa de Dom Inácio, ein für jedermann unabhängig von Religionszugehörigkeit offenes Haus der Spirituellen Heilungen, ist und wie sie funktioniert.

---

[2] "Das Maß der Wissenschaft ist der ewige Zweifel, wohingegen es für die Religion der blinde Glaube ist." In MENCONI, Darlene. As Razões da Fé. *Isto É*, Rio de Janeiro, n. 1889, S. 103.
[3] Idem, S. 104.

Kapitel IV - Wesenheiten. Zahlreiche Erklärungen über die Wesenheiten, welche in der Casa de Dom Inácio behandeln, werden vorgestellt. Außer den in verschiedenen Publikationen durchgeführten Umfragen und den mit zahlreichen Medien gemachten Interviews, hat der Autor im Rahmen der erteilten Erlaubnis direkte Informationen von den Wesenheiten selbst erhalten, das bedeutet auf die Medium João in inkorporiertem Zustand gestellte Fragen hin.

Kapitel V - Spirituelle Heilungen. Das Kapitel trägt den gleichen Namen wie das Buch, was das zentrale Thema der Arbeit darstellt, mit Fragen und Antworten bezüglich der Zweifel im Allgemeinen, welche mit Spiritueller Heilung verbunden sind. In der Auswahl wird eine ausdrucksstarke Anzahl von in der Casa vollbrachten Heilungen vorgestellt, wobei die Namen und Adressen der geheilten Personen zur Bestätigung angegeben werden.

Kapitel VI - Spirituelle Manifestationen und das Brasilianische Recht. Der Autor hat versucht, die juristischen Gesichtspunkte, welche die verschiedenen gerichtlich untersuchten Kommunikationen mit Geistwesen umfassen, aufzuzeichnen. Einige oberflächliche Erklärungen über strafrechtliche Gesichtspunkte werden aus einer für Laien abgewandelten Sicht vorgestellt. Es finden Bezugnahmen auf die religiöse Freiheit, die Meinungen der Gelehrten und die richterlichen Entscheidungen zu diesem Thema in konkreten Fällen statt.

Welche Befürchtungen hatte der Autor bei der Ausarbeitung des Buches?

Als der Autor die Mission erhielt, dieses Buch zu schreiben, hatte er folgende Bedenken:

a) religiöse Konfrontation vermeiden. Das Buch hat keine religiöse Ausrichtung. Es handelt sich um eine Aufzeichnung von Fakten und nicht um eine Doktrin, die Meinungen auferlegen will. Spirituelle Heilungen gibt es in jeder Religion;
b) wissenschaftliche Konfrontation vermeiden. Auf irgendeine Weise besteht die Absicht, vorhandene Wahrheiten zu vermitteln. Es wird nicht behauptet, dass die Spirituellen Heilungen die Medizin ersetzen können. Im Gegenteil, der Anspruch ist, dass die Spirituellen Heilungen Partner der Medizin werden. Hierfür wären tiefgehende wissenschaftliche Studien nötig;
c) juristische Konfrontation vermeiden. Die brasilianischen Gesetze müssen respektiert werden. Wenn ein Gesetz nicht gut ist, sollte es verändert und nicht missachtet werden. Aus Sicht des Autors stuft das brasilianische Gesetz die illegale Ausübung der Medizin, Scharlatanerie und Quacksalberei zu Recht als Verbrechen ein. In Brasilien gibt es viel Unseriöses in allen Religionen. Doch es gibt auch seriöse Dinge, die wissenschaftlich nicht erklärbar sind. In einem Land mit einer so hohen gewalttätigen Kriminalitätsrate macht es keinen Sinn, das Gesetz gegen ehrliche Menschen anzuwenden, die versuchen, ausschließlich Gutes zu tun. In diesem Fall muss das seriöse Verhalten rechtlich erlaubt werden.

Es ist erwähnenswert, dass die Sorge, religiöse, wissenschaftliche und juristische Konfrontation zu vermeiden, nur die von der Casa de Dom Inácio verfolgten Grundsätze widerspiegelt, welche jede Art der Konfrontation vermeidet.

In der Ausarbeitung des Buches gab es keine Übereilung bei der Zusammenfassung, eben weil der Autor zahlreiche Zweifel auszuräumen hatte, was nur bei andauerndem Besuchen der Casa und der dort durchgeführten Vorgehensweisen möglich ist. Darüber hinaus wurden zahlreiche Bücher zu dem entwickelten Thema herangezogen.

Was bedeutet der im Buch mehrere Male verwandte Ausdruck "konventionelle Medizin"?

Darunter wird die bekannte und üblicherweise angewandte Medizin verstanden, welche dem anerkannten Standard folgt.

Handelt das Buch ausschließlich von der Casa de Dom Inácio?

Die Absicht war, über die Funktion der Casa de Dom Inácio und die dort durchgeführten Spirituellen Heilungen zu schreiben. Die zentrale Idee ist, dass die Berichte über das, was in der Casa de Dom Inácio geschieht, als Vergleich für die Dinge, die anderswo geschehen, dienen können. Unabhängig von religiösen Glaubensbekenntnissen geschehen Spirituelle Heilungen.

Welche Botschaft versucht der Umschlag des Buches zu vermitteln?

Keine. Er versucht lediglich zu zeigen, wo sich die Casa de Dom Inácio befindet. Die Titelseite zeigt die Weltkarte mit der geografischen Position des Staates Goiás (Brasilien). Auf der Rückseite befindet sich die Karte des Staates Goiás mit den Städten Abadiânia, Brasilia, Anápolis und Goiânia. Beide versuchen denjenigen, welche die Absicht haben, in die Casa de Dom Inácio zu kommen, als Orientierung zu dienen.

Könnte das Buch ohne Vermittlung eines Verlages von der Casa de Dom Inácio veröffentlicht und verkauft werden?

Ja. Die Veröffentlichung könnte unabhängig sein, was einen niedrigeren Verkaufspreis mit sich brächte, jedoch auch mit ernsthaften Vertriebsproblemen verbunden wäre. So wurde die Verlagspublikation vorgezogen, was das Buch teurer macht, jedoch einen einfacheren Vertrieb ermöglicht.

War es viel Arbeit, das Buch zu schreiben?

Ja, doch die Arbeit war segensreich. Da der Autor über ein ihm fast unbekanntes Thema spricht, waren viel Beobachtung und zahlreiche Interviews erforderlich. Ebenso war es notwendig, viel zu lesen und nachzuforschen.

Will der Autor mit dem Buch Geld verdienen?

Nein. Viele Menschen haben bei der Entwicklung dieser Arbeit mitgewirkt. Deshalb möchte der Autor, dass die Autorenrechte der Casa de Dom Inácio zugute kommen, wo sie zweifellos einem wertvollen Zweck zugeführt werden.

Gibt es Menschen, die mit Büchern oder anderen Aktivitäten, bei welchen sie die Casa de Dom Inácio und das Medium João benutzen, Geld verdienen?

Ja. Und das ist nicht gut für denjenigen, der so verfährt, ausschließlich ökonomisch zu denken und die spirituelle Seite an zweite Stelle zu setzen. Es gibt Bücher, Fotos und gefilmte Dokumentationen, die ohne irgendeine Beteiligung der Casa an den erzielten Einnahmen kommerzialisiert werden.

Man kann sagen, dass der Mensch immer mit der Sehnsucht lebt, den Sinn des Lebens zu kennen. Handelt das Buch auf irgendeine Weise davon?

Der Kampf ums Überleben, die beabsichtigten Projekte und der Arbeitsalltag mildern die existenziellen Zweifel und zwar sehr. Unabhängig von Glaubensrichtung, Nationalität, Geschlecht, kulturellem Niveau oder der wirtschaftlichen Lage geht jeder durch eine existenzielle Reflektion, in welcher der Sinn des Lebens hinterfragt wird. Es genügt, die Sterne anzusehen, die Perfektion der "Maschine", welche der menschliche Körper ist, zu beobachten und die Natur zu betrachten, um sich die universellen Fragen zu stellen: "Wer bin ich, wo komme ich her und wo gehe ich hin?"
Der Autor fühlt sich nicht ausreichend befähigt, über bestimmte Themen zu sprechen. Es gibt gute Bücher, die von kompetenten Menschen geschrieben wurden und das spirituelle Thema besser behandeln. Das menschliche Wesen hat den Sinn des Lebens schon immer gesucht und wird ihn immer suchen.[4]

Chico Xavier wird in zahlreichen Abschnitten des Buches zitiert. Wer war er?

Francisco Cândido Xavier (Chico Xavier) wurde am 2. Juli 1910 in Pedro Leopoldo, Minas Gerais (Brasilien) geboren. Als Sohn von João Cândido Xavier und Maria João de Deus, verlor er seine Mutter im Alter von fünf Jahren und wurde in die Obhut seiner Patentante Rita de Cássia gegeben, in deren Begleitung er viele Prüfungen in Form von offensichtlicher Misshandlung erlebte. Auch die anderen acht Geschwister wurden auf zahlreiche Familien und Freunde verteilt.

Als der verwitwete Vater sich mit Adélia Batista verheiratete, welche dafür sorgte, dass alle Kinder João Cândidos wieder vereint wurden, bekam Chico eine zweite Mutter. Aus der zweiten Ehe seines Vaters hatte Chico Xavier weitere sechs Geschwister, was insgesamt vierzehn machte, mit denen er zehn Jahre gemeinsam mit seinem Vater und seiner neuen Mutter in Frieden und Harmonie lebte. Seine wahre Mutter begünstigte ihn vom fünften bis zum siebzehnten Lebensjahr, indem sie ihn in spirituellen Visionen kontaktierte, um sich mit ihm zu unterhalten und Ratschläge zu seinem Verhalten zu geben, welche er absolut befolgte.

Seine Medialität zeigte sich im Alter von vier Jahren, denn er sah und hörte die Geistwesen und sprach mit ihnen. Es gab für ihn keinen Unterschied zwischen der materiellen und der spirituellen Welt. Er begann mit acht Jahren zum Lebensunterhalt der Familie beizutragen, war Arbeiter in einer Textilfabrik, Bediensteter einer Spinnerei, gehörte zur Belegschaft eines Warenhauses und war Angestellter in der Landwirtschaft und trat nach jahrelanger intensiver Tätigkeit als

---

[4] "Der wahre Sinn des Lebens ist die Liebe. Und die Liebe ist ein Geisteszustand des bedingungslosen Gebens, was uns die Pflicht auferlegt, auch an den Kummer des Nächsten zu denken." In: MAES, Hercílio. Mediunidade de Cura, S. 168.

Maschinenschreibkraft in den Ruhestand. Chico hat seine beruflichen Aktivitäten niemals mit der Ausübung der Medialität vermischt.

Über seine Augenkrankheit ist bekannt, dass er an einer Linsenverlagerung und zusätzlichem Schielen des rechten Auges litt, was ihn Tag und Nacht belästigte. Das Problem wurde später noch durch den grauen Star verschlimmert, was ihm fürchterliche Schmerzen bereitete. Es ist Tatsache, dass er schwerwiegende Probleme mit der Sicht hatte. Er lehnte Zé Arigós Angebot, seine Augen spirituell zu operieren mit dem Argument ab, dass die Krankheit eine Prüfung sei und er sie deshalb ertragen müsse.

Erwähnenswert ist die Tatsache, dass Chico nach dem Tod seines Bruders José Cândido Xavier im Jahre 1939 die Vormundschaft über seine Neffen und die Witwe Geni übernahm. Sein verstorbener Bruder hinterließ ihm einen Schuldenberg, welcher mit dem geringen Verdienst Chicos unmöglich zu begleichen war. Eines Tages erhielt er Besuch eines Fremden, welcher sagte, er sei gekommen, um eine zuvor begangene Schuld zu begleichen. Er hinterließ einen Umschlag, welcher, wie sich beim Öffnen nach dem Fortgang des Fremden herausstellte, genau die für die Bezahlung der Schuld seines Bruders notwendige Summe enthielt.

Bevor er sich endgültig dem Spiritismus zuwandte, suchte er Hilfe im Katholizismus, seiner anfänglichen Religion, von welcher er sich jedoch abwandte, da sie ihm keine Erklärungen für die mit ihm geschehenden Phänomene liefern konnte. Der Pfarrer, welcher seine Beichten hörte, gab ihm seinen Segen, anstatt ihn davon abzubringen. Er war für Chico eher ein echter Vater, als ein Freund.

Sein erstes von Geistwesen empfangenes Buch war *Parnassische Schule des Jenseits* im Jahre 1932, eine Auswahl von Gedichten, welche großen Widerhall in der kulturellen Schicht Brasiliens und intensive Auseinandersetzung über die Tatsache hervorrief, dass sie von berühmten verstorbenen Schriftstellern stammte (Cassimiro de Abreu, Castro Alves, Olavo Bilac, Augusto dos Anjos, Antônio Nobre, Alphonsus Guimarães, Antero de Quental, Guerra Junqueiro, D. Pedro II u. a.). Der Stil entsprach den Schriftstellern als sie noch lebten, ohne dass es für dieses Phänomen irgendeine Erklärung gegeben hätte.

Zu Beginn seines medialen Werks diente der aufgekommene Streit als Propaganda für den Spiritismus und machte das junge Medium berühmt. Chicos Medialität war außergewöhnlich, denn außer Hellsichtigkeit, Hellhörigkeit und physischer Effekte, besaß er eine außergewöhnliche Fähigkeit, automatisch zu schreiben.

Gemeinsam mit der Federação Espírita Brasileira (Spirituelle Vereinigung Brasiliens) von der Familie von Humberto de Campos angeklagt, um die Glaubwürdigkeit der Autorenschaft der empfangenen Bücher zu klären, welche von dem Geistwesen Humberto Campos diktiert worden waren, erlebte Chico Xavier sorgenvolle Augenblicke, doch gab es einen glücklichen Ausgang.[5]

Je mehr Bücher er empfangen hatte, umso größer wurde seine Berühmtheit und die Zahl der Geschichten über seine Kraft als Medium, was ihm ernste Sorgen bereitete, da er viele Male öffentliche Erklärungen abgeben musste, dass er weder Blinde sehend, noch Gelähmte gehend machen könne.

---

[5] Über den erwähnten Prozess werden genauere Einzelheiten in Kapitel VI, 14 vorgestellt.

Er diente zahlreichen Geistwesen als Werkzeug, darunter den schon erwähnten, außerdem André Luiz und Bezarra de Menezes, doch war Emmanuel sein spiritueller Mentor.[6]
Zu Beginn der Kontakte Emmanuels mit Chico Xavier, als sichergestellt war, dass sie lange Zeit zusammenarbeiten würden, stellte der gute Geist drei grundlegende Regeln auf, die das Medium zu befolgen hatte: Erstens Disziplin; zweitens Disziplin und drittens Disziplin. Auch erklärte er, dass, sollte er, Emmanuel, eines Tages etwas raten, das im Widerspruch zu den Worten Jesu und Kardecs stand, Chico bei Jesus und Kardec bleiben und versuchen solle, ihn zu vergessen.
Im Laufe seines Lebens empfing er psychografisch Gedichte, Romane, Kurzgeschichten, Erzählungen, Chroniken, Reportagen, Botschaften, Geschichte im Allgemeinen, Religion, Soziologie, Philosophie, Kinderliteratur in insgesamt 412 Büchern mit Tausenden übersetzten Veröffentlichungen ins Englische, Französische, Spanische, Esperanto, Japanische, Griechische, etc., deren Urheberrechte sämtlich menschenfreundlichen Wesenheiten gegeben wurden. Chico lebte immer von einer kleinen Rente.

Die Arbeit des psychografischen Schreibens war keine einfache mediale Konzentration, sondern auch eine körperlich anstrengende Tätigkeit, die vollständige Hingabe erforderte und wenig Zeit zum Schlafen ließ. Seine Gesundheit war ständig geschwächt, was eine permanente ärztliche Betreuung erforderte, also brachte ihm seine Medialität keinerlei persönliches Privileg. Ihm zufolge, verlegte er auf ärztlichen Rat hin seinen Wohnsitz von Pedro Leopoldo nach Uberaba, wo er bis zum Ende seines Lebens blieb. Über die beiden Städte sagte Chico: "Pedro Leopoldo ist meine Wiege und Uberaba ist mein Segen." Immer im Dienst der spiritistischen Doktrin, reiste er durch ganz Brasilien und besuchte die Vereinigten Staaten, England, Frankreich, Italien und Portugal.

Seine Bescheidenheit und seine Wohltätigkeit dienten vielen Menschen als Inspiration, was Krankenhäuser, Waisenhäuser, Kinderkrippen, Behindertenheime, Suppenküchen für Arme, Essenskampagnen, medizinische Ambulanzen, Erwachsenenbildung, Bibliotheken etc. hervorrief. Gäbe es im Spiritismus eine Hierarchie ähnlich der des Katholizismus, könnte Chico als der "Papst des Spiritismus" betrachtet werden.

Aus seinem umfangreichen psychografisch empfangenen Werk ragen u. a. folgende in Brasilien erschienene Schriften heraus: *Parnassische Schule des Jenseits; Briefe einer Verstorbenen; Brasilien, Herz der Welt; Vaterland des Evangeliums; Auf dem Weg des Lichts; Vor 2000 Jahren; Fünfzig Jahre danach; Der Trostspender; Die Gute Nachricht; Paulo und Estevão; Unser Heim; Die Botschafter; Schöpfer des Ewigen Lebens; Ich kam zurück; Zwischen Himmel und Erde; Entwicklung in zwei Welten; Mechanismen der Medialität und Desobsession. Unser Heim* ist gerade auf Deutsch erschienen.
Chico Xavier verstarb am 30 Juni 2002 im Alter von zweiundneunzig Jahren, von welchen fünfundsiebzig der Kommunikation zwischen den Lebenden und den Toten gewidmet waren.

[6] Weitere Informationen über Emmanuel siehe Kapitel IV, 6.

3. Das Fehlen einer religiösen Konfrontation

Wäre die Anerkennung Spiritueller Heilungen nicht eine religiöse Konfrontation?

Nein. In allen Religionen geschehen Spirituelle Heilungen. Ob es religiöser Glaube oder einfach nur positives Denken ist, bleibt zu analysieren jedem selbst überlassen. Unabhängig von dieser oder jener Religion ist der eine oder andere Fall bekannt, bei dem ein Mensch vollständig geheilt wurde. Übrigens haben alle Religionen eine Sache gemeinsam: Gott. Der ihm verliehene Name spielt keine Rolle, denn der Glaube an ein Höheres Wesen ist jeder Religion zueigen. Nur die zu gehenden Wege unterscheiden sich.

Hier werden die durch den Glauben oder das positive Denken erlangten Spirituellen Heilungen weder hinterfragt, noch verteidigt oder angegriffen. Ziel ist es, die als wissenschaftlich unerklärlich geltenden Fälle aufzuzeichnen.

Ist es wichtig, einen Glauben zu besitzen?

Ja. Es ist immer wichtig zu glauben, um Heilung zu erlangen, auch in der Behandlung durch konventionelle Ärzte.

Gibt es einen Unterschied zwischen Glaube und Religion?

Aus Sicht des Autors ja. Religion ist mit ihren verschiedenen Namen eine Erschaffung des Menschen, sowohl mit Verdiensten, als auch mit Fehlern. Der Glaube ist ein inneres Gefühl, das im menschlichen Wesen liegt, und ist von der Religionszugehörigkeit unabhängig.

Es wurde gesagt, dass die Casa de Dom Inácio kein Spiritistisches Zentrum ist. Doch sind die dort durchgeführten Arbeiten nicht von der spiritistischen Doktrin vorgesehen?

In gewisser Weise ja. Doch die Casa de Dom Inácio macht keine Einschränkungen bezüglich des religiösen Glaubens. Die meisten Menschen, welche die Casa regelmäßig besuchen, nennen sich katholisch. Auch Medium João bekennt sich katholisch. Jegliches Loblied jeglicher Religion und in jeglicher Sprache kann von Personengruppen angestimmt werden. Es wurden auch schon Messen und Gottesdienste von Priestern und evangelischen Pastoren, welche die Casa regelmäßig besuchen, abgehalten. Jede Woche wird des Abends der Rosenkranz gebetet.

Neben den Anhängern der sogenannten christlichen Religionen sind auch Buddhisten, Hindi, und Muslime, sowie sogenannte Materialisten willkommen.

Wie kam es zu den Messen in der Casa de Dom Inácio?

Mit einer amerikanischen Reisegruppe kam mehr als einmal ein Priester, der darum bat, die Nebengebäude der Casa nutzen und dort Messen abhalten zu dürfen.

Ist es üblich, dass religiöse Autoritäten die Casa de Dom Inácio regelmäßig besuchen?

Üblich ist es nicht. Dennoch gibt es hin und wieder Besuche, jedoch aus Neugier. Ein evangelischer Bischof aus Amerika, Ph.D in Religion, besuchte die Casa de Dom Inácio zwei Wochen lang und war ganz schön beeindruckt von all dem, was er erlebte. Dasselbe geschah mit einem evangelischen Pastor, welcher auf seinen Wunsch vom Autor mitgenommen wurde, um die Casa kennen zu lernen und bei den dort durchgeführten Arbeiten dabei zu sein.

4. Das Fehlen einer wissenschaftlichen Konfrontation

Gibt es keine Konfrontation im Zusammenhang mit der Medizin?

Nein. Es ist bekannt, dass die Medizin keine exakte Wissenschaft ist und dass unvorhergesehene Dinge geschehen können, die sich jeglicher wissenschaftlichen Erklärung entziehen. Die Spirituellen Heilungen sind für die konventionelle Medizin Vorkommnisse ohne wissenschaftliche Erklärung. Diejenigen, welche Spirituelle Heilungen vollbringen oder an sie glauben, sind Fürsprecher der Medizin.

So gesehen sind Spirituelle Heilungen und Medizin keine Gegner. Jegliche Konfrontation bedeutet geistige Armut und das Fehlen einer wissenschaftlichen Vision, was zu nichts führt. Spirituelle Heilungen sind keine Alternative zur konventionellen Medizin, also sollten sie zusammengeführt und nicht gegenübergestellt werden. Der Arzt heilt den Körper, doch der Kranke muss geführt werden, damit er sich moralisch verändern kann. Und dies wird durch die Spirituelle Heilung erreicht. Die Medizin verdient jeden Respekt und Ansporn von jenen, welche an die Spirituelle Heilung glauben. Alle Menschen, die die Mission haben, als Werkzeug für Spirituelle Heilungen zu dienen, haben bei Gesundheitsproblemen immer die Medizin aufgesucht und werden dies immer tun.

Das Medium ist nur der Kanal für die Kommunikation zwischen der physischen und der spirituellen Welt. Spirituelle Heilungen beweisen nur, dass ein Leben nach dem Tod existiert, und dass die guten Geister Lösungen anbieten können, welche die menschliche Medizin in einigen Fällen noch nicht erreichen kann.

Stellen nicht gerade im Fall der Casa de Dom Inácio die dort vollbrachten Heilungen eine Konfrontation mit der Medizin dar?

Nein. Die in der Casa de Dom Inácio vollbrachten Heilungen stehen der Medizin irgendwie gegenüber. Jedoch ist Geistige Heilung nicht gegen sie, denn es gibt Empfehlungen, ärztliche Behandlungen nicht abzubrechen. Die von den Geistwesen verschriebene Medikation hat keinerlei Nebenwirkungen.

Stellt nicht allein die Tatsache, Spirituelle Heilungen zuzugeben, schon eine Konfrontation mit der Medizin dar?

In gewisser Hinsicht ja. Die Spirituelle Heilung und die Wissenschaften im Allgemeinen haben dasselbe Ziel, welches das Wohlergehen der Menschen ist, sowohl in physischer, als auch in psychischer Hinsicht, wobei spiritueller Frieden gesucht wird. Die spirituelle Behandlung macht die medizinische Behandlung nicht unnötig. Beide ergänzen sich.

Kann es sein, dass keine Konkurrenz zwischen der in der Casa de Dom Inácio durchgeführten Behandlung und den Behandlungen durch Mediziner besteht? Oder dass, aus finanzieller Sicht gesehen, die Casa de Dom Inácio den Medizinern Patienten nimmt?

Die Spirituellen Heilungen in der Casa de Dom Inácio geschehen in Fällen, in denen die konventionelle Medizin noch nicht in der Lage ist, eine effiziente Behandlung durchzuführen oder wenn die behandelte Person nicht über die finanziellen Mittel verfügt, die medizinischen Kosten aufzubringen. Die Anzahl der Behandlungen, welche nur spirituelle Ruhe vermitteln und die jener Menschen, welchen die Wesenheit empfiehlt, einen Arzt aufzusuchen, ist beachtlich. In anderen Fällen resultieren die Behandlungen in teilweiser Heilung und der Empfehlung, die konventionelle Medizin aufzusuchen, um die Behandlung zu Ende zu führen.

Wie wird der Arzt einer Spirituellen Behandlung Kontinuität verleihen?

Es gibt viele Fälle, in denen der Arzt der Person mitteilt, das gesundheitliche Problem schreite voran und es gäbe nichts, was getan werden könnte. Wird dann eine Spirituelle Heilung vollbracht und der Patient geht erneut zum Arzt, stellt dieser fest, dass das Problem aufgehört hat. Einige glauben dem Bericht der Patienten, doch viele glauben es nicht. Sie sagen, dass etwas Unerklärliches geschehen sei und eine permanente ärztliche Begleitung nötig sei, um einen Rückfall zu verhindern.[7]

Entwickelt sich die konventionelle Medizin weiter und erzielt allmählich Heilungen von vormals unheilbaren Krankheiten?

Ja, und sie wird sich immer weiter entwickeln. Der Fortschritt ist das Ergebnis der aufopfernden Arbeit einiger weniger, welche erleuchtete Geistwesen sind, die mit der Mission, für das Vorankommen der Menschheit zu arbeiten, inkarnieren. Diese beständigen Forscher machen Entdeckungen oder Erfindungen[8], welche in der Zukunft vielen nützen werden. Doch die spirituelle Medizin unterscheidet sich von der konventionellen Medizin.

Wie wird dies bewiesen?

Es gibt nichts zu beweisen. Was heute unbekannt ist, wird in der Zukunft keinerlei Neuheit darstellen. Dies ist der natürliche Fortschritt der Menschheit. Die Anästhesie und einige Impfungen sind relativ neue Erfindungen.

Sind die Ärzte radikal gegen Spirituelle Heilungen?

Nicht alle. Eine beachtliche Zahl glaubt an etwas, das die Wissenschaft nicht erklären kann. Die Ärzte unterscheiden sich nicht vom normalen Bürger. Sie haben Familien und eine Religion und sie sind in den sozialen und kulturellen Kontext der allgemeinen Bevölkerung integriert. Sie haben eine wissenschaftliche Ausbildung abgeschlossen, um die edle Mission, den Menschen zu behandeln, zu erfüllen. Sie verdienen jeglichen Respekt und Bewunderung für den gewählten Beruf. Es ist nur

---

[7] Rückfall ist ein medizinischer Begriff, welcher die Rückkehr einer Krankheit oder von Symptomen nach einer kürzeren oder längeren Zeit der Heilung kennzeichnet.

[8] Entdeckung: Herausfinden, was existiert, jedoch noch unbekannt war.
Erfinden: Etwas erschaffen, das noch nicht existierte.

natürlich, dass sie sich mehr der Wissenschaft als den spirituellen Aspekten zuwenden.

Gibt es irgendeine Art der Organisation von Ärzten, welche an Spirituelle Heilungen glauben?

Der Autor kann keine näheren Details liefern, doch es ist bekannt, das es die Associação de Médicos Espíritas (AME; Vereinigung Spiritueller Ärzte) mit Mitgliedern in zahlreichen brasilianischen Staaten gibt.

Sind Spirituelle Heilungen nicht einfach positive Gedanken oder Fähigkeiten bestimmter "Sensitiver" oder "Paranormaler" Menschen, die von der Parapsychologie, welche eine Wissenschaft ist, erklärt werden können?

In der Tat kann man in gewisser Hinsicht sagen, dass das gesegnete Wasser und das bei den Heilungen verabreichte Medikament für die Medizin wie Placebos wären, welche keinerlei Wirkung im Organismus haben, jedoch durch die Tatsache, dass die Person an die Heilkraft glaubt, positive Ergebnisse erzielen.

Ohne Zweifel ist das positive Denken ein wichtiger Faktor in der Spirituellen Heilung. Doch es ist nicht nur das. Es gibt ein spirituelles, für die Wissenschaft unerklärliches Eingreifen, das die Heilung selbst jener Menschen ermöglicht, die nicht daran glauben. Wissenschaftlich gesehen, versucht die Parapsychologie Erklärungen zu liefern. Die diesbezüglichen Argumente zu akzeptieren oder nicht wäre Polemik, und der Autor verfügt nicht über ausreichende Kenntnisse, um darüber zu sprechen.

5. Das Fehlen einer Juristischen Konfrontation

Stellen die in der Casa de Dom Inácio vollbrachten Spirituellen Heilungen keine juristische Konfrontation dar?

Nein. Die in der Casa realisierten Heilungen, wie sie in diesem Buch angesprochen werden, stellen keine Verbrechen dar. Berücksichtigt man, dass es für die konkret eingetretenen Fälle keine wissenschaftliche Erklärung gibt und dass die dort entwickelten Vorgehensweisen verfassungsmäßig durch die Religionsfreiheit geschützt sind, sind sie erlaubt.

Ist das Verkaufen von Medikamenten wie im Falle von Passiflora keine illegale Ausübung pharmazeutischer Tätigkeit?

Nein. Der Verkauf allein ist kein Verbrechen. Die unerlaubte Handlung wäre die Ausübung des Berufes ohne gesetzmäßige Erlaubnis. In der Casa de Dom Inácio wird Passiflora ganz legal von einem im Regionalverband der Pharmazeutik eingetragenen Apotheker hergestellt. Die Zubereitung und die Verpackung entsprechen den gesetzlichen Normen.

Gibt es eine gerichtliche Verfügung gegen Spirituelle Heilungen?

Im Gegenteil. Falls es eine gerichtliche Verfügung gibt, fällt sie in der Regel, unabhängig vom religiösen Glaubensbekenntnis, zu Gunsten der Spirituellen Heilung aus.
Die Richter sind die Anwender des Gesetzes. Sie machen die Gesetze nicht. Wenn illegale Ausübung der Medizin, Scharlatanerie und Quacksalberei als Verbrechen eingestuft werden und im Gerichtsverfahren für den Angeklagten ungünstige Beweise erbracht wurden, können sie sich nicht gegen das Gesetz entscheiden. Eben deshalb ist es wichtig, dass genau klargestellt wird, was Betrug und was wissenschaftlich unerklärliche Wahrheit ist, damit der Richter sich gegen das Vorliegen eines Verbrechens entscheiden kann.

Heißt das, dass die brasilianischen Richter an Spirituelle Heilungen glauben?

Nicht alle. Der Richter ist ein normaler Bürger mit juristischem Studium, der am öffentlichen Wettbewerb teilgenommen hat und die ehrenvolle und schwierige Aufgabe des Richters ausübt. Ihr religiöser Glaube unterscheidet sich nicht vom Glauben anderer Menschen. Ebenso wie es in der Bevölkerung eine spontane Bewegung für den Glauben an ein Leben nach dem Tod gibt, kommt auch unter den Richtern solcher Glaube vor.

Gibt es zwischen den Richtern, welche an ein Leben nach dem Tod und folglich an Spirituelle Heilung glauben, irgendeine Art der Organisation?

Ja. Die Associação Brasileira dos Magistrados Espíritas (ABRAME; Vereinigung Spiritueller Richter Brasiliens), ähnlich der Associação de Médicos Espíritas (AME), mit der schmeichelhaften Richtlinie, die Justiz zu spiritualisieren und die Rechtsprechung zu humanisieren.

6. Medium und Medialität

Was bedeutet Medium?

In einer Erklärung für Laien könnte man sagen, dass jede Person, die als Vermittler in der Kommunikation mit den Geistwesen dient, ein Medium ist. Medialität kann als menschliche Fähigkeit, sich mit der Geistigen Welt zu verbinden, verstanden werden.[9]

Wie kann man Medien einteilen?

Es gibt verschiedene Arten der Einteilung. Hier wird nicht vorgegeben, eine vollständige oder detaillierte Einteilung zu liefern, sondern nur eine vereinfachte Form, welche als Einteilung für Laien verstanden werden kann. Medien können eingeteilt werden in:

- Physische Effekte (sie bewegen Gegenstände, rufen Geräusche hervor, etc.);
- Sprechende (durch sie sprechen die Geistwesen)

---

[9] PIRES, J. Herculano. Arigó - Vida, Mediunidade e martírio, S. 19

- Hellsichtige (sie sehen)
- Hellhörige (sie hören)
- Intuitive (sie lesen Gedanken)
- Inspirierte (sie erhalten Gedanken als Ideen)
- Psychographische/automatisch schreibende (sie schreiben)
- Heiler (sie dienen als Werkzeug, damit die Geistwesen Heilungen vollbringen können)

Die Heilermedien können in der Regel Kranke mittels Anwendungen und Gebete heilen. Medien, die über physischen Kontakt heilen sind selten.

Wie kann man die Medialität der Menschen erklären?

Besser als der persönliche Erklärungsversuch des Autors sind die Lehren von jemandem, der sich auskennt:[10]

Bei Geburt bringt der Mensch die fünf sensitiven Sinne mit: Tastsinn, Geruchsinn, Gehör, Sicht und Geschmacksinn. Mit ihnen setzt er sich mit der Natur, den lebenden Wesen und den materiellen Dingen in Beziehung. Dieser Kontakt findet auf einem schmalen Schwingungsbereich statt, denn unsere Sinne sind begrenzt.
Neben diesen fünf kommt der Mensch mit einem sechsten Sinn auf die Welt, welcher außersinnlich genannt wird und welchen wir auch als Medialität bezeichnen können, einer Fähigkeit unseres Organismus, mit dem Immateriellen in Kontakt zu treten, was so oft als übernatürlich interpretiert wird. Bei bestimmten Menschen ist der sechste Sinn so entwickelt, dass er in andere, mit den fünf Sinnen und den Geräten der offiziellen Wissenschaft nicht erreichbare Dimensionen eindringen kann.

Die Menschen, welche den entwickelten sechsten Sinn mitbringen werden sensitiv, paranormal oder Medien genannt.

Ist das Medium ein anderer Mensch?

Nein. Im Alltag ist das Medium eine Person wie jede andere. Das von dem Geistwesen Jair Presente dem Medium Chico Xavier diktierte Gedicht erhellt dies sehr gut:

Was ist wohl ein Medium?
Diese widrige Frage
zeigt, dass du viel Unsinn
in deinem Kopf hast.
Das Medium ist jemand,
der arbeitet, fühlt und kämpft,
der sich freut, leidet und weint,
so wie jedermann.
Er kann an Schüttelfrost,
einer schwachen Blase,
Schmerz in den Nieren,
Inkontinenz, Schwäche
und Bauchschmerzen leiden...
Mit seinem empfindlichen Magen,
Oder er stöhnt über seine Verdauung.
Er hat Fieber und Kopfschmerzen,
wenn er sich Erkältungen einfängt.
Fast immer bringt er in seinem Körper
verrücktspielende Nerven mit.
In der Liebe empfindet er Sympathien,
so wie jedermann.
Ist es eine Frau, denkt sie an Männer.
Ist es ein Mann, denkt er an Frauen.
Er braucht zu diesem Thema
Anleitung und Lehre,
denn zu jeder Zeit
erfordert die Liebe Disziplin.
Wenn du Medium sein willst,

[10] GODINHO, Javier. IN: Revista Espírita Allan Kardec. Ano XIII, n. 53, S. 3

hat er oft Sodbrennen,
mit schwacher Gallenblase,
Brechreiz und Durchfall.
Wann immer er zuviel von
den Tellern in seiner Hand isst,
bedrückt ihn Unwohlsein

so bewahre den Glauben,
dass du niemals fällst.
Binde dich an Jesus Christus
Lerne zu dienen und geh
Deinen Weg...[11]

Bedeuten die Ausdrücke inkorporiertes Medium João und Wesenheit dasselbe?

In einer tiefergehenden Analyse über religiöse und wissenschaftliche Gesichtspunkte für Menschen mit mehr Kenntnissen über das Thema, mögen sie nicht dieselbe Bedeutung haben. Doch in dieser Arbeit, die nur ein Bericht ohne Anspruch einer religiösen und wissenschaftlichen Diskussion ist, haben die Begriffe inkorporiertes Medium João und Wesenheit dieselbe Bedeutung.

Wenn das Medium João zahlreiche Geistwesen empfängt, wäre es dann nicht logischer, sich auf "Wesenheiten" (im Plural) und nicht "Wesenheit" (im Singular) zu beziehen, wie es im Verlauf des Buches geschieht?

Im diesem Buch wird in der Tat öfter auf "Wesenheiten" Bezug genommen. Es sind viele "Wesenheiten", die das "Werkzeug" João de Deus benutzen. Obwohl sie von einigen Menschen, welche die Casa regelmäßiger besuchen, identifiziert werden können, wird es vorgezogen im Allgemeinen den Begriff "Wesenheit" im Singular zu verwenden, um alle "Wesenheiten" zu bezeichnen, ohne sich darum zu kümmern, welche Wesenheit das Medium João im Moment als "Werkzeug" benutzt.

Ist der Autor ein Medium?

In gewisser Hinsicht ja, denn jeder Mensch ist ein mehr oder weniger starkes Medium.

Welche Art Medium ist der Autor?

In dem er ausschließt, Medium mit physischen Effekten, hellsichtig, hellhörend, intuitiv, psychographisch oder heilerisches Medium zu sein, ordnet sich der Autor als Inspirationsmedium ein.

Auf welche Fakten gründet der Autor seine Identifikation als Inspirationsmedium?

Auf der Ausarbeitung eben dieses Buches. Als er das Projekt startete, hatte der Autor nicht die geringste Ahnung, was er schreiben würde. Dennoch tauchten die Ideen dazu ganz natürlich auf.

---

[11] Zeitschrift Universo Espírita, ano 2, Nr. 24, S. 19

7. Beschreibung Spiritueller Heilungen

Hat der Autor viele Spirituelle Heilungen miterlebt oder feststellen können?

Ja. Hunderte von spirituellen Operationen wurden miterlebt und hunderte Heilungen wurden in Gesprächen mit betroffenen Menschen festgestellt. Viele wecken besonderes Interesse. Dennoch zog er es vor, eine Auswahl einiger konkreter Fälle von spirituell geheilten Menschen zu erzählen zu lassen, anstatt zu berichten, was er erlebt hat.[12]

Und wenn der Leser nicht an Spirituelle Heilungen glaubt?

Der Autor kümmert sich in keinem Augenblick darum, ob der Leser an die vorliegenden Berichte glaubt oder nicht. Es gibt kein kommerzielles und auch kein religiöses Interesse. Wenige werden glauben, viele werden nicht glauben und eine große Zahl der Leser wird Zweifel haben.

Bei dieser Gelegenheit lohnt es sich, die Aussage von Dom Inácio über dieses Thema zu zitieren: "Für den, der glaubt, ist kein einziges Wort nötig; für den, der nicht glaubt, ist kein Wort möglich."

Wie kann man an etwas glauben, das man nicht sehen kann?

Es gibt jene, die glauben, ohne zu sehen, jene, die nicht glauben, obwohl sie von der konventionellen Medizin unmöglich durchführbare chirurgische Operationen miterleben, und jene, die sehen und zweifeln.

Es gibt solche, die geführt von Glaube und Liebe zu bestimmten Schlussfolgerungen gelangen, und solche, die den inneren Frieden nur über den Schmerz erlangen. Für jene, die glauben, wird nichts weiter geschehen als die Bestätigung ihres Glaubens. Für jene, die nicht glauben, bleibt der Respekt des Autors für die angenommene Haltung. Und mögen jene, die zweifeln, irgendwie versuchen, die Zweifel auszuräumen. Der Zweifel muss jedoch ebenso respektiert werden, wie der Glaube.

Lohnt sich der Versuch, die Menschen, welche nicht an Spirituelle Heilungen glauben, zu überzeugen?

Das Buch hat nicht das Ziel, irgendjemanden zu überzeugen, sondern berichtet nur über Tatsachen. Glauben oder nicht glauben, ist die subjektive Wahl jedes einzelnen. Jeder wird beobachten, darüber lesen und Menschen befragen müssen, welche schon begünstigt wurden, um zu einer sich selbst gegenüber ehrlichen und aufrichtigen Schlussfolgerung zu gelangen. Die Wahrheit hängt von der Suche eines jeden ab.

---

[12] Siehe Kapitel V, 18

8. Weitere Informationen

Was bedeutet "Tod"?

Es gibt weder Leben noch Tod. Was also geschieht, ist der Verlust der "materiellen Hülle", welche der menschliche Körper ist. Der Geist, sei er inkarniert oder nicht, ist immer lebendig. "Das Leben besteht nicht aus diesem kurzen Zeitabschnitt zwischen der Wiege und dem Grab"[13] Der Leichnam ist der Beweis für die Existenz der Seele. Man sollte die Seele nicht da suchen, wo sie nicht ist. Der sogenannte Tod des physischen Körpers ist die Vorbereitung für das ewige Leben.

Was bedeutet "Ende der Welt"?

Dies ist noch ein Thema, welches zu kommentieren der Autor sich nicht in der Lage fühlt. Es scheint, dass im Volksmund das Ende der Welt ein Verschwinden des Planeten Erde ist. Dies könnte einfach nur das Ende dieses Planeten, als auch des Sonnensystems oder gar unserer Galaxie (Milchstraße) sein. Doch niemals das Ende des Universums, das unendlich ist.

Aus wissenschaftlicher Sicht könnte das Ende der Welt folgendes bedeuten:

In einigen Milliarden Jahren (von einer bis fünf, je nach dem, wer dies berechnet) wird die Milchstraße mit der Nachbargalaxie M-31, besser bekannt als Andromeda zusammenstoßen. Da die Sterne sehr weit voneinander entfernt sind, dürfte dies das Sonnensystem nicht beeinträchtigen. Doch es wird schön anzuschauen sein: Man wird noch mehr Sterne am Himmel sehen und zwei weiße Streifen, statt nur einem. Schade, dass hier wahrscheinlich niemand mehr leben wird, um das Spektakel zu betrachten.
Das einzige, was jemand in sieben Milliarden Jahren vielleicht noch sein möchte, wäre ein Versicherungsmakler. In dieser Zeit wird die Sonne weit über ihre jetzige Größe hinauswachsen und alles, was sich in der Nähe befindet, einschließlich der Erde, zum Verdampfen bringen. Es wird nicht schön sein, den Planeten von seiner Umlaufbahn abkommen zu sehen, angezogen von der Anziehungskraft einer Sonne mit einem Durchmesser von hundert Millionen Kilometern, die mit einer Temperatur von hunderttausend Grad Celsius glüht. Das einzige, was von der Erde übrig bleiben wird, sind einzelne Atome, die zurück in den Raum geschleudert werden.

Glücklicherweise wird niemand hier sein, um dieses Szenario mitzuerleben. Die Erde wird schon lange zuvor unbewohnbar geworden sein. In fünfhundert Millionen Jahren, so rechnen einige Wissenschaftler, wird wahrscheinlich jegliches komplexe Leben verschwunden sein. Falls nicht schon vorher irgendetwas geschieht. Es besteht immer die Möglichkeit, dass ein Asteroid auf unsere Köpfe fällt. Es wird geschätzt, dass die Erde alle hundert Millionen Jahre von einem Meteorit von der Größe desjenigen getroffen wird, welcher die Dinosaurier getötet hat. Der letzte Einschlag fand vor fünfundsechzig Millionen Jahren statt. (HOLTZ)

Eine der größten Schwierigkeiten bei der Anerkennung der spirituellen Welt ist, zu verstehen, was die Unendlichkeit ist - ein Konzept, das mit der Größe des Universums zusammenhängt. Ist es möglich in einer zusammengefassten Form zu sagen, was sie ist?

Die Idee der Unendlichkeit muss gleichzeitig aus religiöser und aus wissenschaftlicher Sicht behandelt werden.

Aus dem religiösen Blickwinkel gibt es nichts Besseres als die hier aufgeführten Lehren des Allan Kardec über das Thema aus dem *Buch der Geister*, Erstes Kapitel (Gott und die Unendlichkeit), Frage 3.

---

[13]SILVA, José Antônio Ferreira. A Paz Começa em mim. Universo Espírita, ano 2, Nr. 26, S. 30

Was soll unter Unendlichkeit verstanden werden?

Was weder Anfang noch Ende hat; das Unbekannte; alles was unbekannt ist, ist unendlich.

Kann man sagen, dass Gott unendlich ist?

Unvollständige Definition. Armut der menschlichen Sprache, die nicht ausreicht, die Dinge zu beschreiben, welche über ihrer Intelligenz stehen.

Gott ist in seinen Vollkommenheiten unendlich, doch die Unendlichkeit ist eine Abstraktion. Zu sagen, Gott sei unendlich, würde bedeuten, das Attribut als die eigentliche Sache zu nehmen, und etwas Unbekanntes mit etwas ebenfalls Unbekanntem zu beschreiben.[14]

Unter wissenschaftlichen Gesichtspunkten, um eine Vorstellung von Entfernung zu bekommen, lohnt sich folgendes zu zitieren:

> Es ist normal, sich vorzustellen, die Sterne und die Planeten wären viel näher als sie in Wirklichkeit sind - schließlich haben wir im alltäglichen Leben keinerlei Erfahrung mit den riesigen Entfernungen des Raumes. Diese Entfernungen sind so riesig, dass es nicht einmal Sinn macht, sie in Metern oder Kilometern zu messen, wie wir die meisten Längen messen. Stattdessen benutzten wir das Lichtjahr, was die Distanz ist, welche das Licht in einem Jahr zurücklegt. In einer einzigen Sekunde legt ein Lichtbündel dreihunderttausend Kilometer zurück; also ist ein Lichtjahr eine äußerst große Distanz...
>
> ...der nächste Stern, Die Nächste des Centauros[15], befindet sich in einer Entfernung von ungefähr vier Lichtjahren, oder siebenunddreißig Millionen Kilometern. Die meisten der anderen Sterne, die mit bloßem Auge zu sehen sind, befinden sich wenige Hundert Lichtjahre von uns entfernt. Im Vergleich dazu liegt unsere Sonne in gerade mal acht Lichtminuten Entfernung! Die sichtbaren Sterne scheinen über den ganzen Nachthimmel verteilt zu sein, doch sind sie besonders konzentriert auf einem Streifen, den wir die Milchstraße nennen...[16]
>
> ...die Milchstraße - unsere Galaxie - misst von einer Seite zur anderen zirka hunderttausend Lichtjahre und dreht sich langsam; die Sterne in ihren Spiralarmen drehen sich einmal in hundert Millionen Jahren um das Zentrum. Unsere Sonne ist nur ein gewöhnlicher gelber Stern von mittlerer Größe, der nahe dem inneren Rand eines der Spiralarme liegt. (HAWKING)

Zur Erklärung des Themas Entfernung sind auch die zum besseren Verständnis leicht abgeänderten Lehren des englischen Astronomen Sir James Jeans geeignet, die uns eine Ahnung von der Größe unserer Galaxie vermitteln. Stellen wir uns unsere bekannte Sonne als Stern der fünften Größenordnung vor, dann würde die Sonne sieben Teilen eines in tausend gleiche Teile geteilten Millimeters entsprechen und wäre somit für das bloße Auge unsichtbar. Die Umlaufbahn der Erde um die Sonne entspräche einem halben Millimeter und wäre für jemanden, der eine gute Sehkraft hat, sichtbar. Unser Sonnensystem entspräche annähernd zwei Zentimetern. In diesem Vergleich hätte die Milchstraße zwanzig Millionen Kilometer. So gesehen lägen die zwei Zentimeter des Sonnensystems auf den zwanzig Millionen Kilometern. Ein Raumfahrzeug, das mit Lichtgeschwindigkeit reist, würde

---

[14] KARDEC, Allan. Das Buch der Geister, S. 45

[15] Auch bekannt als Alpha des Centauro C.

[16] "Die Milchstraße selbst ist nur eine von mehr als hundert Milliarden Galaxien, die mit modernen Teloskopen gesehen werden können - und jede Galaxie enthält im Durchschnitt an die hundert Milliarden Sterne. Wenn ein Stern ein Salzkorn wäre, könnte man alle mit dem bloßen Auge sichtbaren Sterne in einem Teelöffel fassen, doch alle Sterne des Universums würden einen Ball mit einem Durchmesser von mehr als zwölf Kilometern füllen." HAWKING, Stephen. In: Uma Nova História do Tempo. S. 62.

ungefähr fünfzig Millionen Lichtjahre brauchen, um von der Erde bis zum äußersten Ende der Milchstraße zu gelangen.[17]

Angenommen, alles was in der Casa de Dom Inácio vorgeht, ist seriös, gibt es denn andernorts vorgetäuschte Heilungen?

Ja. Es gibt Hochstaplereien, Betrügereien, Simulationen und andere Arten der Ausbeutung des öffentlichen Glaubens bei sogenannten Spirituellen Heilungen. Es ist notwendig, das Seriöse und Einbildung, manchmal ohne böse Absicht, zu trennen. Die hier erörterten Tatsachen gelten auch für andere seriöse Orte, gleich welcher Religionszugehörigkeit.

Lohnt es sich, die Casa de Dom Inácio kennen zu lernen?

Ja. Ob man glaubt, nicht glaubt oder Zweifel hat, auf jeden Fall lohnt es sich, die Casa de Dom Inácio kennen zu lernen.

In bestimmten Situationen respektiert auch jemand, der nicht glaubt, die Tatsachen. Dies geschieht auch in Bezug auf Chico Xavier. Niemand mit gesundem Verstand hinterfragt seine psychographische Medialität. Es wäre unmöglich für einen Menschen, soviel Informationen anzuhäufen, welche die von ihm geschaffene intellektuelle Produktion ermöglichten: Er schrieb mehr als vierhundert Bücher, ließ sich über verschiedenste Themen aus, er zeigte sich gleichzeitig als Chronist, Romanschriftsteller, Dichter, Prosaiker, Historiker, Soziologe und Philosoph.

Warum die Bezeichnung "João de Deus" (John of God)?

Der Name "João de Deus" wird in zahlreichen Abschnitten des Buches verwendet. Es handelt sich hierbei nicht um ein Geltungsbedürfnis des Medium Joãos, sondern um tatsächliche Wirklichkeit: die Besucher der Casa de Dom Inácio sprechen von dem Medium João mit dem zärtlichen Namen " João de Deus" (John of God).

---

[17] FRANCO, Divaldo P. In: No Limiar do Infinito, S. 22/23

Kapitel II

João de Deus

João Teixeira de Faria, bekannt als "João de Deus", ist ein besonderer und gleichzeitig ein ganz gewöhnlicher Mensch. Besonders durch seine mediale Gabe, und gewöhnlich als Bürger, mit all den der Menschheit eigenen Tugenden und Fehlern, Fähigkeiten und Unvollkommenheiten.

Viele betrachten ihn als eine sensitiv oder paranormal veranlagte Person. Seine medialen Gaben sind unbestreitbar. Er versteht, dass er eine spirituelle "Mission" hat und versucht sie bestmöglich zu erfüllen.

1. Familie

Wie lautet Ihr Name?

João Teixeira de Faria.

In welchem Jahr sind Sie geboren?

Im Jahr 1942, am 24. Juni.

Wo wurden Sie geboren?

In Cachoeira de Fumaça, heute Cachoeira de Goiás, wo ich bis zum Alter von drei Jahren wohnte.

Die Namen Ihrer Eltern?

José Nunes de Faria (Juca) und Francisca Teixeira Damas (Iuca), er war Schneider und sie Hausfrau, beide sind verstorben.

Wie viele Geschwister haben Sie?

Fünf Geschwister. Ich bin der Jüngste.

Wo haben Sie Ihre Kindheit verbracht?

In Itapaci, in Goiânia und in Anápolis. Besonders in Itapaci, einer nahe der Autostraße von Belém nach Brasília gelegenen Stadt, ungefähr 220 km von Abadiânia entfernt.

Wie verliefen Ihre Kindheit und Jugend?

Meine Eltern waren immer sehr arm. Schon früh musste ich arbeiten, um beim Unterhalt zu helfen. Mit vierzehn Jahren ging ich von zu Hause weg, um zu arbeiten.

Wie sind Ihr Leben, Ihre Ehe, Ihre Kinder, die Familie und die Freunde?

Ich bin so normal wie andere Menschen.

Wie viele Kinder haben Sie?

Neun Kinder.

2. Gewöhnlicher Bürger

Ist es schwierig, den Alltag des Bürgers mit dem des Mediums in Einklang zu bringen?

Ich habe mich schon daran gewöhnt und versuche sie im Einklang zu halten.

Bestehen größere Schwierigkeiten, ein gewöhnlicher Bürger zu sein, in ein Restaurant zu gehen, sich mit Freunden in eine Kneipe zu setzen und sich entspannt zu unterhalten?

Ich gehe nicht gerne aus dem Haus. Wenn ich frei habe, gehe ich auf die Fazenda.

Was für einen Schulabschluss haben Sie?

Ich habe drei Monate lang eine Schule besucht, wurde mangels Bezahlung von der Schule ausgeschlossen.

Birgt die Tatsache, dass Sie nicht zur Schule gegangen sind, Probleme für Sie als Bürger?

Es schadet mir nicht.

Welche Berufe haben Sie schon ausgeübt?

Unter anderen, Gehilfe in einem Steinbruch, Töpfer, Zisternenbauer, Färber, Schneider und Goldsucher.

Nach dem was erzählt wird, kann João Teixeira de Faria als reich angesehen werden, denn er besitzt ein beachtliches materielles Vermögen. Ist dies nicht unvereinbar mit der Medialität?

Ich bin nicht reich, doch besitze ich ein Vermögen, das es mir erlaubt, in Würde zu leben. Und materielles Vermögen hat überhaupt nichts mit Medialität zu tun.

So sehr wie Sie sich der Ausübung der Medialität widmen, wie viel Zeit bleibt da noch für Ihre persönlichen Aktivitäten, besonders in finanzieller Hinsicht?

Ich versuche die Behandlungen so zu organisieren, dass Zeit für meine privaten Tätigkeiten bleibt.

Könnten Sie aus wirtschaftlicher Sicht aufhören zu arbeiten und sich ganz den medialen Tätigkeiten widmen?

Die materiellen Güter halten einer Konfrontation mit den spirituellen Gütern nicht stand. Meine wirtschaftliche Situation ist heute stabil, doch habe ich schon Hunger gelitten. Ich weiß, was Armut ist. Die Form meines Handelns, drei Tage widme ich der Ausübung des Guten, drei Tage für meine privaten Probleme und ein Tag zur Erholung, ist befriedigend.

Haben Sie persönlich mit Geld zum Unterhalt der Casa de Dom Inácio beigetragen?

Immer wenn die Notwendigkeit einer Ausgabe besteht und die Casa kein Geld hat, komme ich für die Kosten auf.

Haben Sie Ängste?

Manchmal ja.

Warum verspüren Sie Angst, wenn Sie sich bewusst sind, dass Sie das Gute üben?

Ich bin ein ganz normaler Mensch, nur sehr sensibel. Kleine Probleme beeinflussen schon stark.

Haben Sie sich schon in die Parteipolitik eingemischt?

Im Sinne einer Kandidatur für irgendeine Funktion niemals. Mein Wahlrecht übe ich in Abadiânia aus. Ich behandle alle Politiker gut und sie behandeln mich genau so. Ich bin mit vielen persönlich befreundet. Als Bürger und Wähler habe ich meine politischen Präferenzen.

Es heißt, dass Sie Opfer vieler Ungerechtigkeiten und unbegründeter Anklagen waren. Wie war das?

Es ist wahr, ich war Opfer vieler Ungerechtigkeiten. Doch über das was war zu sprechen, würde erneutes Leiden bedeuten. Ich ziehe es vor, das alles zu vergessen. Was geschehen musste, ist geschehen.

Sind Sie schon mal erkrankt und benötigten ärztliche Hilfe?

Ständig brauche ich Ärzte. Spirituelle Heilung ist mit der Humanmedizin nicht unvereinbar. Ich gehe regelmäßig zum Zahnarzt. Habe gesundheitliche Probleme wie jedermann.[18]

Bedeutet dies, nach allem was hier gesagt wurde, dass Sie als Medium keinerlei Privilegien haben, sondern persönliche Opfer bringen?

Keinerlei Privileg. Die Medialität bringt niemandem Vorteile. Sie ist eine göttliche Mission, die erfüllt werden muss.[19]

Es gibt eine große Anzahl von Menschen, die Sie seit langem begleiten. Findet man unter ihnen Ärzte?

Ja. Zahlreiche Ärzte begleiten mich seit vielen Jahren.

Haben Sie Spitznamen?

Als ich ein Kind war, war ich als "João de Iuca", Spitzname meiner Mutter, bekannt. An einigen Orten war ich als "João Curador" (João der Heiler) bekannt. Zu Beginn

---

[18] Beachtenswert ist folgende Tatsache: Ein mit ihm befreundeter Arzt ging ihn eines Tages zu Hause besuchen. Als er ankam, sagte er, er käme nur, um ihm guten Tag zu sagen. Die Gelegenheit ergreifend, maß er seinen Blutdruck. Was er feststellte, alarmierte ihn so sehr, dass er ihn sofort ins Krankenhaus einwies, damit er einige Tage unter ärztlicher Aufsicht blieb. Am nächsten Tag sagte Medium João, er würde auf jeden Fall wieder gehen, da er schließlich Menschen aus verschiedenen Ländern behandeln müsse. Er verließ das Krankenhaus und ging nach Abadiânia.
Der Autor suchte ihn an jenem Tag auf, um einige juristische Probleme zu besprechen. Medium João sagte, er sei nicht in der körperlichen Verfassung, das Problem zu diskutieren und er solle es auf die ihm angemessen erscheinende Weise lösen. Er behandelte die Menschen und ging in sichtlich schwacher Verfassung nach Hause.

[19] Auf einer der Reisen in Begleitung des Autors, sagte Medium João, er müsse unbedingt einen gesundheitlichen Check Up machen lassen, habe aber keine Zeit dazu, denn die Behandlungen der Menschen, die zu ihm kamen, gingen vor.

meiner Arbeiten in Abadiânia, war ich " João von Abadiânia". Zurzeit werde ich liebevoll "João de Deus" (John of God) genannt.

Warum die Bezeichnung João de Deus?

Ich kann weder genau sagen, warum, noch wann dieser Spitzname aufkam. Ich glaube, er hat mit den von verschiedenen Wesenheiten durchgeführten Spirituellen Heilungen zu tun, welche mich nur als "Werkzeug" benutzen.

3. Abenteuer

In welchen Städten haben Sie schon, wenn auch nur kurze Zeit, gelebt?

Unter anderen kann ich nennen: Colinas (Tocantins), Pilar (Goiás), Presidente Kennedy (Tocantins), Guaraí (Tocantins), Barreiras (Bahía), Canabrava (Bahía), Imperatriz (Maranhão), Tocantinópolis (Tocantins), Vila Rondom (Paraná), Belém (Paraná), Tucuruí (Paraná), Maceió (Alagoas), Niterói (Rio de Janeiro), Campo Grande (Mato Grosso), Brasília (Distrito Federal), Campos Belos (Goiás), Santo Ângelo (Rio do Sul), Goiânia (Goiás) und Anápolis (Goiás), wo ich zur Zeit wohne.

Wie es aussieht, sind Sie viel herumgekommen, bevor Sie den Ort für Ihre Behandlungen auf Abadiânia festlegten?

Das stimmt. Ich war immer rastlos. Ich war an keinem Ort zufrieden. Irgendetwas fehlte immer, ohne dass ich wusste, was es war. Ich war erst ruhig und zufrieden, als ich anfing, die Öffentlichkeit in Abadiânia zu behandeln.

Warum Abadiânia?

Im Jahr 1979 setzte sich Decil Sá Abreu[20], der Präfekt von Anápolis, wo ich behandelte, dafür ein, dass ich mir eine kleinere Stadt in der Nähe von Anápolis suchen solle, um Probleme mit der Ärzteschaft zu vermeiden. Decil ist mein persönlicher Freund. Wir gingen nach Abadiânia und der damalige Präfekt gab mir jede Unterstützung für die Einrichtung in dieser Stadt.

Außer dieser politischen Einmischung gab es eine Empfehlung des Geistwesens Bezerra de Menezes durch Vermittlung von Chico Xavier, dessen großer Bewunderer ich war. Chico erhielt eine Botschaft von Bezerra de Menezes mit der Empfehlung für mich, in der kleinen Stadt Abadiânia, einer wegen des vorhandenen Magnetismus geeigneten Gegend, ein Haus für die Ausübung der Wohltätigkeit zu gründen.

Warum der Name "Casa de Dom Inácio"?

Der Name tauchte spontan auf. Dom Inácio war mein großer Gönner. Die erste, durch meine Vermittlung in Abadiânia realisierte Arbeit war eine Entbindung, welche von der Wesenheit Dom Inácio durchgeführt wurde. Er schwebt immer durch die

---

[20] Decil de Sá Abreu war Anklagevertreter der Justiz und ging als Staatsanwalt in Rente. Er war in den Jahren 1979 und 1980 Präfekt der Stadt Anápolis.

Casa. Ich gab dieser Einrichtung für Spirituelle Heilungen in Abadiânia ihm zu Ehren den Namen "Casa de Dom Inácio". Es gibt Casas de Dom Inácio in den Staaten Espírito Santo und Rio Grande do Sul und sogar im Ausland gibt es eine der Casa de Dom Inácio in Abadiânia entsprechende Einrichtung. Eine meiner Fazendas trägt den Namen Fazenda de Dom Inácio und in meinem Haus gibt es ein Zimmer mit dem Namen Saal des Dom Inácio, wo ich die Menschen behandle, die mich aufsuchen.

Haben Sie schon daran gedacht, von Abadiânia wegzugehen?

Ja. Aufgrund der erlittenen Verfolgungen, beschwerte ich mich bei Gelegenheit bei Chico Xavier, der jedoch dagegen war und verlangte, in Abadiânia zu bleiben. Er schrieb mir einen Zettel, den ich liebevoll aufbewahre, auf dem steht: "João, Deine Mission ist in Abadiânia."

Behandeln Sie außer in Abadiânia auch in anderen Städten oder gar im Ausland?

Im Rahmen meiner Möglichkeiten, ja.

In welchen Ländern außerhalb Brasiliens haben Sie Ihre mediale Arbeit entwickelt?

Ich erinnere mich an: die Vereinigten Staaten, Portugal, Spanien, Griechenland, Deutschland, Bolivien, Peru, Paraguay und Argentinien.

Ist es wahr, dass die Ärzteschaft in Peru sich im Versuch erhob, um die von Ihnen vermittelten Heilungen zu verhindern?

Dies ist geschehen, doch am Ende war alles in Ordnung.[21]

Es wird erzählt, dass Sie schon in der Armee gearbeitet haben. Wie war das?

Ich war arbeitslos in Brasília, als eine durch die Wesenheiten, welche mich als Instrument benutzt hatten, geheilte Person mich als Schneider für die Herstellung von Uniformen vorstellte. Es war eine ruhige Zeit, an die ich gute Erinnerungen habe.[22]

---

[21] Medium João unternahm mehrere Reisen nach Peru, bei denen er immer Tausende von Menschen, besonders in armen Gegenden, behandelte, was zu Hunderten von Spirituellen Heilungen geführt hat. Aufgrund dieser Heilungen gab es eine starke Reaktion der Ärzteschaft und Medium João drohte sogar eine Gefängnisstrafe. Erwähnenswert ist jedoch, dass zahlreiche Ärzte von Spirituellen Heilungen begünstigt wurden.
Bei einer der Reisen in die mehr als tausend Kilometer von Lima entfernte Region von Puno befand sich der Richter des Gerichtshofes des Staates Tocantins, Liberato Póvoa, in seiner Gefolgschaft, welcher über bewegende Einzelheiten in seinem Buch *João de Deus - Das Phänomen von Abadiânia*, berichtet.
Obwohl Medium João nur Werkzeug für die Wesenheiten war, wurde ihm vom damaligen Präsidenten von Peru, der selbst wegen einer Atrophie in der Hand behandelt worden war, ein Orden verliehen.

[22] Medium João war aufgrund der Behandlungen, welche in Heilungen resultierten, Opfer vieler Ungerechtigkeiten und Verfolgungen gewesen. Es war die Epoche der Militärregierung als er zum Militär ging, um dort zu arbeiten. In gewisser Weise war er dort vor den Verfolgungen geschützt. Er blieb neun Jahre als Hosenmacher beim Militär.

Wenn Sie sich dort geschützt und zufrieden fühlten, warum haben Sie dann die Anstellung bei der Armee aufgegeben?

Als Hosenmacher der Armee behandelte ich Militärs und von ihnen vorgestellte Menschen. Doch ich spürte, dass es meine Mission war, jeden zu behandeln.

4. Medialität

Wann begann Ihre Medialität?

Im Alter von neun Jahren, als ich in Itapaci wohnte.

Wie war diese erste Manifestation Ihrer Medialität?

Ich war mit meiner Mutter auf dem Weg von Itapaci zu einem ein paar Kilometer entfernten Dorf, als ich sagte, es würde einen starken Sturm geben, und viele Häuser würden einstürzen. Der Himmel war klar und meine Mutter tadelte mich, weil ich Dummes Zeug redete. Als wir in dem Dorf Ponte Nova ankamen, sahen wir, dass es tatsächlich ein starkes Unwetter gegeben hatte, und dutzende Häuser zerstört waren.

Was war die erste mithilfe Ihrer Person durchgeführte Heilung durch eine sichtbare chirurgische Operation?

Die erste Heilung durch eine sichtbare Operation fand in Campo Grande, im Staat Mato Grosso, statt. Zu jener Zeit war ich sechzehn Jahre alt. Die empfangene Wesenheit war König Salomon.[23]

Wie viele Medien inkorporieren in das Medium João de Deus?

Zahlreiche. Die Anzahl interessiert mich überhaupt nicht. Viele schicken Energie, ohne zu inkorporieren.

Warum geben sich die meisten Wesenheiten nicht zu erkennen?

Namen sind nicht wichtig.

Warum empfangen Sie bei der Entwicklung Ihrer Heilungen zahlreiche Geistwesen, während andere "Werkzeuge" nur einen Geist empfangen, wie zum Beispiel Zé Arigó, der nur Dr. Fritz empfing?

Es geschieht einfach. Dies ist Teil meiner Mission.

---

[23] João war arbeitslos in der Stadt Campo Grande, heute Hauptstadt von Mato Grosso do Sul, und steckte in finanziellen Schwierigkeiten. Eines Tages entschied er sich, als er über eine Brücke kam, ein Bad zu nehmen. Als er sich dem Wasser näherte, sah er eine schöne Frau, mit welcher er sich den ganzen Tag unterhielt. Am nächsten Tag ging er wieder an diesen Ort, um diese Frau wieder zu treffen. Dort angekommen sah er Lichtpunkte und hörte ihre Stimme, die ihm empfahl, das Spiritistische Zentrum Cristo Redentor aufzusuchen. Von der Stimme geleitet, kam er zu diesem Zentrum, wo er erwartet wurde. Unbewusst führte er mehrere Operationen durch. Als er wieder zu sich kam, glaubte er, er wäre vor Hunger ohnmächtig geworden.

Es heißt, Sie seien kein Spiritist. Welche ist ihre Religion?

Ich bin Katholik. Doch die Religion ist nicht wichtig, denn wir sind alle Kinder Gottes. Alle Religionen müssen respektiert werden.

Sind die durch Sie verwirklichten Spirituellen Heilungen nicht typisch für den Spiritismus?

Meine Mission hat nichts mit Religion zu tun. Ich habe Chico Xavier gekannt und bewundere zutiefst sein Werk und den Spiritismus, ebenso wie ich die Evangelische Kirche respektiere. *Medialität* hängt nicht von der Religion ab. Religion ist eine Erfindung des Menschen, die Medialität nicht. Christus hat die Liebe und die Wohltätigkeit gepredigt, ohne Neigung zu irgendeiner religiösen Sekte.

Wie geschieht die Inkorporation?

Sobald ich die "Strahlung" spüre, genügen ein bis zwei Sekunden für die Inkorporation.

Was ist in für Laien verständlichen Worten die "Strahlung"?

"Strahlung" ist eine "Botschaft", eine Art "Nachricht" oder "Signal". Wenn ich intensiven spirituellen Frieden und ein unbeschreibliches Glücksgefühl wahrnehme, ist dies das "Signal" dafür, dass es eine Inkorporation geben wird.

Wann geschieht die Desinkorporation? Noch im Raum der Wesenheiten oder erst wenn Sie sich in den Ruheraum zurückgezogen haben?

Im Raum der Wesenheiten. Ich komme halb schwindelig aus der Strahlung heraus, brauche ein wenig Erholung, um wieder zu Kräften zu kommen

Kann neben der Inkorporation aus freien Stücken auch unfreiwillige Inkorporation geschehen?

Das kommt vor.

Es wird erzählt, dass es Ihnen schlecht wurde, als man Ihnen zum ersten Mal die Aufnahmen einer durchgeführten Operation zeigte. Stimmt das?

Ja, das stimmt. Wie ich bereits sagte, ist es, wenn ich inkorporiert bin, als würde ich schlafen. Ich war mir bewusst, dass ich Operationen durchführte, doch wusste ich nicht genau, was geschah. Als ich das Band mit dem ganzen chirurgischen Vorgehen sah, war der Schock sehr groß.

Warum werden einige Menschen geheilt, andere nicht?

Verdienst.

Ist es möglich geheilt zu werden, ohne daran zu glauben, ohne Glaube zu haben?

Ja. Doch wenn man Hilfe gesucht und darum gebeten hat, bedeutet dies schon, dass man Glaube besitzt.

Ist es möglich, Medium João zu interviewen, wenn er inkorporiert ist, was bedeutet, die Wesenheit direkt zu interviewen?

Ja.

Kommt es vor, dass das Medium, ohne es zu merken, eine von der Wesenheit gelieferte Antwort gibt?

Ja, das geschieht ständig.

Ist es ermüdend, jeden Mittwoch, Donnerstag und Freitag und manchmal an den anderen Wochentagen außerhalb der Casa de Dom Inácio zu behandeln?

Ich versuche, meine Mission bestmöglich zu erfüllen. Jeder Mensch sollte einen Wochentag zur Erholung haben. Die meisten haben am Sonntag frei. Mein Sonntag ist am Dienstag. Ich habe mich schon daran gewöhnt, so dass es keine Probleme gibt.

Können Sie heilen, ohne inkorporiert zu sein?

Nein. Wie ich schon bestätigt habe, heile ich niemanden. Es ist Gott, der heilt. Ich bin nur das Instrument der Wesenheiten. Desinkorporiert bin ich ein gewöhnlicher Mensch.

Können Sie, wenn Sie wollen, die Geistwesen beeinflussen, um eine bestimmte Person zu heilen?

Nein. Als Mensch kann ich nur für jemanden beten und ihm Gutes wünschen, jedoch einzugreifen, damit diese Person geheilt wird, steht außer meiner Macht. Inkorporiert diene ich als Instrument, damit die guten Geistwesen die Heilung vornehmen können, wenn es sein soll.

Waren Sie aufgrund von durchgeführten Heilungen schon enttäuscht?

Ja, oftmals. Wenn jemand geheilt wurde und wieder zu einem ausschweifenden Leben zurückkehrt, macht mich das traurig.

Auch war ich sehr verbittert, als ein Strafrichter sagte, der in dem Gerichtsverfahren Angeklagte sei ich, und nicht ein Geistwesen.[24]

Ist es schon vorgekommen, dass Ihnen nahe stehende Personen, deren Namen nicht genannt werden brauchen, versucht haben, materiellen Vorteil aus Ihrer Medialität zu ziehen?

Ständig.

Wie ist Ihre Beziehung zur Ärzteschaft?

---

[24]Bei einer der zahlreichen gerichtlichen Untersuchungen, antwortete Medium João auf die Frage des Richters über sein Vergehen, illegal Medizin auszuüben, dass er nicht wüsste, was geschehe, wenn er inkorporiert sei, denn er sähe nichts und wäre sich dessen, was geschieht nicht bewusst. Der Richter wies ihn auf autoritäre Weise darauf hin, dass er, die physische Person João Teixeira de Faria, und nicht der von ihm inkorporierte Geist, angeklagt sei.

Ich kann sagen, dass sie so gut ist, wie es nur geht. Ich bin mit vielen Ärzten befreundet. Was die Spirituellen Heilungen angeht, respektiere ich diejenigen, welche nicht daran glauben.

Haben Sie Ahnung von Medizin oder wenigstens von der Anatomie des menschlichen Körpers?

Nein. Ich weiß nichts über Medizin oder die Anatomie des menschlichen Körpers. Wie ich bereits sagte, bin ich bloß das Werkzeug der Guten Geistwesen.

Welche Arten von Krankheiten werden in der Casa de Dom Inácio geheilt?

Keine einzige physische oder psychische Krankheit ist von der Möglichkeit der Heilung ausgeschlossen. Was anhand der aktuellen wissenschaftlichen Kenntnisse nicht möglich ist, ist anhand der Kenntnisse der Guten Geistwesen möglich.

Erschöpfen sich die Energien des Mediums João stärker, wenn die Hilfsmedien nicht konzentriert dabei sind?

Ja, denn ist der Energiestrom schwach, fordert dies mehr Energie von mir.

Wissen Sie, was geschieht, während Sie inkorporiert sind?

Ich sehe nichts und weiß nicht, was geschieht. Ich habe ein Gefühl, als würde ich schlafen. Ich bin nur das Werkzeug der Wesenheiten. Ich würde zwar gerne sehen, was vor sich geht, doch es ist nicht möglich.

Gab es zwischen der ersten spirituellen Manifestation im Alter von neun Jahren bis zum Zeitpunkt dieses Interviews, also in mehreren verstrichenen Jahrzehnten, jemals eine Unterbrechung der Behandlungen?

Nur wenn ich sehr krank war. Selbst wenn ich krank bin, aber noch behandeln kann, behandle ich wer mich aufsucht.

Verwechseln die Menschen das Medium João mit der Wesenheit?

Immer, jeden Tag und zu jeder Stunde. Ich versuche nur, mir die Menschen anzuhören.

Wenn Ihre Medialität eine Mission ist, wann ist diese dann erfüllt?

Das weiß nur Gott. Ich nehme diese Mission an und versuche, sie bestmöglich zu erfüllen.

Wissen Sie, bis wann Sie als Instrument für Spirituelle Heilungen arbeiten werden?

Solange ich die Mission mit Liebe und Hingabe erfülle. Am Tag, an dem ich Geld für die Konsultation nehme, werde ich kein Instrument für Heilungen mehr sein.

Woher weiß man, ob eine Person geheilt sein wird oder nicht?

Wer behandelt, sind die Wesenheiten. Nur sie wissen es.

5. Verordnete Medikamente

Früher wurden Kräutertees verschrieben und jetzt Passiflora[25]
Warum die Änderung?

Die Wirkungen sind dieselben, denn sowohl die Passiflorapflanzen, als auch die Kapseln werden von den guten Geistwesen energetisiert. Der Kräutertee ist schwieriger zuzubereiten und es gab viele Probleme mit den Aufsichtsbehörden. Passiflora wird von Pharmazeuten fertig zubereitet und verpackt, alles in Übereinstimmung mit den gesetzlichen Normen.

Aus medizinischer Sicht ist die Passionsblume nur ein Beruhigungsmittel, was als einziges Medikament verschrieben wird. Wie kann sie heilen?

Die Medizin wird von den Wesenheiten für jeden Patienten speziell energetisiert. Obwohl sie offensichtlich dieselbe Medizin erhalten, bestehen spirituell gesehen Unterschiede.

Keine Beratung oder Operation wird berechnet. Warum wird Passiflora verkauft?

An dem Tag, an dem ich eine Beratung oder Operation berechne, werde ich meine Medialität verlieren. Was ich umsonst erhalten habe, gebe ich umsonst weiter. Was Passiflora, die einzige verschriebene Arznei angeht, wird diese in einem Labor eines verantwortlichen Pharmazeuten hergestellt. Es gibt Produktionskosten. Die beim Verkauf von Passiflora erzielten Einnahmen helfen beim Unterhalt der Casa de Dom Inácio. Wenn ein Patient nichts bezahlen kann, dann weiß die Wesenheit dies und es wird nichts berechnet. Sollten die Wesenheiten eines Tages sagen, dass von niemandem mehr etwas berechnet werden darf, wird die Medizin an alle kostenlos abgegeben werden. [26]

6. Weitere Informationen

Für die Casa sind alle Menschen gleich, es gibt keinen, der wichtiger ist als andere, das heißt, die sozialen Bedingungen spielen keine Rolle. Doch gibt es irgendeinen Fall, der Sie beeindruckt hat?

Viele. Wenn jemand mir dankbar mitteilt, er sei geheilt worden, bin ich äußerst zufrieden.

Wie viele Personen wurden ungefähr behandelt und wie viele Heilungen wurden mit Ihnen als Werkzeug vollbracht?

Ich weiß es nicht. Ich glaube, dass schon Millionen Menschen in mehr als vierzig Jahren Medialität behandelt wurden. Auch weiß ich nicht, wie viele Menschen Spirituelle Heilung erlangt haben.

---

[25] Passiflora ist Maracuja-Pulver (gemahlene Blätter und Blüten der Passionsblume).
[26] Weitere Informationen über Passiflora werden in Kapitel V, 13 geliefert.

Haben Sie schon viele wichtige Persönlichkeiten behandelt: Politiker, Unternehmer, Autoritäten und Künstler? Unter vielen in Abadiânia geheilten Menschen sei, so heißt es, auch Shirley Maclaine gewesen. Stimmt das?

Ich persönlich, João Teixeira, erinnere mich nicht an sie. Doch es ist wahr, dass sie von den hier in der Casa de Dom Inácio behandelnden Wesenheiten behandelt und geheilt wurde.[27]

Es wird erzählt, dass eine amerikanische Opernsängerin, welche die Stimme verloren hatte, in der Casa de Dom Inácio geheilt wurde. Wie war das?

Es war eine normale Heilung, wie sie bei Hunderten von Menschen geschieht, welche Opfer von Krankheiten sind. Das Interessante ist, dass die Sängerin, nachdem sie geheilt worden war, nach Abadiânia zurückkam und in einer Sitzung für die Anwesenden sang. Sie sagte, dass sie, bevor sie sich wieder künstlerisch in einem New Yorker Theater präsentieren wolle, gekommen sei, das Versprechen in Abadiânia zu singen zu erfüllen.

Erzählen Sie von dem Problem auf der Fazenda Mondongo.[28]

In einer isoliert stehenden Hütte der Farm im Kreis Pirenópolis lebten acht Wäscher, die Opfer von physischen Manifestationen von weniger erleuchteten Geistwesen waren. Auf die Bitte hin, nahm ich mich dieses Problems an, erschien an dem Ort; zunächst wurden Gebete gesprochen. Nach einiger Zeit gingen die leidenden Geistwesen in Frieden und alles kehrte zur Normalität zurück.

Gibt es einen speziellen Fall der Heilung des verrückten Sohnes eines einflussreichen Politikers in den Vereinigten Staaten?

Das stimmt. Ein Politiker, der danach zu meinem Freund wurde, hatte einen Sohn mit ernsthaften Problemen der Besessenheit. Die Wesenheiten nutzten mich als medialen Kanal und führten mehrere Austreibungssitzungen durch. Das Ergebnis war ein fast normales Verhalten des Jungen.[29]

---

[27] Es gibt Informationen darüber, dass Shirley Maclaine von dem inkorporierten Medium João Teixeira operiert worden war, wonach sie vor Freude schreiend aus dem Behandlungsraum herauskam und erklärte, sie habe keine Schmerzen mehr und sei geheilt. Dieser Vorfall war Inhalt einer Reportage der Zeitschrift Manchete, Ausgaben 16/03/1991 und 30/03/1991. (PÓVOA, Liberato. In: João de Deus - Das Phänomen von Abadiânia, S. 74).

[28] Die Fazenda Mondongo liegt fünfzig Kilometer von Abadiânia entfernt im Kreis Pirenópolis (Goiás). Der Vorfall ereignete sich im Jahr 1990. Die physischen Manifestationen bestanden aus Angriffen auf die Wäscher: Körperliche Schläge, Ohrfeigen, Nackenschläge, Steinwürfe, ins Gesicht geschleuderte Erde, Bewegung von Möbeln, Auftauchen seltsamer Gegenstände, etc. Alles wurde von einem Journalisten der Zeitung Diário da Manhã - Goiânia (idem, ibidem, S. 67) aufgezeichnet

[29] Der Fall bezieht sich auf eine einflussreiche politische und wirtschaftliche Persönlichkeit aus Miami (USA), deren Sohn ernsthafte Probleme mit Zwangsvorstellungen hatte, welche sogar als Besessenheit klassifiziert werden können: Eine Spirituelle Krankheit, bei welcher die Person vollständig dem besetzenden Geistwesen unterworfen ist und wie ein wütender Verrückter handelt. Die Situation war derart komplex, dass der junge Mann eingesperrt werden musste. Unter medialer Behandlung besserte sich der Zustand beträchtlich. Er wurde friedlich und freundlich und begann seinen Vater ständig bei seinen sozialen und gewerblichen Tätigkeiten zu begleiten. Medium João nahm keinerlei Vergütung an, denn er wusste, dass nicht er die Heilung vollbracht hatte, sondern Gott. Der Vater hat versucht, João dazu zu bewegen, nach Miami zu ziehen, und in der Nähe des jungen Mannes zu bleiben. Er garantierte dem Medium den Unterhalt für den Rest seines Lebens. Doch dies nahm Medium João nicht an, denn er verstand, dass es seine Mission sei, so viele Menschen wie möglich zu behandeln.

Es heißt, dass sogar Frauen, die trotz jeder Form von medizinischer Behandlung nicht schwanger werden konnten, nach spiritueller Behandlung in der Casa de Dom Inácio Mütter wurden. Stimmt das?

Ja, das stimmt. Ich weiß von zahlreichen konkreten Fällen, da die Väter mich einluden, Patenonkel der Kinder zu werden. Ich habe Patenkinder von Roraima bis Rio Grande do Sul. Ich bete für alle Patenkinder, dass sie glücklich sein mögen.

Wie viele Titel (Ehrenbürger, Ehrenmitglied, Freund der Stadt, etc) haben Sie schon als Anerkennung Ihrer Arbeit erhalten?

Über hundert Titel, verliehen von Präfekten, Städtekammern und verschiedenen Behörden. Da es nicht möglich ist, die Geistwesen direkt zu ehren, werden die Ehrungen mir überreicht. Auf der anderen Seite werde ich verklagt, da es nicht möglich ist, die Geistwesen, welche die Heilungen durchführen, zu verklagen.

Haben Sie sich schon selbst operiert?

Nein. Ich wurde von den Wesenheiten operiert, wobei sie mich als Instrument benutzten.[30]
Für viele sieht es aus wie eine "Selbstoperation". Doch ich war mir dessen, was ich tat, nicht bewusst.

Wird die Casa de Dom Inácio häufig von der Presse aufgesucht?

Ja. Ich glaube, mehr aus dem Ausland, als aus Brasilien.

Wurden Sie schon von Wissenschaftlern untersucht?

Ja, besonders von ausländischen. Ich weiß nichts Genaueres darüber, doch ich weiß von durch zahlreiche Wissenschaftler durchgeführten Studien. Wann immer es derlei Anfragen gibt, wird der Bitte stattgegeben.[31]

Die Zahl der ausländischen Besucher (Amerikaner, Kanadier, Engländer, Portugiesen, Spanier, Irländer, Franzosen, Italiener, Deutsche, Schweizer, Griechen, Australier und Menschen anderer Nationalitäten) der Casa de Dom Inácio ist auffällig hoch. Wie wird dies bewerkstelligt und wie wird die Sprachbarriere überwunden?

Es gibt Reiseführer aus zahlreichen Ländern, die Gruppen organisieren. Auch hat die Casa de Dom Inácio Dolmetscher für die notwendige Kommunikation.[32]

---

[30] Genauere Einzelheiten zu diesem Thema in Kapitel V, 18.

[31] Medium João war schon Gegenstand von Untersuchungen amerikanischer, deutscher, italienischer, kanadischer, englischer und französischer Wissenschaftler. Unter den Studien aus dem Bereich der Parapsychologie wird die von Paul Louis Loussac, Direktor der Advance Science Reassure and Developpment Corporation von Georgia und Forschungsleiter der Psychotronic Corporation Advance Nature Concepts von Los Angeles, Kalifornien (USA), realisierte Arbeit zitiert. Diese Arbeit wurde durch das Fernsehprogramm Terceira Visão (Das Dritte Auge) des brasilianischen Senders Bandeirante der Öffentlichkeit vorgestellt. Auch wurde er von dem deutschen Wissenschaftler Klaus Schubert (Universität Freiburg, Deutschland), von den amerikanischen Wissenschaftlern Lloyd Youngblood (American Society of Downsers), William J. Rudge und Bill Cooks (Innerspace Explorations S/E Inc.) erforscht. PÓVOA, Liberato. In: João de Deus - Das Phänomen von Abadiânia, S. 68/75)

[32] Siehe Kapitel III, 11.

Brasilien war Schauplatz unerklärlicher Phänomene von Spiritueller Heilung. Gibt es einen Grund für die Wahl dieses Ortes?

Was ich darauf antworten kann, ist, dass viele von der Wissenschaft als paranormal bezeichnete Menschen hier auftauchen.

Wie lautet Ihr Konzept über Chico Xavier, Zé Arigó und Edson Queiroz?

Chico Xavier steht über jeglichem Kommentar. Andere Medien, seien es heilende oder nicht, haben eine Mission zu erfüllen.

Nach dem, was gesagt wird, ist es möglich, dass "nicht aufgeklärte Geistwesen" bei medialen Manifestationen negativ stören können. Geschieht dies in der Casa de Dom Inácio?

Nein. Als Medium bete ich, um meinen Körper guten Geistwesen zur Verfügung zu stellen. Der von den Hilfsmedien geformte "Strom" und die von den Schutzgeistern der Casa geschickte "Energie" verhindern jede Störung der Menschen durch den "Geist, der nicht das Gute beabsichtigt".[33]

Wenn Sie desinkarnieren, wird die Casa de Dom Inácio schließen, oder wird es einen Nachfolger geben, der als Instrument für den Empfang der Geistwesen und die Arbeit der Spirituellen Heilungen zur Verfügung stehen wird?

Was ich sagen kann, ist, dass die Casa de Dom Inácio weiter bestehen wird, unabhängig von meiner Person.

---

[33] Siehe Kapitel V, 4.

Kapitel III

Casa de Dom Inácio

Wer zum ersten Mal in die Casa de Dom Inácio kommt, möchte wissen, was dieser Ort ist und wie er arbeitet. Für die entsprechenden Erklärungen wurden neben Medium João zahlreiche leitende Angestellte, Mitarbeiter und Besucher der Casa befragt, sowie persönliche Beobachtungen durch den Autor selbst aufgezeichnet.

1. Abadiânia

Warum wurde die Stadt Abadiânia für die Einrichtung der Casa de Dom Inácio ausgewählt?

Sie wurde von Medium João selbst ausgewählt und er hat die Gründe hierfür in Kapitel II, 3 genannt.

Welche nützlichen Informationen können über die Ortschaft Abadiânia gegeben werden?

Lage: Im Staat Goiás, zwischen Brasília, Hauptstadt der Republik, und Goiânia, Hauptstadt des Staates Goiás, im Norden angrenzend an Corumbá de Goiás und im Süden an Alexânia, im Westen Silvânia und im Osten Anápolis und Pirenópolis;

Bevölkerung: annähernd dreizehntausend Einwohner;

Größe: 1.046 km²;

Klima: Tropisch und Savanne, mit im Sommer konzentrierten Regenfällen (Oktober/April) und Trockenzeit im Winter (Mai/September). In der Regel sind die Temperaturen sehr hoch (heiß);

Elektrische Energie: 220 Volt;

Höhe: zwischen achthundert und tausend Metern über dem Meeresspiegel;

Boden: wenig Erosion, tonhaltige und sehr saure Beschaffenheit, Korrektur für landwirtschaftliche Nutzung erforderlich;

Vegetation: Buschsteppe, mit Nahrungsbäumen;

Gewässer: Die Flüsse Antas, Capivari und Corumbá herrschen vor;

Namensherkunft: kommt von "Abadia" (zu Ehren der Schutzheiligen) und von "Nia" (zu Ehren der Gründerin Emericiana);

Gründung: 1914, mit der jährlichen Durchführung einfacher Gebetstage auf Kosten der ersten Bewohnerin, Donna Emericiana.

War die ursprüngliche Lage der Ortschaft nicht dieselbe wie die heutige?

Es hat tatsächlich eine Verlagerung des Ortes gegeben. Zu Anfang wurden die beiden Ortschaften liebevoll Altabadiânia und Neuabadiânia genannt. Im Lauf der Jahre wurde aus Neuabadiânia einfach Abadiânia.

In welcher Entfernung liegt das alte Abadiânia vom heutigen Ort?

Achtzehn Kilometer.

Wie kam es zum neuen Abadiânia?

Die Gründung Brasílias weckte das Interesse der damaligen Politiker für die Verlegung des Ortes an die Autostraße BR-060, in Erahnung der Möglichkeit der besseren Entwicklung des Ortes. Darüber hinaus besteht nahezu dieselbe Entfernung zu Brasília und Goiânia.

Wie sind die Entfernungen von Abadiânia nach Brasília, Anápolis und Goiânia?

Die Entfernung von Brasília nach Abadiânia hängt von dem Ausgangspunkt in der Hauptstadt ab. Gewöhnlich wird als Ausgangspunkt der Flughafen, der Busbahnhof oder der Platz der Ministerien gewählt. Logischerweise wird die Distanz zu Abadiânia unterschiedlich sein. Wird als Ausgangspunkt der Posten der Verkehrspolizei des Bundesdistriktes, Ausfahrt Goiânia, genommen, liegt die Entfernung von Brasília nach Abadiânia bei annähernd fünfundneunzig Kilometern.

Ebenso wird die Entfernung von Abadiânia nach Anápolis und von Abadiânia nach Goiânia je nach Ausgangspunkt variieren. Von Abadiânia bis zum ersten Straßenknoten von Anápolis sind es weniger als fünfunddreißig Kilometer und von Abadiânia bis zum Knotenpunkt der Haupteinfahrt nach Goiânia (Av. Anhangüera) sind es weniger als fünfundachtzig Kilometer. Logischerweise ist die Entfernung größer, wenn als Referenzpunkt das Stadtzentrum gewählt wird.

Wie viele Hotels und Pensionen gibt es in Abadiânia?

Ungefähr dreißig.

Wie viele Betten insgesamt?

1.500 Betten.

Falls jemand an einem etwas gediegeneren Ort absteigen möchte, wäre dies in Abadiânia möglich?

Nein. Die nächsten Möglichkeiten sind Anápolis, Goiânia und Brasília.

Halten die Linienbusse von Goiânia nach Brasília und von Brasília nach Goiânia in Abadiânia?

Ja. Mehrere täglich, zu verschiedenen Uhrzeiten.

Wie viele Taxis gibt es in Abadiânia?

Über dreißig lizensierte.

Findet man in Abadiânia Häuser zur Anmietung für einen befristeten Zeitraum?

Ja. Es gibt in der Stadt möblierte Häuser, die nur für ein paar Monate vermietet werden. Doch derart kommerzielle Tätigkeiten haben keinerlei Verbindung mit der Casa de Dom Inácio.

Wohnt Medium João in Abadiânia?

Nein. Obwohl er ein Apartment in der Casa de Dom Inácio und eine Fazenda im Umkreis hat, wohnt er in Anápolis, einer Stadt mit mehr als dreihunderttausend Einwohnern. Man kann sagen, dass er einen zweiten Wohnsitz hat. Seine Residenz in der Casa de Dom Inácio ist für mögliche Übernachtungen in Abadiânia gedacht.

2. Wie und was ist die Casa de Dom Inácio?

Was ist die Casa de Dom Inácio?

Die Casa de Dom Inácio ist ein Ort der Spirituellen Heilungen. Sie ist ein Gebetshaus, ein Haus der Wohltätigkeit und der Liebe. Viele nennen sie Spirituelles Krankenhaus. Sie ist weder ein Spiritistisches Zentrum, noch eine Kirche, sondern ein Treffpunkt für Menschen verschiedener Religionen. Es wäre nicht verkehrt, sie einen Ökumenischen Tempel zu nennen.

Laut Satzung sind ihre Ziele: "Spirituelle, moralische und materielle Wohltätigkeit mit allen erreichbaren Mitteln auszuüben, ohne Unterscheidung in Geschlecht, Rasse, religiösem Glauben oder politischer und philosophischer Überzeugungen, ohne auf irgendwelche Vergütungen abzuzielen."

Warum der Name Casa de Dom Inácio?

Der Name wurde von Medium João persönlich gewählt.

Was ist die Casa de Dom Inácio aus rechtlicher Sicht?

Die Casa de Dom Inácio ist eine rechtliche Person des Privatrechts mit gemeinnützigem Vereinscharakter, ohne Gewinnerzielung, mit Satzung zur inneren Regelung, ordnungsgemäß registriert in Übereinstimmung mit den gesetzlichen Normen. Sie hat einen gewählten Vorstand, unter Leitung des Mediums João, Präsident der Casa de Dom Inácio.

Neben den freiwilligen Mitarbeitern, welche umsonst arbeiten, hat die Casa zahlreiche Angestellte, alle ordnungsgemäß eingetragen, mit unterschriebenem Arbeitsausweis, die verschiedene Funktionen ausüben.

Wie war die Casa de Dom Inácio am Anfang?

Nachdem Medium João an verschiedenen Orten in ganz Brasilien behandelt hatte, ging er zu fortlaufenden und andauernden Behandlungen in Abadiânia über. Zu Anfang gab es viele Schwierigkeiten. Die Casa de Dom Inácio wurde zunächst in wechselnden Häusern provisorisch eingerichtet, bis der aktuelle Standpunkt erworben wurde, der zuvor eine Fazenda war. Alles begann auf sehr bescheidene Art und wurde mit den Einnahmen des Mediums João, mit Spenden und der Mitwirkung von Besuchern weiterentwickelt.

Erfordert die religiöse Praxis gehobene Tempel?

Dies hängt von jeder Religion ab. Die Treffpunkte der verschiedenen Religionen sind notwendig, doch ob sie gehoben sein müssen oder nicht, hängt von jedem religiösen Segment ab.

Es ist bekannt, dass im Spiritismus Tempel von äußerster Einfachheit genutzt werden. Andere Religionen ziehen luxuriöse Tempel vor.

Ist die Casa de Dom Inácio ein einfacher oder ein luxuriöser Ort?

In der Casa de Dom Inácio herrscht die Einfachheit vor, was nicht bedeutet, dass es ein spiritistischer Tempel ist.[34] Die Gebäude sind äußerst bescheiden, doch sauber und gut erhalten.

Und die Möbel der Casa, wie sind diese?

Auch sie sind sehr einfach. Manche sind sogar rustikal.

Gibt es irgendeine Verbindung zwischen den Pensionen und der Casa de Dom Inácio?

Absolut keine. Während die Absichten der Pensionen kommerziell sind, hat die Casa spirituelle Absichten. Die Pensionen sind in einer Vereinigung[35] organisiert, ohne Verbindung zur Casa de Dom Inácio.

Helfen die Eigentümer der Pensionen der Casa?

Zahlreiche Eigentümer sind aufgrund von erfahrenen Spirituellen Heilungen freiwillige Mitarbeiter der Casa.

Hat die Casa de Dom Inácio eine eigene Internetseite, welche interessierten Menschen Informationen über das Netz liefert?

Nein. Im Vorstand herrscht das Einverständnis darüber, dass die Casa keinerlei Werbung betreiben sollte.

Dennoch gibt es Seiten von Reiseleitern und Pensionen. Auch gibt es eine Seite mit dem Namen *Amigos da Casa de Dom Inácio*, welche von Menschen eingerichtet wurde, die Spirituelle Heilungen erfahren haben.

Wenn Medium João ins Ausland reist, werden die Dienstleistungen der Casa dann ausgesetzt?

Nein. Die Casa läuft normal weiter mit Vorträgen, Gebeten, Ausgabe von energetisiertem Wasser, etc. Es finden lediglich keine Behandlungen durch das inkorporierte Medium João statt.

---

[34] In der Casa de Dom Inácio sind zahlreiche Abbildungen und Gemälde von Heiligen zu sehen. Die Spiritisten und die evangelischen Protestanten verehren weder Bilder noch Heilige.

[35] Assoiação das Pousadas e Hotels de Abadiânia (APHA), Vereinigung der Pensionen und Hotels von Abadiânia.

Immer wenn Medium João ins Ausland reist, wird seine Abwesenheit im Vorfeld angekündigt. Wenn die Behandlungen andernorts, außerhalb Abadiânias stattfinden, so wird dies in die Zeit von Samstag bis Dienstag gelegt.

3. Das Gelände

Wie ist das Gelände der Casa de Dom Inácio?

Insgesamt umfasst es ein Gebiet von über zwölftausend Quadratmetern, enthält einen Parkplatz, Ruhebereiche, den medialen Bereich, den Verwaltungsbereich, Imbiss, Buchhandlung, Werkstatt zur Herstellung und Verpackung von Passiflora, Kristallbäder, öffentliche Toiletten, öffentliche Telefone, Taxistand, Apartment des Mediums João.

Wie sind die Gebäude auf das gesamte Gelände der Casa de Dom Inácio verteilt?

Die am Ende dieses Kapitels vorgestellten Darstellungen geben eine allgemeine Vorstellung der Aufteilung der Casa. Abbildung 1 (S. 83) ist ein Panoramagrundriss des Gesamtgebietes. Abbildung 2 (S. 84) zeigt den ganzen Abschnitt des medialen Bereiches.

Gibt es in der Casa öffentliche Badezimmer?

Sowohl für Männer, als auch für Frauen und für gehbehinderte Menschen.

Gibt es öffentliche Telefone?

Ja.

Gibt es Beeinträchtigungen bei den Behandlungen, wenn es regnet?

Es gibt Probleme bei der Ankunft in der Casa. Doch dann gibt es keine größeren Schwierigkeiten, wenn die Behandlungen der Warteschlangen normal durchgeführt werden.

Doch behindert der Regen die Bewegung der Menschen außerhalb des geschlossenen Bereiches?

Das Gelände der Casa ist gut ausgeglichen und das Wasser fließt gut ab. Man kann sagen, dass die Unannehmlichkeiten normal sind, wie an jedem Ort während des Regens.

4. Parkplatz

Was ist der Bereich Parkplatz?

Wie der Name schon sagt, ist dies der Ort, wo die Fahrzeuge der Menschen, welche die Casa besuchen, sowohl Privatfahrzeuge, als auch Busse und Taxis aus anderen Städten, abgestellt werden.

Ist der Parkplatz groß genug für die Privatfahrzeuge und die Taxis aus anderen Städten und die zur Casa fahrenden Busse?

Normalerweise ja. Doch vorne gibt es, wenn nötig, einen großen Bereich zum Parken, auch wenn er nicht zur Casa gehört.

Im Hof der Casa gibt es einen Taxistand. Gehören die Taxis der Casa?

Nein. Der Taxistand besteht nur, damit die Fahrzeuge die Benutzer auf geordnete Weise aufnehmen können. Sie bleiben außerhalb der Bereiche der Casa, nur ein paar erhalten die Erlaubnis, in den inneren Parkbereich zu fahren. Die Taxis sind alle Privatunternehmen mit Lizenz der Präfektur. Die Casa hat nichts mit solchen Aktivitäten zu tun.

5. Ruhebereich

Was ist der Ruhebereich?

Das ist ein Bereich, der die Gärten, den Aussichtspunkt und die Verandas umfasst.

Wie sind die Gärten?

Sie können Grünbereiche genannt werden, mit Rasenflächen und für die Buschsavanne typischen Bäumen, mit Obstbäumen und Blumen, mit zahlreichen Zementlaufstegen und rustikalen Bänken, damit die Menschen sich ausruhen können.

Was für Obstbäume gibt es in der Casa?

Mangobäume, Cashewbäume, Guavenbäume, etc.

Was geschieht zur Zeit der Obsternte?

Es wird sich nicht um die Früchte gekümmert. Sie reifen und werden von den Besuchern gepflückt.

Wird der Bereich von den Menschen genutzt, die an den morgendlichen Arbeiten teilgenommen haben und die nachmittäglichen Arbeiten erwarten?

Ja. Wer will, nimmt eine Suppe zu sich, welche gratis von der Casa serviert wird. Für viele ist diese Suppe das Mittagessen. Wer möchte, geht in seine Pension, um sich auszuruhen (dies unter den Gruppenreisenden). Viele Menschen bleiben zum Ausruhen in der Casa.

Gibt es ausreichend Platz für die Öffentlichkeit, welche die Arbeiten des Nachmittages erwartet?

Ja. Außer den Gärten mit den Obstbäumen, welche Schatten spenden und Bänken für über zweihundert Menschen, gibt es den Aussichtspunkt und die Verandas mit Sitzgelegenheiten für die Interessenten.

Was ist der Aussichtspunkt?

Der Aussichtspunkt ist eine Art "Veranda"[36] mit einer schönen Aussicht über das ganze Tal, das die Casa de Dom Inácio umgibt. Dies ist ein ruhiger und von den Menschen, welche die Casa besuchen, viel aufgesuchter Ort.

Wie viele Personen haben auf dem Aussichtspunkt sitzend Platz?

Annähernd fünfzig Menschen.

Wie viele Verandas gibt es in der Casa?

Zahlreiche. Viele mit Bänken und kleinen Mauern, welche zum Sitzen dienen.

6. Medialer Bereich

Was ist der mediale Bereich?

Das ist der wichtigste Bereich. Der Ort, wo sich die Arbeiten der Spirituellen Behandlungen entfalten.

Wie ist dieser mediale Bereich aufgeteilt?

Der mediale Bereich umfasst: Den Zuschauersaal; Saal der Hilfsmedien; Saal der Wesenheiten; Raum der Anwendungen; Krankenstation (oder Erholungsraum); Ruheraum; Video- und Audioraum; Rollstuhl-, Prothesen- und Krückenraum; Raum der Diplome; Postraum; Lager; Verandas und private Badezimmer.

Wie viele Sitzplätze hat der für die Zuschauer vorgesehene Saal?

Für annähernd zweihundert Personen.

Wozu dient die Bühne in dem für die Zuschauer vorgesehenen Saal, wo sich die Warteschlangen bilden?

Damit die Menschen, welche der Öffentlichkeit die Erklärungen über die einzuhaltende Vorgehensweise geben und jene, welche den Einführungsvortrag halten, auf einem erhöhten, für alle Anwesenden sichtbaren Platz stehen.

---

[36] Verandas: Bedeckte offene (ohne Wände) Bereiche; Vordach; Balkon; Terrasse.

Wie viele Säle für Wesenheiten gibt es?

Man kann sagen drei, wovon zwei von den Hilfsmedien (Kinder des Hauses) besetzt werden, und ein dritter, welcher zu Beginn der Arbeiten mit den Menschen besetzt ist, welche einer kollektiven Operation unterzogen werden. Nachdem die kollektiv operierten Menschen den Saal verlassen haben, werden die Sitzplätze von den Menschen eingenommen, welche die Wesenheit im Verlauf der individuellen Behandlungen eingeladen hat, "im Strom zu sitzen". Die drei Säle sind miteinander verbunden und bilden einen Bereich mit insgesamt über zweihundertachtzig von Medien besetzten Sitzplätzen, welche einen Energiestrom zur Unterstützung der durchgeführten Arbeiten bilden.

Der erste Saal, gleich hinter dem der Zuschauer, ist für jene Medien vorgesehen, welche mit der vorbereitenden "Reinigung" beauftragt sind, wobei negative Energie entfernt wird, damit die Person die Behandlung der Wesenheit besser empfangen kann.

Wie viele Sitzplätze umfassen die Räume der Wesenheiten?

Der für die Hilfsmedien vorgesehene Eingangsraum für die Warteschlangen: 100.
Der Hauptraum der Wesenheit, für die Hilfsmedien: 100.
Der Saal für die am Energiestrom teilnehmenden eingeladenen Personen: 80.

Neben den feststehenden Stühlen, werden einige weitere Stühle für besondere Fälle aufgestellt.

Gibt es in der Casa ein Krankenzimmer?

Es gibt einen großen Saal mit zwölf Betten. Es ist keine richtige Krankenstation, sondern ein Erholungsraum, wo die einer individuellen spirituellen Operation unterzogenen Menschen sich ausruhen bis sie sich soweit erholt haben, dass sie nach Hause gehen können, was ein bis zwei Stunden dauert.

Was ist der Raum der Anwendungen?

Zu Beginn der Arbeiten ist dieser Raum für jene Menschen vorgesehen, welche kollektiven Operationen unterzogen werden. Dort gibt es feststehende Stühle und Liegen für jene, welche diese benötigen. Wenn alle Stühle belegt sind, und dies ist fast immer der Fall, werden die Menschen in einem der Säle für die Hilfsmedien untergebracht. Diejenigen, welche nicht Portugiesisch sprechen, werden von den Brasilianern getrennt, um die Arbeit des Dolmetschers zu erleichtern.

Nach den kollektiven Operationen bleiben zahlreiche Medien in diesem Saal, um bei den von der Wesenheit behandelten Personen Anwendungen zu machen.

Wie viele Stühle und wie viele Liegen hat der Anwendungsraum?

Sechzig Stühle und fünf Liegen.

Wie ist die Beleuchtung im medialen Bereich?

Neben der künstlichen Beleuchtung (elektrisches Licht) und den Fenstern, gibt es im medialen Bereich zwei Oberlichter,[37] eins im Raum der Wesenheit und ein weiteres im Zuschauerraum. Das Sonnenlicht wird wegen der ausgestrahlten Energien benötigt.

Was für Heiligenbilder werden dort ausgestellt?

Jesus Christus, Dom Inácio de Loyola, Nossa Senhora de Fátima, Santa Terezinha, Nossa Senhora Aparecida und andere.

Und was für gerahmte Bilder (Gemälde und Fotos) hängen an den Wänden?

Zahlreiche, davon können erwähnt werden: Jesus Christus, Dom Inácio de Loyola, König Salomon, Osvaldo Cruz, Chico Xavier, Nossa Senhora de Fátima, Johannes Paul II, Bezerra de Menezes, Mutter Teresa von Kalkutta, Eurípides Barsanulfo, Augusto de Almeida und João de Deus.

Gibt es neben den Gemälden und den Fotos andere gerahmte Bilder?

Ja, zahlreiche wunderschöne Botschaften, Gedichte, Sonette, Gedanken und Gebete finden sich in gerahmten Bildern an den Wänden des gesamten medialen Bereiches.

Werden die Bilder und die Heiligenbilder von der Verwaltung der Casa erworben?

Nein. Dies sind Geschenke der Besucher der Casa.

Was ist die Bestimmung des Ruheraumes?

Dies ist eine Art Büro und Sprechzimmer des Mediums João, wo die Angestellten der Casa in den Verwaltungsangelegenheiten und andere Menschen allgemein bei ihren privaten Angelegenheiten empfangen werden. Es ist selten, dass Medium João zu Mittag isst. Er nimmt nur einen leichten Lunch zu sich und ruht sich aus, um die in den Vormittagsbehandlungen verbrauchten Energien wieder aufzufüllen.

Gibt es einen Saal der Wunder?

"Wunder" ist nicht das richtige Wort. Es gibt einen Bereich, wo Rollstühle, verschiedene orthopädische Hilfen, und Krücken gelagert werden, die alle von den von Spiritueller Heilung begünstigten Menschen zurückgelassen wurden.

---

[37] Oberlicht: Erhebung in der Decke mit Glasfenstern, so dass Sonnenlicht in den Raum gelangen kann.

7. Verwaltungs- und Angestelltenbereich

Woraus besteht der Verwaltungsbereich?

Dies ist der zur Unterstützung der medialen Arbeit vorgesehene Bereich, zusammengesetzt aus: Leitung, Sekretariat, Information, Lager, Küche, Restaurant für die Angestellten, Restaurant für die Öffentlichkeit, und private Badezimmer.

Wie viele Angestellte hat die Casa de Dom Inácio?

Über zwanzig eingetragene Angestellte mit Arbeitszeugnis.

Was sind die von Ihnen ausgeübten Aufgaben?

Empfang der Besucher, Reinigung, Essen, Unterhalt und Erhaltung der gesamten Casa. Der Hauptangestellte ist der Verwalter, eine Art Geschäftsführer, der sich um den gesamten administrativen Ablauf kümmert. Die Casa hat Köche, Sekretäre der Verwaltung (neben dem Sekretär, Mitglied der Leitung), Bürohilfen, Empfangsleute, Telefonisten, für die Apotheke verantwortliche Mitarbeiter, für den Ton verantwortliche Mitarbeiter, Lagerverwalter und allgemeines Dienstpersonal.

Wie werden die Angestellten der Casa ausgewählt?

Wenn Neueinstellungen notwendig sind, werden Lebensläufe erbeten, und anhand von Bewerbungsgesprächen werden jene ausgewählt, welche den Anforderungen entsprechen. Diese Aufgabe liegt in der Verantwortung des Verwalters der Casa.

Wenn die Angestellten der Casa zwischen den Vormittagsbehandlungen und denen des Nachmittags arbeiten, wann essen sie dann zu Mittag?

In der Zeit zwischen den Vormittagsbehandlungen und denen des Nachmittags, haben diejenigen, welche an den nachmittäglichen Arbeiten teilhaben wollen, nachdem die Suppe an alle Besucher ausgegeben wurde, verschiedene Möglichkeiten. In dieser Zeit lösen die Mitarbeiter sich gegenseitig ab und essen zu Mittag.

Die Behandlungen für die Öffentlichkeit werden an drei Tagen der Woche durchgeführt (Mittwoch, Donnerstag und Freitag). Bleibt die Casa an den restlichen Tagen (Samstag, Sonntag, Montag und Dienstag) ungenutzt und die Mitarbeiter haben frei?

Nein. Die administrativen Arbeiten gehen weiter, doch es gibt nur wenig öffentliche Besucher. Das Recht auf Erholung der Arbeiter wird wöchentlich im Wechsel berücksichtigt. Es ist klar, das es an den drei öffentlichen Behandlungstagen mehr Arbeit gibt. Doch an den anderen Tagen werden auch Aufgaben erledigt.

Wer sind die freiwilligen Mitarbeiter, das heißt, diejenigen, welche administrative und mediale Aufgaben übernehmen, ohne etwas dafür zu bekommen?

Der Name sagt es schon: Freiwillige. Die Zahl der Freiwilligen ist sehr groß. Sogar Menschen aus dem Ausland nehmen Urlaub, um in der Casa de Dom Inácio zu arbeiten. Die meisten Dienstleistenden machen dies als eine Art Vergütung für ihre erfahrene Heilung.

8. Imbiss

Wie ist der Imbiss?

Der Imbiss gleicht vielen anderen, ohne Sitzplätze im inneren Teil, doch mit vielen kleinen Mauern, die im äußeren Teil als Bänke dienen.

Was wird dort verkauft?

Diverse Säfte, Kokoswasser, Kaffee, Milch, Bonbons, Pralinen, Schokolade, Salziges, Eis, Süßigkeiten, Mineralwasser, Erfrischungsgetränke und andere Nahrungsmittel, die üblicherweise in einem Imbiss verkauft werden.

Wie funktioniert der Imbiss?

Als gewöhnliches gewerbliches Unternehmen, eingetragen als Kleinunternehmen. Er ist von Mittwoch bis Freitag geöffnet.

Ist es, da es den Imbiss gibt, verboten, Essen mitzubringen?

Auf keinen Fall. Der Imbiss ist für jene da, welche einen schnellen Imbiss möchten, ohne die Casa verlassen zu müssen. Doch jeder kann mitbringen, was er will. Es kommt häufig vor, dass ganze Familien zwischen den Vormittagsbehandlungen und denen des Nachmittags auf den Grünflächen und in den abgestellten Fahrzeugen essen.

9. Buchhandlung

Was ist die Buchhandlung?

Das ist ein kleiner Laden. In Wirklichkeit ist es mehr ein Basar als eine Buchhandlung.

Was wird in der Buchhandlung verkauft?

Bücher, T-Shirts, Kristalle, Rosenkränze, Schmuck, gesegnetes Wasser, verschiedene Souvenirs.

Wie funktioniert die Buchhandlung?

Genauso wie der Imbiss: Sie hat jeden Tag geöffnet (samstags und sonntags bis 12 Uhr). Sie ist ein kleines Gewerbeunternehmen, welches die geltenden gesetzlichen Normen einhält, und deren Mitarbeiter ordnungsgemäß angemeldet sind.

Wird das gesegnete Wasser verkauft?

Ja. Doch es wird erklärt, dass es sich um ordnungsgemäß abgefülltes Mineralwasser handelt, und der Preis liegt nicht über dem anderer Gewerbebetriebe. Es gibt keinerlei Preiserhöhung wegen der Segnung.

10. Besucher

Wer sind die Besucher der Casa?

Man kann sagen, es handelt sich um Menschen aus ganz Brasilien und verschiedenen anderen Ländern der Welt.

Wird irgendeine Art der Kontrolle an den Eingängen der Gebäude der Casa ausgeübt?

Nein. Der Eintritt ist frei, auch für Autos und Busse. Es kommt rein, wer will, beobachtet, was er will, und nimmt an den Arbeiten teil, wenn er will.

Sind die Menschen, die das erste Mal in die Casa de Dom Inácio kommen, nicht ein bisschen verloren?

Wenn die Person an einer Exkursion teilnimmt, was meistens der Fall ist, gibt es für die ganze Gruppe einen FührerIn, der/die alles Notwendige erklärt. Für jene, welche alleine anreisen, stehen diverse Mitarbeiter zur Verfügung. Im Sekretariat der Casa gibt es eine "Information" mit einem Mitarbeiter für den allgemeinen Empfang der Besucher. Darüber hinaus wird jeder angesprochene Besucher das größte Vergnügen haben, nötige Informationen zu geben. Für jene, welche kein Portugiesisch sprechen, stehen Übersetzer zur Verfügung.

Kommen Kinder in die Casa?

Ja, doch in Begleitung der Eltern oder anderer verantwortlicher Personen, ebenso wie sehr betagte Menschen mit Gehbehinderungen oder anderen Problemen von ihren Familienangehörigen oder Freunden begleitet werden.

Kinder sind normalerweise unruhig. Wie wird mit dem von ihnen verursachten Lärm umgegangen?

Dies war bisher nie ein Problem für die Casa.

Besuchen Ärzte die Casa?

Ja. Viele.

Besuchen, neben Ärzten, auch andere Personen mit höherem Bildungsniveau die Casa?

Ja, die Anwesenheit von Richtern, Anklagevertretern, Polizeikommissaren, Rechtsanwälten, Ingenieuren, Menschen mit höherer Ausbildung verschiedener Berufe, offizielle Angehörige der Armee, etc. ist nichts Außergewöhnliches.

Erhalten Ärzte, Autoritäten allgemein und andere bekannte Persönlichkeiten eine besondere Behandlung?

Nein. Alle Menschen, welche die Casa aufsuchen werden gleich behandelt, ohne Diskriminierung aufgrund von Rasse, Geschlecht, Alter, kulturellem Niveau, Religion, sozialen Bedingungen, Nationalität, etc.

Was das Geschlecht der Besucher angeht, ist die Zahl der Frauen oder die der Männer größer?

Das spielt nicht die geringste Rolle, noch wäre es zu erkennen. Es scheint, dass es verhältnismäßig ausgeglichen ist.

Was für Aufzeichnungen werden über Alter, Bildungsgrad, Familienstand, Religion, etc. gemacht?

Keinerlei. Die Casa kümmert sich nicht um irgendwelche Notierungen oder Aufzeichnungen.
Einige Menschen haben Studien wissenschaftlicher oder akademischer Richtung gemacht, und manchmal werden Informationen zusammengetragen. Die Daten einer Psychologin, die eine Feldforschung für ihre Postgraduierung durchgeführt hat, können herangezogen werden. Folgende Informationen können zitiert werden:[38]

a) Alter
Unter 18 Jahre.............................13,60 %
18 bis 25 Jahre...........................21,60 %
26 bis 35 Jahre...........................27,00 %
36 bis 45 Jahre...........................23,00 %
Über 46 Jahre.............................14,80 %

b) Bildungsgrad
Grundschule...................................51,80 %
Mittlere Bildung...............................35,20.%
Höhere Bildung...............................13,00 %

c) Familienstand
Ledig..27,00 %
Verheiratet............................48,60 %
Geschieden................................10,80 %
Verwitwet...................................13,60 %

d) Religion
Religion Katholisch..........................62,00 %
Spiritistisch......................................27,20 %
Andere..09,60 %
Keine...01,20 %

e) Kam aus eigenem Willen in die Casa?
Ja 78,80 %
Nein 21,20 %

f) Wurde von jemandem begleitet
Ja...47,00 %
Nein..53,00 %

g) Motiv für den Besuch in der Casa
Gesundheitliche Behandlung.......75,60%
Neugier.......................................04,00 %
Anwendung................................18,80 %
Andere.......................................01,60 %

h) Zeitraum der Besuche in der Casa
Unter 1 Jahr....................................60,20 %
1 bis 3 Jahre..................................18,60 %
4 bis 6 Jahre..................................18,20 %
Über 7 Jahre..................................03,00 %

Sind diejenigen, welche die Casa aufsuchen mehrheitlich Menschen mit irgendeiner Art körperlicher Behinderung oder Krankheit?

---

[38] SAVARIS, Alfredina Arlete, Die von João Teixeira de Faria vollbrachten Paranormalen Heilungen. S. 84/86.

Viele haben eine körperliche Behinderung, sitzen im Rollstuhl, gehen an Krücken oder am Stock, oder haben andere sichtbare körperliche Behinderungen. Doch die Mehrzahl sind Menschen ohne irgendwelche offensichtlichen physischen Probleme. Eine große Zahl der Menschen haben existenzielle Probleme und suchen irgendeinen Sinn für ihr Leben.

Wenn jemand eine Zeitlang abwesend bleibt und dann mit einem anderen gesundheitlichen Problem wiederkommt, was geschieht dann?

Bei der Behandlung erkennt die Wesenheit die Person, ohne dass die vergangene Zeit eine Rolle spielt. Die neue Behandlung wird ganz normal durchgeführt.

Sind die Menschen, welche bei den Vormittagsarbeiten erscheinen dieselben, wie bei den Nachmittagsarbeiten?

Nicht alle. Es gibt keinerlei Kontrolle über den Besuch der Casa. Alles hängt davon ab, ob die Person teilnehmen will oder nicht. In vielen Situationen bittet die Wesenheit die Person am Nachmittag oder am nächsten Tag wiederzukommen.

Die Menschen, welche eine Gruppenreise machen, sei es aus anderen Staaten oder aus dem Ausland, profitieren nicht nur von den vormittäglichen und den nachmittäglichen Arbeitszeiten, sondern von beiden Zeiten mehrerer Tage.

Ist der Besucherstrom aufgrund sozioökonomischer Probleme Veränderungen unterworfen?

Ja. Obwohl die Behandlung kostenlos ist, ist es unleugbar, dass Reise und Unterkunft, besonders für diejenigen, welche weit von Abadiânia entfernt wohnen, sehr teuer ist. Deshalb entstehen, abhängig von der besten oder schlechtesten finanziellen Situation der Person, Möglichkeit oder Unmöglichkeit, die Kosten für Reise und Unterkunft zu tragen. Auf diese Weise beeinflussen die sozioökonomischen Schwierigkeiten den Strom der Besucher, welche die Casa de Dom Inácio aufsuchen. Und dies gilt sowohl für Brasilianer, als auch für ausländische Besucher.

Es ist bekannt, dass viele Menschen nach Abadiânia kommen würden, doch nicht über die Mittel verfügen, die Kosten zu tragen, obwohl die Behandlung umsonst ist. Solche Schwierigkeiten können teilweise gelöst werden, indem ReiseleiterInnen oder Freunde ein Foto oder einen Gebrauchsgegenstand (fast immer Kleidung) dieser Person mitbringt und die verschriebene Medizin für sie mitnimmt.

Sind die Besucher der Casa immer dieselben?

Nein. Normalerweise kommen die Menschen, welche Spirituelle Heilung erfahren haben nach einiger Zeit nicht mehr in die Casa. Viele andere wiederum begleiten João seit Jahrzehnten. Viele freiwillige Mitarbeiter der Verwaltung und Hilfsmedien nehmen vereinzelt seit über fünfundzwanzig Jahren an den Arbeiten teil. Es ist nichts Außergewöhnliches, Menschen zu treffen, die seit zehn, fünfzehn und zwanzig Jahren die Casa besuchen.

Wäre es undankbar, nach einer erhaltenen Heilung nicht in die Casa zurückzukehren?

Nein. Jeder Mensch ist frei und kommt wieder, falls und wann er will. Sowie die Casa kein Tempel einer speziellen Religion ist, wird die durch eine Spirituelle Heilung begünstigte Person die Kirche ihrer eigenen Religion besuchen können, und dies geschieht normalerweise. Nicht selten sagt die Wesenheit, dass die Person geheilt ist und nach Hause gehen kann. Viele kommen wieder, um sich zu bedanken, Untersuchungsergebnisse zu zeigen, die Heilung zu bestätigen, andere Menschen zur Behandlung zu bringen oder als Freiwillige wo es notwendig ist zu helfen.

Bleiben die Menschen gewöhnlich für lange Zeit in Abadiânia, um die Casa zu besuchen?

Ja, doch dies ist nicht notwendig. Die Wesenheit sagt bei der Behandlung, ob und wann die Person wiederkommen muss, so dass sie ihre Tätigkeiten ohne Probleme weiterverfolgen kann.

11. Ausländische Besucher

Viele Menschen aus dem Ausland mit Schwierigkeiten, die portugiesische Sprache zu verstehen, suchen die Casa de Dom Inácio auf. Wie wird die Kommunikation bewerkstelligt?

Es gibt zahlreiche Mitarbeiter in der Casa, die für eine Kommunikation ausreichend Englisch sprechen. Wenn notwendig, arbeiten sie als Übersetzer. Außerdem sprechen einige Reiseleiter und Freiwillige Englisch. Kommunikationsschwierigkeiten werden ohne größere Probleme gelöst.

Während der Behandlung durch die Wesenheit hat jeder Ausländer einen Übersetzer an seiner Seite, um mit der Wesenheit auf Portugiesisch zu kommunizieren. Fast alle Menschen aus dem Ausland, welche die Casa de Dom Inácio aufsuchen, sprechen Englisch. Immer wenn eine Gruppe aus irgendeinem Land mit Menschen kommt, die nur ihre eigene Sprache sprechen, ist immer jemand in der Gruppe, der Englisch spricht.

Dennoch hat der Autor schon gehört, dass Erklärungen für das Publikum auf Portugiesisch ins Englische, Französische und Deutsche übersetzt wurden. Dies wegen der Gruppen aus den Vereinigten Staaten, Frankreich und Deutschland.

Was machen die Menschen aus anderen Ländern, die länger als eine Woche in Abadiânia bleiben?

Viele wollen Brasília, Goiânia, Caldas Novas, Pirenópolis, Cidade de Goiás etc. kennen lernen. Andere ziehen es vor, in Abadiânia zu bleiben.

Kaufen Ausländer Häuser in Abadiânia?

Ja, doch nicht nur Ausländer. Auch Brasilianer aus anderen Staaten kaufen Häuser in Abadiânia. Einige Besucher wählen eine Residenz in Abadiânia und kaufen Häuser in der Stadt. Andere regelmäßige Besucher kaufen Häuser und leihen sie Freunden, sowohl Ausländern, als auch Brasilianern.

12. Gruppenreisen und Gruppenleiter

Wie funktioniert das System der Gruppenreisen, sei es aus anderen brasilianischen Staaten, sei es aus anderen Ländern, welche die Casa de Dom Inácio aufsuchen?

Ganz gleich, ob die Gruppen aus anderen Staaten oder aus dem Ausland kommen, in der Regel gibt es immer eine Begleitung eines Führers/Führerin, der den gesamten Ablauf in der Casa kennt. Normalerweise bieten die Führer ein "Paket" mit Anreise (Flug oder Bus) und Unterkunft in einer der zahlreichen Pensionen Abadiânias an.

Es wird klargestellt, dass die Casa nichts mit den Pensionen und den Reiseleitern, welche die Gruppen organisieren, zu tun hat. Unter kommerziellen Gesichtspunkten gibt es keinerlei Verbindung zwischen den Pensionen und den FührerInnen der Gruppen einerseits und der Casa de Dom Inácio andererseits.
Viele Eigentümer von Pensionen und Reiseleiter sind Personen, die in der Casa Heilung erfahren haben, und dazu übergegangen sind, eine Arbeit zu machen, die psychologische Befriedigung bringt.

Von wie vielen Reiseleitern, die Gruppenreisen, sowohl aus Brasilien, als auch aus dem Ausland organisieren, weiß die Casa?

Von ungefähr fünfzig.

Von welchen brasilianischen Staaten kommen die meisten Gruppen?

Wie es scheint, aus Rio Grande do Sul, Espírito Santo, Minas Gerais, Paraná und Santa Catarina, wenn man nach der Verteilung der in der Casa erscheinenden Menschen geht.

Und aus welchen Ländern kommen die meisten Gruppen?

Wie es scheint, aus den Vereinigten Staaten und Deutschland, ebenfalls laut Verteilung und der Organisation der Gruppen.

Gibt es irgendeine Art Zeitplanung für den Empfang von Gruppen in der Casa?

Nein. An gleich welchem Tag die Menschen in der Casa erscheinen, werden sie behandelt.

Helfen die Gruppenleiter auch bei den Arbeiten?

Ja. Die Gruppenleiter aus dem Ausland helfen mit der Übersetzung. Die Gruppenleiter aus den anderen brasilianischen Städten helfen, wo möglich und notwendig.

13. Infiltration

Gibt es neben den Hauptformen des Anfangskontaktes mit der Casa de Dom Inácio auch andere Formen?

Ja. Der Eintritt in die Casa ist aus anderen Gründen, als der Suche nach Spiritueller Heilung, möglich.

Und wer sind die Menschen, die in den Bereich eindringen und versuchen, den Zweck ihres Kommens zu verbergen?

Journalisten, Ärzte, Polizeibeamte und Neugierige allgemein.

Und wie kommen diejenigen, welche keine Spirituelle Heilung suchen in die Casa?

Journalisten, sowohl aus Brasilien, als auch aus dem Ausland, kommen aus beruflichen Gründen in die Casa. Viele werden zu regelmäßigen Besuchern. Ärzte, die nicht an Spirituelle Heilung glauben, kommen in die Casa, um zu erleben, was dort geschieht. Am Ende werden sie regelmäßige Besucher. Auch Polizeibeamte erscheinen in der Casa, um Ermittlungen durchzuführen, um irgendwelche Unregelmäßigkeiten festzustellen, und werden am Ende regelmäßige Besucher und Verteidiger des Mediums João. Zuletzt gibt es noch die Neugierigen.

Wer sind die "Neugierigen", die in der Casa erscheinen?

Im Normalfall sind dies Menschen, die nicht an Spirituelle Heilungen glauben oder Zweifel an ihrer Echtheit haben.

Wie wird mit diesen "Neugierigen " bei ihrem Erscheinen in der Casa umgegangen?

Wenn es außerhalb der Arbeitszeiten ist, kann die Casa von wem auch immer besucht werden, um zu fotografieren und filmen. Wenn es während der Arbeitszeiten ist, reiht sich die Person, wenn sie will, ganz normal in die Warteschlange ein und kann beobachten oder zuhören.

Kann es ein Eindringen geben, um mit dem Ziel, Betrug aufdecken zu wollen, in den Bereich zu gelangen?

Ja, und dies kommt nicht selten vor. Außer sich in die Schlange zu stellen, kann die Person sich unter die Medien und Helfer mischen. Es stehen anfangs über zweihundertachtzig Stühle zur Verfügung. Obwohl hier der Eintritt kontrolliert wird, ist ein Eindringen möglich.

Gab es schon einmal ein Eindringen von Journalisten, ohne Einmischung oder Störung der Arbeiten?

Ja.[39]

Kann es wegen der Einmischung von Journalisten zu Unterbrechungen der Behandlungen in Abadiânia kommen?

Ja. Doch dies ist schwierig, da sie vorher über den Ablauf informiert werden.

Und ist dies außerhalb von Abadiânia schon vorgekommen?

---

[39] Weitere Informationen in Kapitel IV, 5.

Ja. Daher kommt es, dass eine Erlaubnis und Anweisungen, wie Fotografen, Filmemacher und Reporter sich zu betragen haben, nötig sind.

In Deutschland hat es Probleme mit Unterbrechungen der Behandlungen gegeben, weil Journalisten versucht hatten, Personen zu interviewen, als diese behandelt wurden, wobei sie die Arbeiten störten. Wären die Interviews "davor" und/oder "danach" gewesen, hätte es keine Probleme gegeben. Doch sie fanden praktisch "während " der Behandlung statt, so dass der normale Ablauf gestört wurde. Die Wesenheit "stieg auf" und ließ ungefähr fünfhundert Personen in den Warteschlangen zurück, die erst am nächsten Tag behandelt wurden.

Also gibt es, damit störende Unannehmlichkeiten beim guten Gelingen der Arbeiten verhindert werden, vorherige Aufklärung.

Und im Fall der Forscher, gibt es da Unterbrechungen wegen der Forschungen?

Nein. Im Fall von Forschungen wird alles besprochen und erlaubt, so dass sowohl Medium João, als auch die Forscher, ihre Arbeit ohne Probleme entfalten können.

Wird nicht im Vorfeld Sorge dafür getragen, dass es kein Eindringen von Journalisten, Polizeibeamten und Neugierigen allgemein gibt?

Nein. Versucht jemand, sich zu tarnen, entdeckt die Wesenheit die Person und den Zweck ihres Besuches. Für die Casa ist nichts Außergewöhnliches daran, doch die identifizierte Person ist normalerweise verlegen.

14. Vorgehensweise bei der Behandlung

Worin bestehen die täglichen Arbeiten zu den beiden Zeiten?

Die Behandlungen folgen einer geregelten Vorgehensweise, jeden Mittwoch, Donnerstag und Freitag, sei es vormittags oder nachmittags. Zu Beginn erhält die Person in dem für die Öffentlichkeit vorgesehenen Raum die notwendigen Erklärungen über die Behandlung, wonach die folgenden Wartereihen gebildet werden: erstes Mal, zweites Mal, acht Uhr oder zwei Uhr, Operation und Nachuntersuchung. Die Reihen werden nach den allgemeinen Erklärungen über die Behandlung, den Gebeten und einem von einem Helfer der Casa gehaltenen Vortrag gebildet. Dann werden die Personen in den Wartereihen aufgerufen und einzeln von der Wesenheit behandelt.

Ist die Vorgehensweise in der Casa immer dieselbe?

Änderungen kommen vor. Es gibt eine natürliche Weiterentwicklung, immer mit dem Ziel einer besseren Behandlung für die in die Casa kommenden Menschen. Wer die Casa längere Zeit nicht besucht, wird kleine Veränderungen bemerken. Doch im Wesentlichen bleibt der gleiche Ablauf bestehen.

Ist bei der großen Zahl der Menschen, die nicht Portugiesisch sprechen, die Behandlung durch die Wesenheit durch die notwendige Übersetzung nicht sehr langwierig?

Damit ein zu langes sich Aufhalten bei der Behandlung vermieden wird, hören sich zwei Übersetzer (Angestellte der Casa, Freiwillige oder Reiseleiter) jeden ausländischen Besucher an und fassen seine Beobachtungen auf Portugiesisch auf einem Zettel schriftlich zusammen. Die Person nimmt diesen Zettel mit und gibt ihn vor der Behandlung durch die Wesenheit einem Übersetzer, so dass der Übersetzer, dadurch dass er zuerst liest, was aufgeschrieben wurde, der Wesenheit über die Person berichten kann. So wird die Zeit ausreichend verkürzt.

Unterscheiden sich die Behandlungen oder Arbeiten von einem Tag zum anderen?

Nein. Sie sind mehr oder weniger gleich. Natürlich erscheinen an manchen Tagen mehr Menschen. An anderen kommen mehr spirituelle Operationen vor.

Der Autor hat mehr als einmal gehört, wie die Wesenheit sagte, sie sei mit der großen Zahl der "Entlassungen" dieses Tages zufrieden. Doch es wurde nichts vorher so eingerichtet.

15. Hilfsmedien und Töchter/Söhne der Casa

Wer sind die Menschen, die in den Sälen der Wesenheit sitzen?

Dies sind die Hilfsmedien, Söhne/Töchter der Casa.

Und wer sind die Söhne/Töchter der Casa?

Dies sind Menschen, welche sich irgendwie mit der Casa de Dom Inácio verbunden fühlen oder schon Spirituelle Heilungen für sich selbst oder ihre Familienangehörigen erfahren haben oder die freiwillig bei den Arbeiten der Casa helfen wollen, und dies als Medien tun.

Wie viele Söhne/Töchter der Casa sind bekannt?

Ungefähr zweitausend.

Wer ernennt die Personen zu Söhnen/Töchtern der Casa, Medium João oder die Wesenheit?

Die Wesenheit.

Was sind die Kriterien für die Ernennung zu Sohn/Tochter der Casa?

Das weiß nur die Wesenheit.

Was ist die Aufgabe der Hilfsmedien während der Arbeit mit den Menschenreihen?

Die mentale Konzentration ermöglicht, das Ambiente positiv mit Energie aufzuladen, so dass es geeignet ist, damit die durchgeführten Arbeiten zum erwünschten Ziel zu führen.

Wie wird die Auswahl der Helfer bei den täglich durchgeführten Arbeiten getroffen?

Es gibt nicht wirklich eine Auswahl. Es sind meist Söhne/Töchter der Casa und Freiwillige, die spontan auftauchen, unabhängig von ihrer Religionszugehörigkeit. Es gibt eine empfohlene Zeit, um einen guten Ablauf der Arbeiten zu gewährleisten.

Wie viele Freiwillige täglich helfen im Schnitt bei den Arbeiten in der Casa?

Es sind immer ausreichend Helfer für den normalen Ablauf da. Es ist günstiger, zu viele zu haben, als dass es an Hilfsmedien fehlt.

Die Menschen, welche eingeladen werden, am Energiestrom mitzuarbeiten, und die Hilfsmedien sitzen dort mehrere Stunden und konzentrieren sich. Ist dies nicht ermüdend?

Offensichtlich ja. Doch die Stühle sind bequem und gepolstert. Die spirituelle Konzentration verdrängt jede physische Müdigkeit.

Wohnen die Hilfsmedien in Abadiânia?

Viele wohnen in Abadiânia. Doch die Mehrzahl kommt aus anderen Orten.

16. Eröffnung der Arbeiten und der Wartereihen

Wie werden die Arbeiten eröffnet?

Äußerlich beginnen die Arbeiten in dem für die Öffentlichkeit vorgesehenen Saal. Intern könnte man sagen, dass sie beginnt, sobald die Hilfsmedien ihre Plätze einnehmen.

Wo bleiben die Menschen, die sich einer spirituellen Operation unterziehen?

Bevor die Wartereihen in dem für die Öffentlichkeit vorgesehenen Saal gebildet werden, gibt es die allgemeinen Erklärungen über das Vorgehen bei der spirituellen Operation. Dann werden diejenigen, welche nicht Portugiesisch sprechen, in einen Saal gebracht und diejenigen, welche Portugiesisch sprechen, in einen anderen, wo weitere Informationen zum Ablauf gegeben werden. Dort bleiben sie mit geschlossenen Augen konzentriert sitzen, die Gedanken auf Gott gerichtet, ohne die Beine, die Arme, die Hände oder die Finger zu kreuzen, mit der rechten Hand auf der erkrankten Stelle oder auf dem Herzen.

Was bedeutet die Reihe des ersten Males?

Sich in diese Schlange einzureihen, werden all jene Personen eingeladen, die zum ersten Mal in die Casa de Dom Inácio kommen.

Was ist die Reihe des zweiten Males?

Diese Schlange wird von jenen Menschen gebildet, die nach dem ersten Mal wieder in die Casa kommen, sei es zum zweiten, dritten, vierten Mal oder öfter.

Es wird klargestellt, dass die Person, obwohl sie beim ersten Mal nicht selbst in der Casa war, indirekt durch ein Foto oder einen persönlichen Gebrauchsgegenstand behandelt worden sein kann. In diesem Fall muss sich diese Person, obwohl sie das erste Mal in der Casa ist, in die Reihe des zweiten Males einreihen.

Was ist die 8 Uhr-Reihe?

An dieser Schlange nehmen all jene Menschen teil, bei denen die Wesenheit festlegt, dass sie weitere spirituelle Behandlung benötigen, ohne dass es sich um eine Operation handelt. So wird vormittags festgelegt, dass sie am folgenden Tag morgens wiederkommen.

Und die 2 Uhr-Reihe?

Zunächst muss erklärt werden, dass es sich um zwei Uhr nachmittags (14 Uhr) handelt. Diese Schlange wird von Menschen gebildet, welchen die Wesenheit morgens oder am Vortag empfohlen hat, nachmittags für weitere spirituelle Behandlungen wiederzukommen.

Wie findet eine Kontrolle über die Einreihung in die Warteschlangen statt?

Nur dadurch, dass die Menschen, welche zum ersten oder zum zweiten bzw. weiteren Mal kommen, ihre Marke an dem der jeweiligen Reihe entsprechenden Schalter abholen. Wenn sie in den Behandlungssaal kommen, geben sie ihre Marke einem der Angestellten der Casa.

Werden die vorgesehenen Zeiten genau eingehalten?

Die Behandlungen der Öffentlichkeit sind vormittags und nachmittags. Wer in die Casa kommt, muss diese Zeit zur Verfügung haben. Die schnellste oder langsamste Geschwindigkeit bei der Behandlung spielt überhaupt keine Rolle und die Besucher der Casa kümmern sich nicht um solche Einzelheiten.

Welche Reihe wird von der Wesenheit als erstes behandelt?

Zu Anfang werden all jene Menschen behandelt, die von der Wesenheit für eine Operation vorgesehen wurden. Dann wird die Reihe behandelt, welche die Wesenheit aufruft. Das können die Nachuntersuchungen, diejenigen, welche das erste Mal, das zweite Mal kommen, die 8 Uhr (morgens) oder die 2 Uhr (nachmittags)-Reihe sein. Es ist vorher nicht bekannt, wer nach der Reihe mit den Operationen behandelt wird.

Haben die Menschen mit körperlichen Behinderungen Schwierigkeiten, an den Reihen teilzunehmen?

Schwierigkeiten gibt es, wie sie zu Gehbehinderungen gehören. Doch sowohl Rollstuhlfahrer, als auch Menschen mit Krücken reihen sich in die Schlangen ein, die sich problemlos durch die Gänge zwischen den Stühlen der Hilfsmedien ziehen.

Ist die Casa de Dom Inácio selbst dann geöffnet, wenn der normale Behandlungstag auf einen Feiertag oder heiligen Tag fällt?

Ja. An diesen Tagen kommen mehr Besucher, in Ausflugsgruppen und mit Privatfahrzeugen. Auch erscheinen mehr Hilfsmedien als Stühle verfügbar sind.

Die Casa ist jeden Mittwoch, Donnerstag und Freitag geöffnet, ob Feiertag ist oder nicht. Wenn es "Lücken" gibt, wie beispielsweise an Weihnachten oder während der Reisen des Mediums João ins Ausland, wird dies vorher rechtzeitig angekündigt.

17. Behandlung durch die Wesenheit

Was geschieht, wenn die Person an der Reihe ist und vor das inkorporierte Medium João tritt?

Bei der Behandlung einer Person verhält sich die Wesenheit auf eine der folgenden Weisen:

a) fordert sie auf, weiterzugehen, ohne etwas zu sagen oder zu verschreiben;
b) händigt ihr ein Rezept aus und fordert sie auf, weiterzugehen;
c) händigt ihr ein Rezept aus und lädt sie ein, am "Strom" teilzunehmen;
d) verschreibt nichts und lädt sie ein, am "Strom" teilzunehmen;
e) behandelt sie in Form einer spirituellen Operation;
f) fordert sie auf, um Acht oder Zwei Uhr wiederzukommen (um weitere spirituelle Behandlung zu bekommen);
g) legt ein Datum und eine Uhrzeit für eine spirituelle Operation fest.

Bleibt das inkorporierte Medium João immer sitzen?

Die meiste Zeit über, wenn er die Reihen behandelt, ja. Doch manchmal steht er auf, wenn die Wesenheit individuelle Spirituelle Heilungen durchführt. Andere Male geht die Wesenheit direkt auf jemanden zu und übermittelt eine Botschaft.

Wie ist der von Medium João benutzte Stuhl?

Obwohl er bequem ist, ist er fast rustikal. Es ist ein Stuhl, der anatomisch die Entspannung des Körpers erlaubt.

Wenn man einen Arzt aufsucht, werden anfangs von einer Sprechstundenhilfe persönliche Daten aufgenommen, und wenn der Arzt behandelt, werden weitere vom Patienten gegebene Informationen aufgezeichnet, was üblicherweise mit

"Anamnese" bezeichnet wird.[40] *Was für Aufzeichnungen werden vor der Behandlung einer Person durch die Wesenheit gemacht?*

Keine.

Fragt die Wesenheit, wenn sie die Person, welche an der Reihe ist, behandelt, nicht wenigstens nach dem Namen?

Nein. Der Name spielt keinerlei Rolle. Manchmal fragt sie, wo sie wohnt (Stadt oder Land) und welchen Beruf sie ausübt.

Eine der Anweisungen der Wesenheit bei der Behandlung der Person kann sein, sich in den "Strom" zu setzen. Was bedeutet dies?

Sich in den "Strom" zu setzen bedeutet, sich auf einen der Sitzplätze im Saal zu setzen, wo vorher die einer spirituellen Operation unterzogenen Besucher saßen, und einen "Strom" von positiven Energien zu bilden.

Die Wesenheit kennt die Menschen, die einen bestimmten Grad an Medialität haben. Nachdem sie die Person in der Reihe behandelt hat, lädt sie diese ein, sich in den Strom zu setzen.

Und was ist der Zweck dieser Empfehlung?

Die eingeladene Person hilft aufgrund ihrer Medialität bei den Arbeiten, wobei sie eine feste Konzentration auf Gott und die guten Geistwesen aufrechterhält.

Es ist üblich, dass die Wesenheit einer behandelten Person sagt: "Geh arbeiten!" Was bedeutet dies?

Dies kommt tatsächlich bei einer der Wesenheiten vor, die in das Medium João inkorporieren. Das bedeutet dasselbe, wie eine Einladung, sich in den "Strom" zu setzen.

Wenn jemand eingeladen wird, sich in den Strom zu setzen und dies nicht will? Kann er ablehnen?

Ja.

In der Nähe des Stuhles, auf welchem das inkorporierte Medium João sitzt, sind immer Blumenvasen zu sehen. Was ist der Zweck?

Dies sind von den Besuchern der Casa geschenkte Blumen. Das geschieht fast an jedem Arbeitstag.
Nicht selten nimmt die Wesenheit eine Blume und schenkt sie einer behandelten Person, sei es ein Mann oder eine Frau.

---

[40] Anamnese: Auf Erinnerungen des Patienten basierende Geschichte der anfänglichen Symptome bis zum Moment der klinischen Beobachtung.

Ist es möglich, mehr als einmal vor die Wesenheit zu treten?

Ja, das ist möglich, denn es gibt diesbezüglich keine Kontrolle. Doch es macht keinen Sinn, mehr als einmal täglich vor die Wesenheit zu treten. Außerdem weiß die Wesenheit, dass die Person schon behandelt wurde.

Treten die Menschen, die Wochen oder Monate in Abadiânia bleiben, jeden Tag vor die Wesenheit?

Die Person macht, was sie meint. Es ist nicht nötig, jeden Tag vor die Wesenheit zu treten. Doch es gibt keinerlei Verbot oder Empfehlung dagegen. Weil sich die Person nur dadurch, dass sie vor die Wesenheit tritt, gut fühlen kann, und dies geschieht oft.

18. Die Farben der Casa und weiße Kleidung

Welche Farben dominieren in der Casa de Dom Inácio?

Weiß und hellblau, welche sanfte Farben sind.

Weshalb wird weiße Kleidung bevorzugt?

Die Farbe Weiß bringt Frieden und Ruhe.

Ist es Pflicht für die Besucher der Casa, Weiß zu tragen?

Nein. Es gibt nur eine Empfehlung, weiße Kleidung oder helle Farben zu tragen. Die Angestellten und die Mitarbeiter, so wie die regelmäßigen Besucher, folgen dieser Empfehlung. Doch es gibt keinerlei Pflicht.

19. Inneres Ambiente

Was ist das Innere Ambiente?

Der mediale Bereich ist in zwei Hauptbereiche aufgeteilt: Äußeres und Inneres Ambiente. Ersteres ist der große für die Öffentlichkeit vorgesehene Saal, wo Vorträge gehalten und die Wartereihen gebildet werden. Letztere sind die von dem inkorporierten Medium João und den Hilfsmedien belegten Räume.

Viele Menschen, Medium João inklusive, sind in der Regel barfuss, tragen Hausschuhe oder leichte Schuhe ohne Socken. Warum?

Die Füße ohne Schutz erlauben es, mehr Energie aufzunehmen.

Wird es bei der großen Zahl der Menschen in den verschiedenen Räumen, welche geschlossen bleiben, nicht sehr warm?

Um eine angemessene Temperatur zu halten, gibt es in den Räumen Klimaanlagen und zahlreiche Ventilatoren.

Andauernd bittet ein Helfer oder eine Helferin die Medien, die Augen geschlossen zu halten und sich auf Gott zu konzentrieren. Was ist der Grund hierfür?

Die Augen geschlossen zu halten, erlaubt eine bessere Konzentration.

Neben den schriftlichen Hinweisen werden wiederholt mündliche Hinweise gegeben, die um Ruhe bitten. Weshalb?

Die Ruhe ist für die Konzentration der Medien und für eine gute Entwicklung der Arbeiten notwendig.

Wozu die Empfehlung, die Beine, Arme, Hände und Finger nicht zu überkreuzen?

Beine, Arme, Hände und Finger in normaler Position erlauben es, Energien aufzunehmen und sie normal fließen zu lassen. Wenn sie überkreuzt sind, schneiden sie den energetisierenden Strom.

Während der Arbeiten ist sanfte Hintergrundmusik zu hören. Ist dies religiöse Musik?

Nicht unbedingt Musik, die zu irgendeiner Religion gehört, obwohl manche Stücke religiöse Themen behandeln. Es ist sanfte Musik, um die Konzentration und Entspannung zu fördern. Die Texte der Stücke enthalten schöne Botschaften.

20. Medikamente

Wird in den Gebäuden der Casa de Dom Inácio irgendein Medikament hergestellt und verkauft?

Ja. In der Casa wird Passiflora hergestellt und verkauft.

Was ist Passiflora?

Das sind Kapseln, die Maracuja-Pulver enthalten.

Wird Passiflora nur in der Casa hergestellt oder auch außerhalb?

Die Casa stellt auch Passiflora her.

Wie werden die Kapseln mit dem Maracuja-Pulver hergestellt?

In Übereinstimmung mit den vorgesehenen technischen Normen und unter der verantwortlichen Leitung eines Pharmazeuten.

Wie sind die Kapseln verpackt?

In Behältern zu fünfundvierzig Kapseln.

Werden die Passiflora-Kapseln verordnet und verkauft?

Ja. Sie werden nur gegen ein von der Wesenheit ausgestelltes Rezept ausgegeben. Sie werden an die Menschen verkauft, die bezahlen können, und kostenlos an jene ausgegeben, welche nicht bezahlen können.

Wie weiß man, ob die Person nicht bezahlen kann?

Die Wesenheit weiß es und vermerkt dies auf dem Rezept, so dass der Angestellte der Apotheke dies versteht.

Bringt die Industrialisierung und der Verkauf von Passiflora trotz der kostenlosen Ausgabe an diejenigen, welche nicht bezahlen können, Einnahmen?

Ja.

21. Fotos und Filme

Darf in der Casa frei fotografiert werden?

Ja, wenn es keinem kommerziellen Zweck dient. Doch der Interessent muss zuvor eine Erlaubnis einholen und erhält dabei Richtlinien, an die er sich halten muss.

Weshalb eine vorherige Erlaubnis?

Hauptsächlich um die normale Entwicklung der Arbeiten nicht zu stören.

Wird die Erlaubnis zu fotografieren und zu filmen immer erteilt?

Nicht immer. Wenn die Fotos einem vorwiegend kommerziellen Zweck dienen, kann die Erlaubnis verweigert werden. Auch kann eine administrative Erlaubnis vorliegen, doch die im Moment behandelnde Wesenheit erlaubt keine Fotos.

Weshalb geschieht dies?

Das kann der Autor nicht erklären. Es gibt ebenso Wesenheiten, die keine Fotos erlauben, wie es Wesenheiten gibt, die sich nicht zu erkennen geben.

Und was Filme angeht?

Die Casa hat einen eigenen Filmdienst, so dass der Interessent alles bereits aufgezeichnet kaufen kann.

Und wenn es sich um professionelle Aufzeichnung für eine von den Medien veröffentliche Dokumentation handelt?

In diesem Fall wäre der Ablauf:

a) Erlaubnis der Wesenheit;
b) Zustimmung des Medium João;
c) Ausarbeitung eines Dokumentes über die zu befolgende Vorgehensweise durch die Administration der Casa;

Die Casa hat schriftliche Regeln, welche den Interessenten erläutert werden.

Gibt es Fälle von Film- oder Fotoaufzeichnungen mit persönlichem finanziellem Ziel?

Ja. Und viele. Es gibt eine Dokumentation über die Casa de Dom Inácio und Medium João auf DVD, die in einem anderen Land für über 400 $ verkauft wird. Die Casa hat keinerlei Anteil an den Verkäufen.

22. Abschluss der Arbeiten

Sind die vormittäglichen oder nachmittäglichen Arbeiten abgeschlossen, wenn die Behandlung der Wartereihen beendet ist?

Nein. Es gibt eine Vorgehensweise, die bei allen Sitzungen eingehalten wird. Wenn die Reihen behandelt wurden, fragt ein Helfer laut nach, ob jemand, der noch nicht bei der Wesenheit war, abreist und deshalb behandelt werden möchte. Die Interessenten, welche Hilfsmedien sind und bei der Entwicklung der Arbeiten geholfen haben, gehen in Reihen wie angeordnet an der Wesenheit vorbei.

Wie werden die Arbeiten abgeschlossen?

Wenn die Behandlungen abgeschlossen sind, lädt die Wesenheit eine/einen Sohn/Tochter der Casa oder mehrere ein, den Abschluss zu leiten, was mit einem kurzen Vortrag und einem Gebet getan wird.

Am Ende der Arbeiten, sei es vormittags oder nachmittags, werden die Hilfsmedien eingeladen, ein Glas gesegnetes Wasser zu trinken. Was ist der Grund hierfür?

Das Wasser ist von den in der Casa behandelnden Wesenheiten energetisiert worden. Das gesegnete Wasser zu trinken, bedeutet eine Reinigung für die Person und ist Teil der spirituellen Behandlung. Das gesegnete Wasser ist dasselbe wie Weihwasser oder Öl zum "salben". Das Ziel wird immer die spirituelle Reinigung sein.

23. Suppe

Beim Abschluss der vormittäglichen Arbeiten, werden alle zur "Suppe" eingeladen, die kostenlos verteilt wird. Wie funktioniert dies?

Die Teilnehmer und die öffentlichen Zuschauer werden tatsächlich mittwochs, donnerstags und freitags beim Abschluss der Arbeiten zur traditionellen Suppe eingeladen, die ebenso wie das gesegnete Wasser Teil der spirituellen Behandlung ist. Die Wartereihen bilden sich ganz normal, und alle erhalten Suppe ohne irgendein Durcheinander. Im Allgemeinen genügt ein Teller Suppe, um jeden zu sättigen. Doch nichts spricht dagegen, dass die Person einen Nachschlag holt oder nach der Suppe noch zu Mittag isst.

Die Ausgaben für die Suppe werden von der Casa selbst getragen, wozu die Spendeneinnahmen, Verkäufe von Medikamenten, der Imbisswaren und der Bücherei herangezogen werden. Auch trägt Medium João, falls nötig, die Kosten.
Wie kam es zu der Verteilung der Suppe?

Anfangs aßen die Hilfsmedien jeden Mittwoch, Donnerstag und Freitag während der Pause zwischen den Vormittags- und den Nachmittagsarbeiten in der Casa zu Mittag. Eines Tages übertrieben einige Medien beim Essen und waren sehr voll gegessen. Die Verdauung war schwierig und behinderte die Konzentration bei den Nachmittagsarbeiten. Von da an bestimmte die Wesenheit, dass leichtes Essen zu sich genommen werden sollte. So kam es zu der Suppe, die anfangs nur für die Hilfsmedien war, doch später auf die Angestellten und schließlich auf alle Besucher des Hauses ausgeweitet wurde.

Wie viele Teller Suppe werden ausgegeben?

Über zehntausend Teller Suppe werden monatlich kostenlos an alle Besucher des Hauses oder an jede Person, die auf der Suche nach Essen herkommt, ausgegeben.

24. Bad im Wasserfall und Kristallbad

Was ist das "Bad im Wasserfall"?

Der Wasserfall ist ein natürlicher Wasserstrahl auf dem Gelände der Casa. Das Bad im Wasserfall ist eine Vervollständigung der spirituellen Arbeit, die in vielen Momenten von der Wesenheit empfohlen wird, sowohl zu Anfang, als auch während oder nach den Arbeiten.

Wie lautet der Name des Flusses mit dem Wasserfall?

Fluss des Lazarus.

Wie weit ist es von der Casa bis zum Wasserfall?

Ungefähr ein Kilometer.

Muss man für das Bad im Wasserfall bezahlen?

Nein.

Kann jeder, der will, im Wasserfall baden?

Der Zutritt zum Wasserfall wird kontrolliert, wobei nur diejenigen eine Erlaubnis erhalten, welche von der Wesenheit benannt wurden.

Was ist das "Kristallbad"?

An einem dafür vorgesehenen Platz in der Casa gibt es einen Tisch/ein Bett in der Größe eines Einzelbettes mit zahlreichen Lampen mit Kristallumhüllung, welche Licht von oben auf die liegende Person werfen. Die interessierten Menschen können ein "Kristallbad" nehmen, was bedeutet, dass sie nicht länger als zwanzig Minuten auf dem Tisch liegen bleiben. Die Zeit wird eingeschränkt, da die Energie sehr hoch ist.

Was ist der Zweck des Kristallbades?

Man erhält Energie. Das "Kristallbad" bringt Reinigung, spirituellen Frieden und gleicht die "Chakras" des menschlichen Körpers aus.

25. Kommunikation

Gibt es in Abadiânia Portugiesischkurse für ausländische Besucher?

Ja. Sie laufen sporadisch, ohne jede Verbindung mit der Casa. Doch der Aufenthalt in Abadiânia ist sehr kurz, so dass es den ausländischen Besuchern nicht möglich ist, Portugiesisch zu lernen. Es können nur Grundlagen für die Kommunikation erarbeitet werden.

Die meisten Pensionen arbeiten mit Personen, die sich gut auf Englisch verständigen können. Einige sogar auf Deutsch, Französisch und Spanisch. Viele ausländische Besucher versuchen vor ihrer Reise nach Abadiânia etwas Portugiesisch zu lernen. Andere kommen regelmäßig nach Abadiânia und fangen an, sich auf Portugiesisch zu verständigen. Doch um größere Unannehmlichkeiten zu vermeiden, arbeitet die Casa mit Übersetzern.

Da Menschen aus zahlreichen Ländern die Casa de Dom Inácio aufsuchen, ist es normal, dass sie die Taxis der Stadt nutzen. Wie läuft die Kommunikation?

Obwohl die Taxifahrer einfache Menschen sind, sprechen die meisten ausreichend Englisch für die Kommunikation zwischen dem Fahrgast und dem Fahrer.

Gibt es in Abadiânia Englischkurse für Menschen, welche die Kommunikation mit den ausländischen Besuchern erleichtern möchten?

Ja.

26. Einnahmen und Ausgaben

Wie wird die Buchhaltung der Einnahmen und Ausgaben der Casa geführt?

Dies geschieht auf zwei Arten: Zuerst wird die Buchhaltung von einem Techniker geführt, der sich um den Teil der angemeldeten Mitarbeiter, Einstellungen, Kündigungen, Einkauf und Verkauf von Bücherei, Imbiss und Apotheke (Passiflora) kümmert; die andere Buchhaltung wird von der Verwaltung der Casa selbst geführt, sie betrifft die Spendeneinnahmen; beide zielen auf den Erhalt und das Funktionieren der Casa und den Ausgleich der Finanzen (Einnahmen/Ausgaben) ab.

Sind die Preise des Imbiss und der Bücherei höher als im allgemeinen Handel?

Nein. Die Preise sind dieselben wie in jedem Imbiss oder jeder Bücherei. Einige Waren sind günstiger.

Gibt es neben den von der Bücherei und dem Imbiss erzielten Einnahmen andere Einnahmequellen?

Ja. Der Verkauf von Passiflora und Spenden.

Erhält die Casa de Dom Inácio viele Spenden?

Ja. Die Spenden werden in die Sammelkassen in der Bücherei, im Imbiss und im für die Öffentlichkeit vorgesehenen Saal gegeben. Kein Angestellter darf die Spenden in Empfang nehmen.

In welcher Form wird gespendet?

Wie jeder möchte: in Real, per Scheck, in Dollar oder anderer ausländischer Währung, die gewechselt werden kann. Es gibt die für die Spenden vorgesehenen Kassen. Was nicht sein darf, sind Spenden direkt an einen Angestellten der Casa.

Sind diese Spenden anonym?

In der Regel ja. Wer möchte hinterlässt die Spende in einer der vorgesehenen Kassen ohne sich zu erkennen zu geben. Doch wenn der Spender einen Nachweis möchte, kann er die Spende direkt dem Verwalter übergeben und um einen Beleg bitten.

Und was ist die Bestimmung der Einnahmen von Passiflora?

Sie werden den Gesamteinnahmen zugeführt und sind für die allgemeinen Erhaltungskosten der Casa vorgesehen.

27. Weitere Informationen

Sind die Behandlungen in der Abadiânia kostenlos?

Ja, absolut kostenlos.

Ist die Benutzung von Mobiltelefonen in der Casa erlaubt?

Nicht in den Sälen der Hilfsmedien und in den Wartereihen, denn dies stört die Konzentration.

Werden in der Casa Taufen durchgeführt?

Ja. Es gibt ein bestimmtes Ritual hierfür. Die Taufe wird nicht von Medium João durchgeführt, sondern von Freiwilligen, welche die Vorgehensweise kennen.

Wird jeder, der mit Medium João sprechen möchte, wenn er nicht inkorporiert ist, empfangen?

Im Prinzip, ja. Von Zeit zu Zeit schickt die Wesenheit Personen aus der Reihe zu João, um mit ihm nach Abschluss der Arbeiten zu sprechen. Sie werden regelmäßig empfangen.
Die meisten verwechseln Medium João mit der Wesenheit und möchten irgendwie mit ihm sprechen. Es ist sehr schwierig für Medium João, alle Menschen zu empfangen. Doch in dem Maße, wie dies möglich ist, werden sie empfangen.

Nach dem, was gesagt wurde, dreht sich alles, was in der Casa geschieht, um Medium João. Und wenn er stirbt?

Laut seiner Aussage wird es die Casa weiterhin geben.

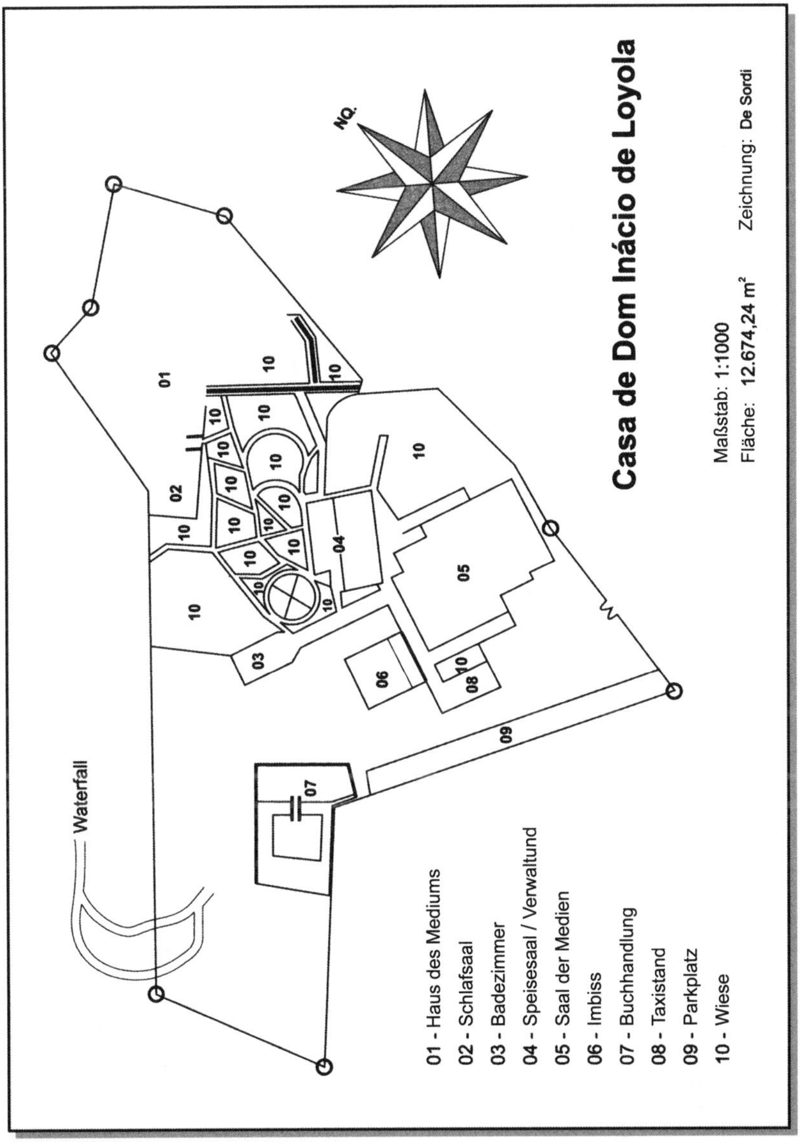

Abbildung 1 – Casa de Dom Inácio

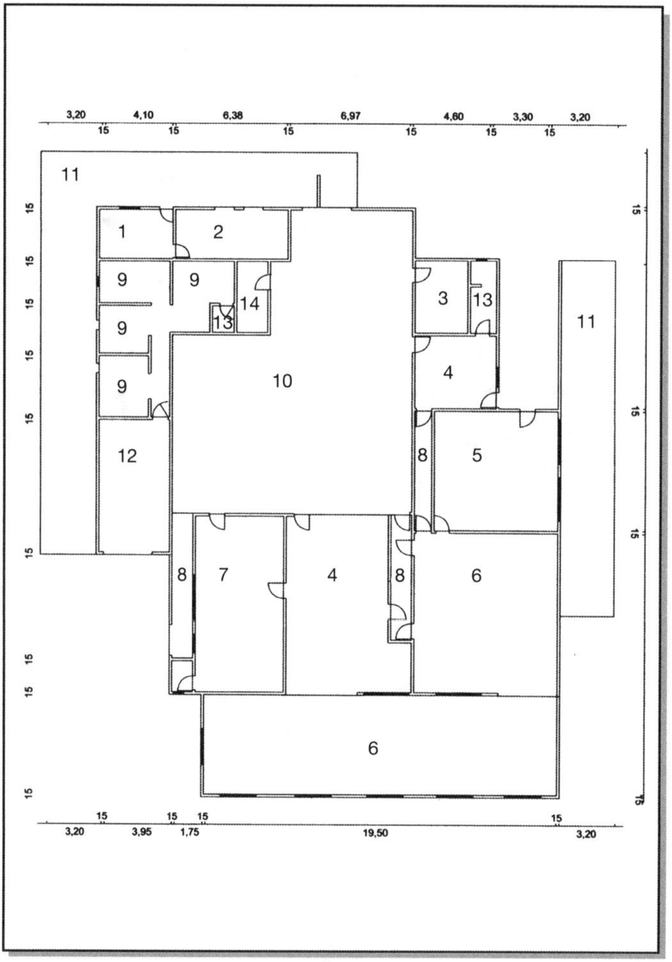

1 – Gehhilfen
2 – Diplom Raum
3 – Video & Sound
4 – Meditationsraum
5 – Gebetsraum
6 – Entitätsraum
7 – Erholungs- und Krankenzimmer
8 – Flur
9 – Lagerraum
10 – Versammlungshalle
11 – Veranda
12 – Werkstatt
13 – WC
14 – Poststelle

Abbildung 2 – Casa de Dom Inácio (medialer Bereich)

Kapitel IV

Wesenheiten

Die Zahl der Besucher, die so viel wie möglich über die spirituellen Manifestationen in der Casa de Dom Inácio wissen möchten, ist groß. Um die Neugier zu befriedigen, werden hier die über die Wesenheiten, welche Medium João inkorporiert, möglichen Informationen gegeben.

1. Anfangskommentar

Wäre es nicht sehr überheblich, über dieses Thema zu schreiben und zu sagen, dass einige der Antworten von den befragten Geistwesen gegeben wurden?

Dies hängt vom Blickwinkel ab, unter dem diese Frage analysiert wird. Für viele klingt dies nach Einbildung oder Spielerei des schlechten Geschmacks. Wie soll man glauben können, dass der Antwortende der Geist irgendeines Menschen ist, der vor vielen Jahrhunderten gelebt hat? Doch der Autor macht sich keine Sorgen um die Tatsache, ob der Leser glaubt oder nicht. Er berichtet nur. Der Leser zieht die eigenen Schlussfolgerungen nach seinem besten Wissen.

Kann jeder mit der Wesenheit sprechen?

Ja. Kann und tut es. Alle Menschen, die in den Wartereihen von Medium João behandelt werden, werden in Wahrheit von der in jenem Augenblick von Medium João inkorporierten Wesenheit behandelt. Die Wesenheit hört mehr zu, als dass sie spricht. Sie stellt nur selten Fragen. Doch die Person kann fragen und sagen, was sie möchte.

Ist es üblich, dass die Menschen im Moment ihrer Behandlung mit der Wesenheit sprechen?

Die meisten sagen nichts, wohl wegen ihres emotionalen Zustandes. Manche weinen, fragen und danken. Wenige drücken ihre Probleme detailliert aus.

2. Inkorporation und Desinkorporation

In welchem Moment geschieht die Inkorporation?

Eine Helferin bei den Arbeiten bittet die Medien, die Konzentration mit geschlossenen Augen zu erhöhen. Medium João kommt in den Saal, spricht ein Gebet und stellt sich den guten Geistwesen als Werkzeug für das Ausüben des Guten zur Verfügung. In diesem Moment geschieht die Inkorporation, in der Öffentlichkeit und in Anwesenheit der Hilfsmedien.

Und wann geschieht die Desinkorporation?

Wenn alle Menschen aus den Wartereihen und die Hilfsmedien, die dies wünschen, bei der Wesenheit waren, werden zwei Töchter/Söhne der Casa für das Abschließen der Arbeiten ernannt. Bald darauf zieht sich das bereits desinkorporierte Medium João in den Ruheraum zurück.

Weshalb inkorporieren andere Medien mit ähnlichen Bedingungen wie das Medium João nur eine Wesenheit, während er viele inkorporiert?

Dies kann der Autor nicht erklären. Laut Medium João ist dies Teil seiner Mission.[41]

---

[41] Siehe Kapitel II, 4

Woher weiß man, ob die Person gerade mit Medium João im Normalzustand oder mit dem inkorporierten Medium João spricht?

Das kann man nicht wissen. Dennoch weiß man, dass Medium João bei den Behandlungen der Reihen inkorporiert ist.

3. Die Wesenheiten

Woher weiß man, welche Wesenheit gerade behandelt?

Manchmal gibt sich die Wesenheit zu erkennen. Manche Menschen, die in der Casa vertrauter sind, identifizieren die Wesenheiten anhand der Stimmlage von Medium João, anhand seines Gangs und seiner Handlungsweise. Andere Wesenheiten geben sich nicht zu erkennen und werden auch nicht erkannt.

Wie viele Geistwesen inkorporieren in Medium João?

Viele, wie Medium João bereits in Kapitel II, 4 geantwortet hat.

Wie viele Geistwesen inkorporieren im Durchschnitt täglich in Medium João?

Hierum wird sich überhaupt nicht gekümmert; das spielt überhaupt keine Rolle.

Sind einige häufiger anwesend als andere?

Ja: Die bekanntesten Wesenheiten sind: Dr. Augusto de Almeida, Dr. José Valdivino, São Francisco Xavier, Dom Inácio de Loyola, Osvaldo Cruz, König Salomon, Bezerra de Menezes, Schwester Scheilla, André Luiz und Eurípides Barsanulfo.

Wie viele Wesenheiten, außer jenen, welche in Medium João inkorporieren, zeigen ihre Anwesenheit in der Casa?

Das kann man nicht sagen. Es wird erzählt, dass jede Wesenheit eine "Schar" von Hilfsgeistwesen hat. An einer der Wände der Casa hängt ein Bild von Augusto de Almeida, einer der am meisten in Medium João inkorporierenden Wesenheiten, worauf er bestätigt: "Es sind nicht Duzende, noch Hunderte, sondern Tausende von Geistwesen, die mich begleiten."

Es wurde gesagt, dass Medium João zahlreiche Geistwesen inkorporiert. Ist es möglich, zu merken, wann es einen Wechsel von einer Wesenheit zu einer anderen gibt?

Nein.

4. Kommunikation

Kommuniziert die Wesenheit in keiner anderen Sprache, als Portugiesisch?

Nein.

Wenn die Wesenheit doch alles weiß, warum kommuniziert sie dann nicht in anderen Sprachen, so dass Übersetzer notwendig sind?

Der Autor ist nicht in der Lage, solcherlei Fragen zu beantworten.

5. Infiltration und Identifizierung

Ist es schon vorgekommen, dass die Wesenheit den Grund, weshalb ein Besucher kam, wusste und ihn identifizierte?

Viel öfter, als man sich vorstellen könnte. Die Besucher werden immer erkannt.

Geschieht die Identifizierung durch die Wesenheit immer ohne Schwierigkeiten?

Ja.

Und dies immer?

Es gibt Notizen über zahlreiche Vorkommnisse. Der Autor kennt einen Polizeikommissar, dessen Auftrag es war, Nachforschungen anzustellen und die Casa zu schließen, falls sich dies ergäbe. Als er behandelt wurde, wurde er von der Wesenheit identifiziert, welche den Zweck seines Besuches aufdeckte und ihm sagte, er solle die Arbeiten beobachten und danach die Maßnahme ergreifen, die ihm angemessen erscheine.

Und was geschah dann?

Der Polizist kam regelmäßig und wurde zum Sohn der Casa ernannt.

Und gab es schon beeindruckende Fälle der Aufdeckung des Motivs eines Besuchers, der nicht wegen Spiritueller Heilung kam?

Ja. Der Autor hat schon erlebt, wie die Wesenheit einer behandelten Person sagte, dass sie den falschen Ort aufgesucht habe, denn dort sei nicht der Ort der "Bewilligung" für das "Festhalten" des Geliebten. Dies, ohne dass die Behandelte den Grund ihres Besuches genannt hätte.

Auch kann der Fall erwähnt werden, in den ein Journalist verwickelt war. Bei dieser Gelegenheit sagte die Wesenheit, dass die Person, die zwischen den Hilfsmedien in der soundsovielten Reihe, auf dem und dem Stuhl, mit der und der Kleidung saß, Journalist sei und gekommen sei, um Fakten für eine Reportage zu sammeln. Der Journalist war Ausländer und sprach ziemlich gut Portugiesisch. Die Wesenheit lud ihn mit lauter Stimme und ohne sich ihm zu nähern, ein, die Behandlung aus der

Nähe zu erleben, zu fotografieren und zu filmen, was er für wichtig erachte, und so dem Zweck seines Besuches auf normale Weise nachzugehen.

6. Bekannte Wesenheiten

Welches sind die bekanntesten Wesenheiten, die in Medium João inkorporieren?

Die Namen einiger Wesenheiten sind bekannt und es gibt reichlich Referenzen in der Geschichte. Andere geben sich zu erkennen, doch es gibt keine größeren Aufzeichnungen über die Person, die sie waren, als sie inkarniert waren. Letztlich gibt es viele, die sich nicht zu erkennen geben und es vorziehen, anonym zu bleiben.

Die hier vorgestellten, zusammengefassten Biographien wurden in zahlreichen Gesprächen übermittelt.

DOM INÁCIO DE LOYOLA (IGNATIUS VON LOYOLA)

Geboren im Jahr 1491 in der baskischen Region Guipúzcoa in Spanien. Am Taufbecken wurde ihm der Name Iñigo López de Oñaz y Loyola gegeben.

Einige Biographen gliedern sein Leben in vier bestimmte Phasen:

Erste Phase - weltliche Sorgen: Als Sohn einer vornehmen Familie, körperlich und intellektuell sehr begnadet, verbrachte er die Jugend als adliger Edelmann im Umfeld des Hofes von Castilha. In dieser Phase überwog eine kriegerische Neigung, er identifizierte sich über seinen Mut, seine Tapferkeit und seine edlen Taten. Als militärischer Kommandant im Krieg gegen die Franzosen führte er die Verteidigung der Stadt Pamplona, als er von einer Kanonenkugel getroffen wurde, die ihm eines seiner Beine brach und das andere verwundete. Die Festung, in welcher er sich befand, wurde von den Franzosen eingenommen. Er wurde zusammen mit seinen Soldaten gefangen genommen und in Anerkennung seines Edelmutes und seiner Tapferkeit wieder freigelassen. Wegen seiner Verwundung musste eine Operation durchgeführt werden, um die Knochen zurechtzurücken, was ihn an die Pforten des Todes brachte, und ihm wurden die Sterbesakramente erteilt. Nach der Operation hinkte er.

Zweite Phase - Spirituelle Neuorientierung: Um keine körperliche Behinderung zu behalten, unterzog er sich einer zweiten, nicht weniger schmerzhaften Operation. Während seiner langen Genesungszeit las er viel. Die einzigen Bücher, die es im Schloss gab, behandelten das "Leben Christi" und das "Leben der Heiligen". Nach und nach änderte er sich, verschmähte die materiellen Güter, gab seine Gedanken der Erhabenheit und die Sehnsucht nach den Freuden des Hofes auf, begann über das Leben zu meditieren und erhöhte immer mehr sein Gefühl der Spiritualität. Er verließ seine Familie, nahm endgültig den Glauben an und tauschte Gewänder des Edelmannes in ärmliche Kleider. Vom tapferen Hauptmann verwandelte er sich in einen Bettler. Von da an erhöhte sich seine Spiritualität. Er litt unter viel Demütigung, wurde aufgrund seiner Kleidung "Bruder Sack" genannt. Sein großmütiges Verhalten weckte die Menschen, die zu ihm kamen, um ihn zu sprechen und um Rat zu bitten. So begann seine Mission als Prediger.

Dritte Phase - Späte Verwirklichung seiner religiösen Studien: Anfangs in Barcelona, dann in Salamanca, widmete er sich den Studien, der Predigt und der Bekehrung von Sündern. Von der Inquisition gefangen genommen und angeklagt, erhielt er die Absolution und wurde freigelassen, um öffentlich zu predigen. Er ging nach Paris, um seine Studien weiterzuverfolgen, lateinisierte dort seinen Namen in Inácio (Ignatius) und erhielt den Titel eines Meisters. In Paris gelang es ihm, eine Gruppe von Gefährten um sich zu scharen, aus ihr ragten Pedro Fabre, Francisco Xavier und Diogo Lanez heraus.

Vierte Phase - Gründung der Gemeinschaft Jesu: Die Heiligkeit von Ignatius wurde schnell bekannt, besonders unter den jungen Menschen, von denen er auf der Suche nach spiritueller Führung aufgesucht wurde. Mit der Gruppe, die bereit war, ihm zu folgen, gründete er die erste Gemeinschaft im Jahr 1534, genannt Gemeinschaft Jesu (Jesuitenorden). Er besaß die Gabe zu Heilen und vollbrachte wahre Wunder an jenen, welche ihn um spirituelle Hilfe baten. Seine Schüler predigten auf öffentlichen Plätzen in zahlreichen Städten Italiens. Nach langen Jahren des Wartens wurde die Gemeinschaft Jesu im Jahr 1540 durch Papst Paul III. als religiöser Orden anerkannt. Er erfüllte eine große Mission als Prediger, vermehrte die religiösen Häuser und initiierte Missionare auf allen Kontinenten, inklusive in Brasilien, wo die Gemeinschaft Jesu geschichtlich unter der Leitung von Padre Manoel da Nóbrega herausragt.

Er starb im Jahr 1556 in Rom.[42]

AUGUSTO DE ALMEIDA

Über ihn ist nicht viel bekannt. Medium João sagt, dass er ihn schon von vergangenen Leben kennt und dass er Angehöriger des Militärs, Arzt und Kautschukarbeiter war. Das Geistwesen Augusto de Almeida behandelt mit am meisten diejenigen, welche die Casa aufsuchen. Er kann anhand seiner fordernden, manchmal gar schroffen Art, leicht erkannt werden, man kann sagen, er hat eine militärische Haltung. Er wird durch sein energisches Betragen, welches viel Disziplin von all jenen fordert, die an den Arbeiten teilnehmen, von den ältesten Besuchern der Casa leicht identifiziert.

Als er inkarnierter Arzt war, erlebte er, wie die Menschen viel zu leiden hatten, denn zu jener Zeit gab es noch keine Anästhesie. Er operierte, während der Patient auf einen Lappen biss, um den Schmerz aushalten zu können. Aufgrund der miterlebten Leiden widmet er sich nun der Linderung der Schmerzen all jener, welche die Casa de Dom Inácio aufsuchen, wo er Heilungen, sowie chirurgische Operationen durchführt, sowie Medikamente verschreibt.
Er ist äußerst gerecht, realisiert mit höchster Seriosität seine Arbeit, den Menschen zu helfen, und erlaubt keine Unterbrechung seiner Behandlungen.

---

[42] Heiliger Ignatius von Loyola. Verfügbar unter http://planeta.terra.com.br/arte/sfv/StInacio.html

JOSÉ VALDIVINO

Es ist nicht genau bekannt, wer er auf der Erde war. Er ist ein freundlicher, liebevoller Geist, beachtet Familienangelegenheiten und ist sehr aufmerksam all jenen gegenüber, die er behandelt. Medium João meint, dass er im Leben Strafrichter war.

SÃO FRANCISCO XAVIER (HEILIGER FRANZISKUS JAVIER)

Francisco de Jassu e Javier wurde im Jahr 1506 im Schloss Javier, nahe der Stadt Pamplona in Spanien geboren. Er stammte aus einer adligen, an materiellen Gütern und an Ehrentiteln reichen Familie, wuchs in einem Umfeld voller Reichtum und Traditionen auf. Er zeigte sich immer sehr intelligent und gab sich den Studien hin. Er studierte im Alter von 19 bis 28 Jahren in Paris auf dem Collège Santa Barbara und war Zimmerkollege von Pedro Fabre. Diese Freundschaft kam seinem impulsiven Genius zu Gute. Dort lernte er auch Calvin kennen, der später dabei half, die protestantische Revolution in Europa anzustoßen. Es war auch im Collège Santa Barbara, wo er Inácio de Loyola kennen lernte, dessen enger Freund er wurde und der ihm religiöse Lehren und finanzielle Hilfe gab, als die Geldsendungen von der Familie eingestellt wurden.

Im Jahr 1526 machte er seinen Abschluss in Philosophie und erwarb den Grad des Meisters (Professor) im Jahr 1530. Am 15. August 1534 legte er unter Anleitung von Inácio de Loyola und gemeinsam mit Pedro Fabre und vier weiteren Freunden ein Gelübde ab, in Armut und Keuschheit zu leben; somit waren sie die ersten Jesuiten, die Gründer der "Gemeinschaft Jesu". Er predigte in Indien, in Japan und in anderen Ländern des Orients.

Er starb im Alter von sechsundvierzig Jahren am 3. Dezember 1552 auf einer Insel vor der Küste Chinas, nachdem er Heiden bekehrend und taufend mehr als 120 Tausend Kilometer zurückgelegt hatte. Obwohl große Mengen von Kalk in seinen Sarg gegeben worden waren, um eine schnelle Verwesung des Körpers zu bewirken, damit nur die Knochen zurücktransportiert werden mussten, waren die Freunde überrascht und verwundert, als sie ihn drei Monate später ausgruben und den Sarg öffneten und feststellten, dass es keinen Verwesungsgeruch gab und der Körper vollständig erhalten war. Der Körper wurde nach Malaga gebracht und dann nach Goa, wo er in der Kirche Bom Jesus weilt und täglich die Hingabe der Gläubigen erfährt. Er vollbrachte in seinem Leben viele wundersame Heilungen und noch immer werden ihm viele Wunder nach dem Gebet vor seinen körperlichen Überresten zugeschrieben.

Er schrieb wundervolle Briefe, die von Inácio de Loyola kopiert und verbreitet worden waren und in den Kirchen vorgelesen wurden, da sie das außergewöhnliche Beispiel seines Lebens für die Menschen aufdeckten.

Heilig gesprochen am 12. März 1622, wird er als der große Apostel der modernen Zeiten angesehen, so wie der Heilige Paulus der ehrenwerte Apostel der alten Zeiten war. Er wurde von Papst Pius XI zum universellen Schutzheiligen der Missionen ernannt und als größter aller Missionare angesehen.[43]

---

[43] Das Leben des Heiligen Francisco Xavier. Unter http://www.apostolado.sites.uol.com.br/morxa.htm

OSVALDO CRUZ

Geboren in São Luiz do Paraitinga, São Paulo, im Jahr 1872. Verfügte über eine herausragende Intelligenz, konnte mit fünf Jahren bereits lesen und schreiben. Die Familie zog im Jahr 1877 nach Rio de Janeiro um. Im Alter von fünfzehn Jahren ging er auf die Medizinische Fakultät. Als Schüler veröffentlichte er zwei Arbeiten über Mikrobiologie. Im Jahr 1892, im Alter von zwanzig Jahren, schloss er sein Medizinstudium ab, seine These "Die Fortbewegung der Mikroben durch das Wasser" bestand die Prüfung mit Auszeichnung. Im Jahr 1893 heiratete er Emília Fonseca aus einer traditionellen Familie von Rio de Janeiro, mit welcher er drei Kinder hatte.

Im Jahr 1896 reiste er nach Frankreich und wurde am Institut Pasteur angenommen, wo er drei Jahre lang arbeitete. Er wurde von den Professoren für seine Intelligenz und seine Hingabe an die Mikrobiologie bewundert. Im Jahr 1899 ging er trotz der Einladung der Direktion des Institutes, in Paris zu bleiben, nach Brasilien zurück und stellte sich gegen die abwertende Propaganda: "Brasilien ist ein riesiges Krankenhaus." Er nahm die Einladung an, das Hygieneinstitut zu leiten und die Pest einzuschätzen und zu bekämpfen, die zu jener Zeit den Hafen von Santos heimsuchte.

Als das Nationale Institut für Serumtherapie auf der Fazenda Manguinhos im Umland von Rio de Janeiro eingerichtet wurde, bat die brasilianische Regierung die Direktion des Institut Pasteur darum, Brasilien einen ihrer Mitarbeiter zu überlassen, um das Projekt der Herstellung von Impfstoffen in Brasilien zu leiten. Als Antwort wurde sie darüber informiert, dass einer ihrer qualifiziertesten Mitarbeiter in Rio de Janeiro lebe und Osvaldo Cruz heiße.

Im Jahr 1900 wurde er eingeladen, gesundheitliche Forschungen in den Staaten des Amazonas (Eisenbahnlinie Madeira - Mamoré) und des Pará (Belém) zu betreiben. Im Jahr 1912 befehligte er die Sanierung des Amazonastales.

Er erhielt zahlreiche nationale und internationale Ehrungen und war auch in die Brasilianische Akademie der Schriften gewählt worden.

Im Jahr 1916 zog er sich krank und ausgezehrt nach Petrópolis zurück, wo er zum Präfekten der Stadt gewählt wurde, jedoch vor Ablauf des Mandates zurücktrat, da er durch seine Politik, die das Allgemeinwohl an erste Stelle stellte, privaten Interessen entgegenwirkte.

Er starb im Jahr 1917 bevor er sein fünfundvierzigstes Lebensjahr vollendete. Er hinterließ als Erbe eine Stiftung, die sechzig Prozent der Impfstoffe der ganzen Welt produzierte.

KÖNIG SALOMON

Er war der zweite Sohn König Davids. Laut biblischen Aufzeichnungen regierte er vierzig Jahre lang auf dem Thron Israels (970 - 930 v. Chr.). Als Staatsoberhaupt ragte er dank seiner administrativen Kompetenz heraus; er baute Straßen und intensivierte den Handel, der bis zu Orten fern seines Königsreiches ausgeweitet wurde. Obwohl er über eine starke Streitmacht verfügte, zog er es vor zu handeln, statt Krieg zu führen, wobei er geschickt genug war, den Frieden aufrecht zu erhalten und Krieg zu verhindern.

Mit kosmischem Bewusstsein bedacht, konnte er perfekt zwischen negativen und positiven Kräften unterscheiden, die in dem Wissen lagen, welches er in der Meditation erworben hatte, so dass sein freier Wille ihm den Gebrauch der positiven Kenntnisse ermöglichte. So ließ er die negativen Interessen hinter sich und wandte seinen Geist der guten Seite der Kenntnisse zu.

Obwohl es viele Legenden über dieses Thema gibt, schenkten ihm die sogenannten "Minen des König Salomon" die notwendigen Reichtümer für einen verschwenderischen Staat. Umfassende archäologische Studien fanden mitten im afrikanischen Urwald Spuren einer Festungsstadt mit verlassenen Minen in nächster Umgebung, was den Glauben nährt, dass es sich um die reiche und verlorene Stadt Ofir handelt, woher die großen Goldsendungen für Salomon kamen.

Seine Präsenz ist besonders markant in der Geschichte der Freimaurer, denen der von ihm konstruierte Tempel als symbolische Grundlage dient.

Historisch bekannt ist er durch seinen ausgeprägten Sinn für Gerechtigkeit. Üblicherweise wird sich auf die "Gerechtigkeit Salomons" bezogen, mit welchem er danach strebte, jedem das Seine zu geben.
Bekannt ist sein Urteil im Fall zweier Frauen, die darum stritten, die Mutter desselben Kindes zu sein. Um den Rechtsstreit zu beenden, befahl Salomon, das Kind in der Mitte zu teilen und jeder der angeblichen Mütter eine Hälfte zu geben. Die echte Mutter flehte darum, das Kind am Leben zu lassen und es der anderen Frau zu überlassen. Salomon entschied weise, dass das Kind dieser Frau ausgehändigt würde, da nur eine echte Mutter zu Gunsten einer anderen Person verzichten würde, um das Kind am Leben zu erhalten.

König Salomon werden auch zwei biblische Bücher zugeschrieben.

BEZERRA DE MENEZES

Sein vollständiger Name ist Adolfo Bezerra de Menezes Cavalcanti. Er wurde am 29. August 1831 im alten Freguesia do Riacho do Sangue, heute Jaguaretama im Staat Ceará geboren. Er war Mönch, Lehrer, Arzt, Militärangehöriger, Politiker, Unternehmer und Schriftsteller.

Sein Vater, obwohl sehr wohlhabend, hinterließ sein Vermögen für die Hilfe bedürftiger Menschen. Dem Sohn hinterließ er als Erbe Ehrbarkeit und einen integeren Charakter. Das Resultat war, dass Bezerra de Menezes Zeiten der materiellen Entbehrungen durchlebte und immer bereit war, das was er besaß Bedürftigen zu geben. Er war getaufter Katholik, konvertierte jedoch zum Spiritismus, nachdem er *Das Buch der Geister* von Allan Kardec gelesen hatte.

Erwähnenswert ist eine Begebenheit während seines Medizinstudiums, als er ernsthafte finanzielle Schwierigkeiten hatte und dringend fünfzig Tausend Réis (brasilianische Währung jener Zeit) brauchte, um verschiedene Schulden zu begleichen, inklusive seiner Miete, da ihm Zwangsräumung drohte. Verzweifelt wandte er sich an Gott. Wenige Tage darauf klopfte ein sympathischer und gebildeter junger Mann an seine Tür und gab vor, Mathematikstunden nehmen zu wollen. Er hasste dieses Fach, doch aufgrund seiner verzweifelten finanziellen Lage und der Beharrlichkeit des Besuchers, nahm er widerwillig eine Vorauszahlung für alle Stunden im Wert von fünfzig Tausend Réis an. Er bezahlte alle Schulden und studierte viel, bereitete sich auf die Stunden vor. Doch der Kerl tauchte nie wieder auf. Jahre später wurde er in einer spiritistischen Sitzung aufgefordert, sich mehr den der spirituellen Hilfe Bedürftigen zu widmen. Er argumentierte dagegen, dass er arbeiten müsse und dass er nicht vom Spiritismus leben könne. In diesem Moment manifestierte sich der Geist des Heiligen Augustins und sagte: "wir werden dir helfen, indem wir dir neue Mathematikschüler schicken, wenn du sie brauchst."

Markant ist seine Aussage:

Ein Arzt hat weder das Recht, eine Mahlzeit zu beenden, noch zu fragen, ob es weit oder nah ist, wenn irgendein Betrübter an seine Tür klopft. Derjenige, welcher sich nicht beeilt, da er Besuch hat, viel Arbeit hat, sich zu müde fühlt oder es spät nachts ist, Wetter oder Weg schlecht sind, es zu weit entfernt ist oder auf dem Hügel, oder der vor allem jemanden um ein Auto bittet, der noch nicht einmal das Rezept bezahlen kann, oder jemandem, der an der Tür weint, sagt, er solle jemand anders aufsuchen, jener ist kein Arzt, sondern ein Geschäftsmann der Medizin.

Aufgrund seiner Aufopferung und seines wohltätigen Geistes, wurde er "der Arzt der Armen" genannt. Er war viele Jahre lang Präsident der Spiritistischen Vereinigung Brasiliens (Federação Espírita Brasileira). Für alles was er war und getan hat, verdient er den Beinamen "Brasilianischer Kardec". Er starb am 11. April 1900.[44]

ANDRÉ LUIZ

André Luiz ist nicht sein echter Name. Wenig ist über ihn bekannt. Nur, dass er Arzt war und seinen Beruf am Anfang des Zwanzigsten Jahrhunderts in Rio de Janeiro ausübte. Es gibt Meinungen, dass er Carlos Chagas sei, doch solcherlei Hypothesen gehen nicht über Vermutungen hinaus. Auf der spirituellen Ebene zeigt er reichlichen Beitrag mit zahlreichen von Francisco Cândido Xavier psychografisch empfangenen Büchern. Das Buch, das den stärksten Anklang fand, war *Nosso Lar - Unser Heim*, sein erstes, veröffentlicht im Jahre 1944. Unter anderen diktierte er die Bücher *Die Botschafter, Missionare des Lichts, Arbeiter des Ewigen Lebens, In der Höheren Welt, Aktion und Reaktion, Befreiung, Zwischen Himmel und Erde, die Macht der Medialität, der Mechanismus der Medialität, Spiritistisches Vorgehen, Sonne in der Seele* und *Anschriften des Friedens.*[45]

SCHWESTER SCHEILLA

Geboren in Deutschland, war Krankenschwester und arbeitete an der Rettung der Opfer während des Zweiten Weltkrieges. Sie starb im Juli oder August 1943 bei den heftigen Luftangriffen.

---

[44] unter http://www.feparana.com.br/biografias/adolfo-bezerra.htm
[45] André Luiz - Profil und Werke - unter http://geocities.com/Paris/Power/1120/andre.htm

Außerdem ist aufgezeichnet, dass sie zuvor unter dem Namen Jeanne Francis Frémiot in Frankreich gelebt hatte, wo sie am 28. Januar 1572 geboren worden und am 13. Dezember 1641 in Dijon verstorben war. Während ihrer französischen Existenz widmete sie sich intensiv der sozialen Hilfe und wurde im Jahr 1767 zur Heiligen Jeanne de Chantal heilig gesprochen.
Die Arbeit des Geistwesens Schwester Scheilla charakterisiert sich durch Behandlung der kranken Menschen. Ihre Anwesenheit wird durch den Duft in der Umgebung bemerkt, wenn sie sich manifestiert.

EMMANUEL

Ein besonders dadurch bekannter Geist, dass er spiritueller Mentor von Chico Xavier war. Über sein vorheriges Leben weiß man, dass er vor zweitausend Jahren der stolze römische Senator Publius Lentulus gewesen war, der durch Cäsar und für Cäsar, umgeben von Luxus und Prahlerei gelebt hatte. Mit Livia verheiratet erlebte er von der Ehrentribüne aus die Hinrichtung seiner Gattin, die er liebte, für ihren Übertritt zum christlichen Glauben. Er desinkarnierte im Jahr 79 in Pompeji beim Ausbruch des Vesuvs.

Die Buße seiner Fehler einleitend, reinkarnierte er auf der Suche nach Entwicklung fünfzig Jahre danach als der Sklave Nestorio, der kam, um in der römischen Arena gemeinsam mit alten und jungen Christen von den Raubtieren verschlungen zu werden und damit als Spektakel zu dienen.

Ungefähr hundertfünfzig Jahre danach wandelte er in der Hülle des römischen Patriziers Quinto Varro auf der Erde, welcher um einer Verschwörung zu entkommen, bei der er umgebracht werden sollte, die Identität eines alten Predigers namens Corvino annahm. Er wurde verurteilt, enthauptet zu werden, dennoch wurde ihm ein langsamer Tod im Kerker gewährt.

Viele Jahrhunderte vergingen und im Jahr 1517 reinkarnierte er in Portugal, als jener, welcher zu Padre Manuel de Nóbrega werden sollte, einer herausragenden Persönlichkeit in der Gemeinschaft Jesu, die von Inácio de Loyola gegründet worden war; er wirkte entscheidend an der Geschichte Brasiliens mit, einschließlich bei der Gründung des Kollegiums Piratininga, der anfänglichen Wiege der großen Metropole São Paulo. Von Tuberkulose befallen, verstarb er im Alter von dreiundfünfzig Jahren in Rio de Janeiro.

Zu der Schreibweise Emmanuel, statt Manuel, existiert der Bezug zum Namen E. Manuel (von Ermano Manuel/Bruder Manuel), wie Manuel de Nóbrega seinen Namen schrieb.[46]

EURÍPIDES BARSANULFO

Geboren am 1. Mai 1880 in Sacramento, Minas Gerais, Brasilien. Verfügte über eine herausragende Intelligenz, von Jugend an ragte er als Ausbilder heraus, nachdem er von seinem Lehrer ernannt worden war, seine eigenen Klassenkameraden zu lehren. Aufgrund seiner unbestreitbaren Führungsgabe, übernahm er die Aufgaben des

[46] Emmanuel. Unter http://www.ame.org.br/emmanuel.htm

Sekretärs der Schwesternschaft von Sankt Vincente de Paula. Er wurde autodidaktisch außer Lehrer verschiedener Fächer auch Journalist und Politiker.

Durch einen Onkel erfuhr er von den Werken des Alan Kardec. Er las intensiv über die neue Doktrin, weitete seine Kenntnisse aus und konvertierte zum Spiritismus. Aufgrund von Konversationen setzte er sich dem Unverständnis von Familienmitgliedern und Freunden aus, worunter er litt. Kühn bezog er den Spiritismus mit in die Fächer des Kollegiums ein, was ihm eine starke Opposition und den Abgang von Schülern einbrachte, die von ihren Eltern von der Schule genommen wurden.

Von dem Unverständnis und den Verfolgungen traumatisiert, zog er sich von seinen Tätigkeiten zurück und suchte Behandlung und Erholung. Bei dieser Gelegenheit erwachten in ihm verschiedene mediale Fähigkeiten, besonders die der Heilung. Seine eigene Mutter war eine der ersten von einer Heilung durch ihn begünstigten Menschen. Die Stadt Sacramento wurde zu einem Pilgerort für Menschen, die irgendeine Art Linderung für ihre physischen und psychischen Leiden suchten. Eurípides Barsanulfo behandelte alle mit Freude und Hingabe.

Seine Tätigkeiten im spirituellen Bereich wurden immer mehr und er spürte die Notwendigkeit, die neue Doktrin zu verbreiten und die Zahl der Anhänger zu erhöhen. Mit der Unterstützung einiger Familienmitglieder und Freunde gründete er das Centro Espírita Esperança e Caridade (Spiritistisches Zentrum der Hoffnung und Wohltätigkeit), was zu noch mehr doktrinärer und unterstützender Arbeit führte. Er war körperlich schwächlich, jedoch sympathisch und es fehlte nicht an Bewerberinnen für eine Ehe. Diesbezüglich erklärte er, dass er nicht heiraten könne, da er schon mit der "Armut" verheiratet sei.

Im Jahr 1907 gründete er das Kollegium Alan Kardec, welches zunächst in der Region und dann in ganz Brasilien zu der Referenz eines Hauses der Lehre wurde. Die Nachfrage war so groß, dass die angebotenen Plätze am ersten Einschreibungstag belegt waren. Aufgrund der Epidemie der Spanischen Grippe war das Kollegium gezwungen, seine Türen für einige Zeit zu schließen.

Eines Tages fiel er im Klassenzimmer in "Trance". Als er wieder zu sich kam, berichtete er Einzelheiten von der Versammlung, die gleich nach Ende des Ersten Weltkrieges im Schloss von Versailles in Frankreich stattfinden würde und nannte die Namen der Teilnehmer und die Uhrzeit.

Er kümmerte sich nicht um die Konfrontation mit der Religion, doch demütig nahm er die Herausforderung der öffentlichen Debatte mit einem Vertreter der Katholischen Kirche an. Sein Handeln war unter jedem Gesichtspunkt gesehen brillant, er predigte die Liebe, den Frieden, die Toleranz und die Wohltätigkeit. Am Ende erhöhte dies sein soziales Konzept noch mehr. Dasselbe geschah, als das gegen ihn eingeleitete Gerichtsverfahren eingestellt wurde.[47]

All seine Energien wurden in der Hilfestellung für die Opfer und deren oft arme Familienangehörige der Epidemie der Spanischen Grippe verbraucht, die sich in der ganzen Welt ausgebreitet hatte.

---

[47] siehe auch Kapitel VI, 17

Am 1. November 1918 starb er, von den Bemühungen erschöpft, im Kreise seiner Verwandten, Freunde und Bewunderer.[48]

Welche anderen Wesenheiten haben sich neben den hier erwähnten zu erkennen gegeben, auch wenn es keine Referenzen zu ihren inkarnierten Leben gibt?

Es können folgende genannt werden:

José: seine Identifikation ist nur "ich bin José" (es handelt sich nicht um den Geist José Valdivino);

Terezinha D' Àvila: es ist lediglich bekannt, dass sie Nonne war und dass sie nicht die Heilige Tereza D'Ávila ist;

Amor: Über ihre Identität befragt, antwortet die Wesenheit, ihr Name sei "Liebe".

Gibt es Geistwesen, die sich zu erkennen geben und nicht bekannt sind?

Ja. Es ist seltsam zu beobachten, dass es ein Geistwesen gibt, das regelmäßig in der Casa behandelt und sich auch zu erkennen gibt. Nach Abschluss der Arbeiten kann niemand sagen, wie er sich identifiziert hat.

Warum geben sich zahlreiche Geistwesen nicht zu erkennen?

Der Autor ist nicht in der Lage, dies zu erklären. Sie verstehen einfach, dass eine Identifikation keine größere Rolle spielt.

---

[48] Eurípides Barsanulfo unter http://www.ceismael.com.br/bio//bio08.htm

Kapitel V

Spirituelle Heilungen

Mit demselben Titel wie das Buch, versucht dieses Kapitel in allgemeinen Linien aufzuzeichnen, was in der Casa de Dom Inácio vor sich geht, versucht zu erzählen, was geschieht, ohne vorzugeben, eine Erklärung für das "Wie" und das "Warum" der Tatsachen zu haben. Anfangs werden allgemeine Überlegungen über Spirituelle Heilungen angestellt. Zuletzt werden vierzig konkrete Fälle von Heilung berichtet.

1. Vorbereitende Maßnahmen

Welches waren die vorbereitenden Maßnahmen zur Entwicklung dieses Kapitels?

Die Hauptsorge galt der Aufzeichnung einer beträchtlichen Zahl von Spirituellen Heilungen, die in der Casa de Dom Inácio stattgefunden haben. Der Autor glaubt, dass es die beste Form der Aufzeichnung ist, alles über die jeweils begünstigte Person zu erzählen. Deshalb wurden die persönlichen Daten, die gesundheitlichen Probleme, die durchgeführten Behandlungen, die erfahrene Heilung und die Anschrift der Person aufgezeichnet.

Wozu die allgemeinen Kommentare über Spirituelle Heilungen, anstatt nur der Aufzeichnung der konkreten Heilungsfälle?

Damit der Leser weitere Informationen über die mit der Spirituellen Heilung zusammenhängenden Einzelheiten erhält.

Wozu wurden die Anschriften der spirituell geheilten Personen angegeben?

Die an einer Bestätigung der Spirituellen Heilungen interessierten Menschen können über die bekannt gegebenen Adressen in Kontakt mit den erwähnten Personen treten. Sicherlich können sie alle weitere Einzelheiten über die erfahrene Heilung geben. Es wurden keine Telefonnummern angegeben, um Unannehmlichkeiten zu vermeiden und weil die Nummern sich ändern können.

2. Betrug bei Spirituellen Heilungen

Gibt es Betrug und Simulationen bei spirituellen Behandlungen?

Ja, und zwar viele.

Bedeutet Heiler und Medialität für Heilung dasselbe?

Nach den Erklärungen einiger Fachleute in diesem Bereich bestehen Unterschiede. Heiler sei eine Person, die über eigene Energie verfügt, die Heilungen bewirken kann. Andererseits ist bei der Medialität für Heilung das Medium nur ein Instrument, welches vollständig von dem Geistwesen dominiert wird. Die Heilungen werden von dem Geistwesen durchgeführt, nicht von dem Medium, also sind es Spirituelle Heilungen. Die Person kann "Heiler" sein, ohne Medium zu sein. Die Tätigkeit des Heilers bedeutet fast immer Wunderheilung. Die Medialität für Heilung ist eine göttliche Mission, die wissenschaftlich noch nicht erklärbar ist. Dennoch handelt es sich hierbei um ein polemisches Thema, welches weiterer wissenschaftlicher Erforschung bedarf.

Wie kann der Laie in der Praxis den Unterschied erkennen?

Dies ist nicht einfach. Normalerweise nimmt der Wunderheiler für seinen Dienst Geld und das Medium für Heilung nicht. Der Wunderheiler macht aus der Tätigkeit seinen Lebensunterhalt, während das Medium für Heilung die Tätigkeit lediglich als göttliche

Mission ausübt. Bei Wunderheilern gibt es fast immer Schummelei. Bei der Medialität der Heilung gibt es fast nie Betrug.

Ist es normal, Menschen zu treffen, die Heilungsmedien sind?

Man muss zwischen den Medien unterscheiden, die Spirituelle Heilungen mit Gebeten und Anwendungen vollbringen, und jenen, welche inkorporiert spirituelle Operationen mit Einschnitten durchführen.

Sind die Medien, welche spirituelle Operationen mit Einschnitt durchführen, selten?

Von Zeit zu Zeit taucht jemand mit speziellen Kräften auf, der als Werkzeug für die Durchführung von Spirituellen Heilungen bei Kontakt mit dem Kranken dienen kann. Nicht selten werden chirurgische Eingriffe ohne Desinfektion und ohne Anästhesie und frei von Schmerz, auf eine von der konventionellen Medizin weder verstandene, noch erklärte Weise vorgenommen. In vielen Fällen werden wissenschaftlich unerklärliche Narben festgestellt. Doch auch wenn äußerlich nichts zu sehen ist, geschehen innerlich spirituelle Operationen.

Es gibt keine genaue Statistik, doch es wird geschätzt, dass ein Medium, durch das spirituelle Operationen mit Einschnitt gemacht werden, unter einer Million Menschen auftaucht.

Welche anderen Medien der Heilung, die João de Deus ähnlich sind, sind in Brasilien bekannt?

Zahlreiche. Die bekanntesten sind Zé Arigó und Edson Queiroz.

Wurden schon wissenschaftliche, polizeiliche oder journalistische Untersuchungen zur Feststellung eines Vorliegens oder Nichtvorliegens von Betrug bei den durch die Vermittlung von Medium João durchgeführten Spirituellen Heilungen durchgeführt?

Ja. Es wurden bereits viele wissenschaftliche Untersuchungen durchgeführt, besonders durch ausländische Forscher, sowie zahlreiche gegen Medium João durchgeführte polizeiliche Untersuchungen und von vielen Profis durchgeführte journalistische Untersuchungen als Grundlage für von den Massenmedien verbreitete Reportagen.

Waren die journalistischen Untersuchungen tiefgreifend oder oberflächlich?

Es gab tiefgreifende Untersuchungen, die von kompetenten Journalisten durchgeführt und von Medien verbreitet wurden, die in der Öffentlichkeit weltweit große Glaubwürdigkeit besitzen. Der Autor zieht es vor, keine Namen zu nennen.

Wie kann man akzeptieren, dass es im Zusammenhang mit Medium João keinen Betrug gibt?

Im Fall von Medium João ist ein Betrug, der Tausende Menschen umfasst unmöglich. Man kann Menschen nicht über fünfundzwanzig Jahre lang täuschen, dies ist die Zeit der Existenz der Casa de Dom Inácio. Und das ohne die vorangegangene Zeit mitzurechnen, in der Medium João fortlaufend viele Menschen an verschiedenen Orten behandelt hat.

Ist Medium João nicht eher ein Wunderheiler, beziehungsweise ein Mensch, der Wunder vollbringt?

In gewisser Weise. Medium João heilt niemanden. Er dient nur als Werkzeug für die guten Geistwesen.

3. Vorgehen bei Spirituellen Heilungen

Worin bestehen die durch die Vermittlung von Medium João durchgeführten Spirituellen Heilungen?

Sie können mit oder ohne körperlichen Kontakt stattfinden. Ohne körperlichen Kontakt, bestehen die Spirituellen Heilungen aus Gebeten und unsichtbaren Operationen.

Ist das Vorgehen für das Erreichen einer Heilung in der Casa de Dom Inácio immer dasselbe?

Fast immer dasselbe. Der erste Schritt ist die Anfangskonsultation mit den spirituellen Wesenheiten, die Anweisungen geben, wie die Behandlung vorgenommen werden soll. Es gibt keine Wunder und keine Magie. Alles hängt vom Glauben und vom Verdienst ab.

Ist das Vorgehen bei den Spirituellen Heilungen einfach oder komplex?

Für den außenstehenden Beobachter scheint es einfach zu sein. Doch für Mediziner ist das was geschieht nichts Einfaches.

4. Betreuung bei den Spirituellen Behandlungen

Wäre es nicht richtiger, den Begriff spirituelle Behandlung, statt Spirituelle Heilung, zu verwenden?

Das kommt darauf an, wie man das Thema analysiert. Eine spirituelle Behandlung erhalten alle, welche die Casa de Dom Inácio aufsuchen. Doch Spirituelle Heilung wird nicht immer für alle erreicht.

Kann die Person die Art der Behandlung selbst wählen?

Nein. Die Wesenheit entscheidet.

Ist es möglich, dass die Person, je nach ihrem kulturellen Niveau, psychologisch beeinflusst wird?

Scheinbar ja. Bei der Bestätigung der Heilung glauben viele, dass weniger gebildete Menschen leicht beeinflusst werden können, wohingegen es schwieriger ist zu simulieren, wenn ein Begünstigter ein besseres kulturelles Niveau hat.

Findet man unter den durch Vermittlung von Medium João durchgeführten Heilungen begünstigte Personen mit höherem Bildungsniveau?

Ja. Unter den Begünstigten der Spirituellen Heilungen finden sich Rechtsanwälte, Ingenieure, Ärzte, Psychologen, Freiberufler höherer Laufbahnen verschiedener Berufe, Universitätsprofessoren, offizielle Würdenträger der Streitkräfte, Politiker, Künstler und Unternehmer. Also Menschen mit solider intellektueller Bildung.

Wie viele Menschen werden im Durchschnitt täglich behandelt und wie viele werden geheilt?

Es werden alle behandelt, die anwesend sind. Wie viele geheilt werden, ist nicht bekannt. Die Heilung kann sowohl körperlich, als auch spirituell sein. Irgendeine Art Gunst wird die Person erhalten.

Bedeutet die Tatsache, dass die Person spirituell operiert wurde, dass sie geheilt wird?

Nicht immer. Dies hängt von dem Verdienst jedes Menschen ab. Bei vielen begünstigten Menschen änderte sich der körperliche Gesundheitszustand. Doch das Wichtigste ist die Veränderung der spirituellen Gesundheit.

Worin besteht der Verdienst?

Es sind die in vergangenen Inkarnationen angehäuften spirituellen Bedingungen, die durch das Verhalten in der Gegenwart erhöht werden können, welche die Person die angestrebte Heilung verdienen lassen. Der Mensch muss an der Entwicklung der Seele arbeiten, um zu verdienen. Wenn es die Person "verdient", wird sie an jedem Ort und in jeder Religion Heilung finden können.

Ist nur der Glaube allein ausreichend, um Spirituelle Heilung zu erfahren?

Ja, doch nach Ansicht des Autors muss dieser von einer spirituellen Lebensweise begleitet sein, was den Verdienst mit sich bringt.

Und wenn die Person weder Glauben besitzt, noch an ein positives Ergebnis des angewandten Medikamentes oder der durchgeführten Spirituellen Heilung glaubt?

Wenn er die Begünstigung verdient, wird das Ergebnis positiv sein, sei es bei einer spirituellen Operation, sei es lediglich durch verschriebene Medikamente.

Birgt die spirituelle Operation Risiken?

Nicht die spirituelle Operation bringt negative Ergebnisse, sondern die Krankheit, welche trotz spiritueller Behandlung nicht ausgelöscht wurde. Es kann sein, dass die angestrebte Begünstigung nicht erreicht wird, doch es wird nichts Negatives geschehen. Jede chirurgische Operation durch die konventionelle Medizin birgt Risiken, doch wenn kein Betrug vorliegt, wird es keinerlei Risiko bei der spirituellen Operation geben.

Gibt es wirklich keine Fehler bei der spirituellen Behandlung?

Nein. Die guten Geistwesen machen keine Fehler. Doch selbst ohne vorhandene Fehler wurde Medium João schon mehrere Male gerichtlich angeklagt. Wenn es Fehler gäbe, würde Medium João als Instrument der Geistwesen zur Verantwortung gezogen.

Bei konventionellen Behandlungen gibt es Arztfehler. Weshalb gibt es keine Fehler bei der spirituellen Behandlung?

Die Ärzte sind Menschen. Fehler sind menschlich. Die Geistwesen wissen alles. Die spirituelle Medizin steht weit über der Humanmedizin. Es passieren nur dann Fehler, wenn bei der Behandlung Betrug vorliegt. Bei einer seriösen spirituellen Behandlung wird es keine Fehler geben.

Wer kann Spirituelle Heilungen bekommen?

Jeder. Es genügt, sie verdient zu haben. Für den Erhalt einer Spirituellen Heilung wird nicht nach Geschlecht, Alter, Farbe, Religion, Nationalität, Bildungsgrad oder wirtschaftlicher Lage gefragt, denn es gibt keinerlei Diskriminierung. Die Heilung beginnt mit der Selbstkenntnis.

Ist Heilung auf Entfernung möglich?

Ja. Berichte von Menschen, die auf Entfernung behandelt wurden, sind ganz gewöhnlich. Eine Art der Behandlung auf Entfernung ist durch die Behandlung über Fotos, Kleidungsstücke oder Gebrauchsgegenstände von abwesenden Menschen durch die Wesenheit möglich. Sie verschreibt dann Medikamente. Auch ist es sehr üblich, dass die Wesenheit sagt, sie würde die Person aufsuchen, wo sie sich befindet, die Entfernung spielt dabei keine Rolle.

Sind die Spirituellen Heilungen nur für die körperlichen Krankheiten bestimmt?

Nein. Obwohl es keine Statistik diesbezüglich gibt, scheint es, dass moralische Wirkung und psychologische Heilungen, welche spirituellen Frieden bringen, häufiger sind.

Wie ist es möglich, dass das Geistwesen ohne nähere Einzelheiten weiß, was das körperliche Problem der Person ist?

Der Perispirit (Geisthülle, Anm. der Übersetzerin) der behandelten Person ist wie eine Art Röntgenbild sichtbar und zeigt an, was nicht gut ist.

Wie kann man Spirituelle Heilungen wissenschaftlich erklären?

Nach dem Wenigen, was der Autor weiß, kann vieles was geschieht nicht wissenschaftlich erklärt werden. Von allem, was er gelesen hat, ist folgendes erwähnenswert:

- es ist nicht nur der Körper, der erkrankt, so dass auch der Geist behandelt werden muss;

- wer Glauben besitzt, spricht besser auf jegliche Behandlung an, worin sich Wissenschaft und Religion einig sind;

- man kann niemanden heilen, der nicht geheilt werden möchte: Wollen heißt können;

- jeder Mensch besitzt einen inneren Motor, einen "göttlichen Funken", der zur Heilung führt.

Aus welchem Grund sagt die Wesenheit der behandelten Person nicht direkt, ob sie geheilt wird oder nicht?

Der Autor ist nicht in der Lage, dies zu beantworten. Man weiß, dass die Wesenheit nicht sagt "ich werde dich heilen!" Was immer gesagt wird ist "ich werde dir helfen!" oder "ich schaue dich an!".

Sie beziehen sich immer auf "gute Geistwesen". Nachdem was erzählt wird gibt es "spöttische Geistwesen", "leichtfertige Geistwesen", etc. Gibt es "böse Geistwesen", die die entwickelte Behandlung stören können?

Laut Aussagen einiger Fachleute dieses Gebietes gibt es keine "bösen Geistwesen", sondern "unwissende Geistwesen", "Geistwesen, welche das Gute nicht kennen" und "noch nicht aufgeklärte Geistwesen". Auch gibt es jene, welche vorgeben, "böse Geistwesen" zu sein, so wie es bösartige Menschen gibt. Hierbei handelt es sich jedoch um Einzelheiten, die der Autor nicht genau kennt. Derart wäre ein negativer Einfluss durch Geistwesen bei den durchgeführten Arbeiten möglich. Doch dies geschieht laut Medium João wegen der durch die von den Schutzgeistern der Casa und den Hilfsmedien entwickelten, positiven Energie nicht. So ist das Ambiente nur für "gute Geistwesen" geeignet.

Sind Spirituelle Heilungen und mediale Manifestationen neue Themen in der Geschichte der Menschheit?

Nein. Sowohl Spirituelle Heilungen, als auch mediale Manifestationen wurden im Verlauf der Geschichte immer wieder aufgezeichnet. Erwähnenswert sind folgende:

Zivilisationen wie Atlantis, Lemuria, China, die der Hebräer, Ägypten, Persien, Karthago, Assyrien, Griechenland, Babylonien, Indien, Germanien oder Arabien beweisen anhand ihrer Geschichte, ihrer Legenden oder ihrer Folklore, dass mediale Phänomene in allen Winkeln der Erdkugel fast zeitgleich und ohne besondere Vorzüge vorkamen. Sie manifestierten sich in allen menschlichen Gruppierungen. Die mediale Phänomenologie zeigte sich sogar in den Gebrauchsgegenständen und den Kriegsabsichten dieser primitiven Völker, welche ernsthaft davon beeinflusst waren, obwohl ihre Realität durch den Symbolismus der legendären Traditionen verborgen bleibt.

Die Skandinavier, besonders die "Wikinger", erzählten von ihren Treffen mit Göttern, Hexen, Meerjungfrauen und faszinierenden Wesen, die aus dem mysteriösen Nebel auftauchten und sie in den Vollmondnächten verfolgten. Selbst in der Musik dieses Volkes schimmert die Tonart der okkulten Befragung oder der fantasievollen Erwartung durch, ihre Melodien regen zu ungewöhnlichen und überraschenden Dingen im Leben der Menschen an.

Die von Wagner in seinen meisterhaften Symphonien oder Opern vertonten Geschichten und Legenden bestätigen den Geist der Religiosität und den Glauben an das unsichtbare Volk der germanischen und angelsächsischen Völker. Sie brachten ihre Ehrerbietung den Göttinnen, den Ahnen, den Gottheiten dar und sahen sie als Bewohner einer fremden Welt an, die sich sehr von der von den Menschen bewohnten Welt unterscheidet.[49]

Detaillierte Informationen stammen aus dem 14. Jahrhundert vor Christus:

Nofretete, die Hohepriesterin der Sonne, unterrichtete ihre Schülerinnen in der Kunst der Heilung durch das, was wir heute "Reiki" oder spirituelle Anwendungen nennen. Sie schlossen sich den medizinischen Arbeiten im Haus des Lebens an und heilten viele Patienten durch einfaches Händeauflegen, gepaart mit ihrer Willenskraft und den spirituellen Einflüssen der Höheren Welt. Isis war schon zu jener Zeit eine beachtenswerte Magnetische Heilerin, die phantastische Heilungen vollbrachte. Durch Nutzung der astralen Essenz der Sonnenstrahlen erzielte sie Ergebnisse, welche die traditionellen Ärzte, die in Theben oder Memphis ausgebildet worden waren, beeindruckten. Radikale Behandlungen, wie die Schädelbohrungen, waren in Echnaton unnötig. Durch die magnetische Heilung wurden sogar Gehirntumore einfach aufgelöst und die vollständige Gesundheit des Patienten wieder hergestellt.[50]

In der Bibel gibt es zahlreiche Berichte über mediale Manifestationen:

Obwohl die in der Bibel beschriebenen medialen Ereignisse von dem Symbolismus der hebräischen Rasse oder der religiösen Poesie verschleiert sind, handelt es sich in Wirklichkeit um ebenso besondere und positive mediale Phänomene, wie die von Allan Kardec und anderen spiritistischen Autoren in Studien aufgezählten Phänomene. Angesichts des geringfügigen Platzes, über den wir in diesem Werk verfügen, werden wir nur einige der im Neuen und im Alten Testament vorkommenden Hauptphänomene erwähnen, welche die Manifestationen der Medialität jener Epoche beweisen und die Spiritistische Doktrin somit von dem Vorwurf befreien, solche erfunden zu haben.

Das mediale Phänomen der "Materialisation" und das der "direkten Stimme" beispielsweise, sind unbestritten in I. Samuel, Kapitel 28, Vers 11, und 15 aufgezeichnet, als Saul sich am Abend, bevor er die schwierige Schlacht unter seinem Kommando antrat, entschließt, eine berühmte Geisterbeschwörerin aufzusuchen, um die Seele des Samuel, des mächtigen Kommandanten der Israelischen Streitkräfte, anzuhören, welcher schon verstorben und in Ramatha, seinem Vaterland, beerdigt worden war. Hier also die Begebenheit, wie die Bibel die Tatsachen durch die bereits angegebenen Verse berichtet:

Da sprach das Weib: Wen soll ich dir denn heraufbeschwören? Er sprach: Hol mir Samuel herauf! Als nun das Weib merkte, dass es um Samuel ging, schrie sie laut und sprach zu Saul: Warum hast du mich betrogen? ... Samuel (der materialisierte Geist) aber sprach zu David: Warum hast du meine Ruhe gestört, dass du mich heraufsteigen lässtest?

---

[49] Ramatis. In: Medialität der Heilung, S. 33 und 34

[50] PARANHOS, Roger Bottini. Echnaton - Die Spirituelle Revolution des Antiken Ägypten, S. 189/190.

Im "2. Buch der Könige", Kapitel 6, Vers 5 und 6, zeigt der Prophet Elisa ein Phänomen der Levitation, wie es in den spiritistischen Sitzungen mit physischen Phänomenen bekannt ist:

Und als einer einen Stamm fällte, fiel ihm das Eisen ins Wasser. Und er schrie: Oh weh, mein Herr! Und dazu ist's noch entliehen! Aber der Mann Gottes (der Prophet Elisa) sprach: Wo ist's hingefallen? Und als er ihm die Stelle zeigte, schnitt er einen Stock ab und stieß ihn dahin. Da schwamm das Eisen.

Es gibt keinerlei Zweifel über diese Tatsache, denn in diesem Fall zeigt sich die "Levitation" auf spektakuläre Weise, als das Eisen der Axt an die Oberfläche des Flusses tauchte und ans Tageslicht kam.

Das Phänomen der Materialisation wird nochmals bestätigt in der folgenden Erzählung Lukas, Kapitel 1, Vers 11, der so spricht: "Da erschien ihm der Engel des Herrn; der stand an der rechten Seite des Räucheraltars." Laut den Erzählungen der Apostel an anderen Bibelstellen, materialisierte sich auch vor Maria ein Engel, der ihr mitteilte, dass sie die Mutter des Herrn sein würde.

Die Medialität der "Fortbewegung" ist in den Berichten des Propheten Hesekiel (Kapitel 3, Vers 14) vermerkt, als jener sich wie folgt ausdrückt: "Da hob mich der Geist empor und führte mich weg. Und ich fuhr dahin im bitteren Grimm meines Geistes, und die Hand des Herrn lag schwer auf mir.“

Ebenso erklärt Phillipus wie folgt (Apostelgeschichte, Kapitel 8, Vers 39 und 40):
Als sie dann aus dem Wasser heraufstiegen, entrückte der Geist des Herrn Philippus, und der Kämmerer sah ihn nicht mehr; er zog aber seine Straße fröhlich weiter. Philippus aber fand sich in Asdod wieder und zog umher und predigte in allen Städten das Evangelium, bis er nach Cäsarea kam.

Auch das Wahrsagen wurde zu biblischen Zeiten ausgiebig praktiziert, denn die Bibel ist voll von diesen prophetischen Erzählungen, in welchen das Kommen großer Wesen vorhergesagt wird. Malaquias, Kapitel 4, Vers 5 sagt das Kommen von Elias voraus: "Siehe ich werde euch den Propheten Elias schicken, bevor der große und furchterregende Tag des Herrn kommen wird." Auch Jesaja war ein ungewöhnlich Hellsichtiger, der fast ein Jahrtausend zuvor das Kommen Jesu vorausgesehen und dabei Kleinigkeiten dargestellt hat, die später helfen sollten, die erhabene Art des Meisters zu identifizieren, wie in Kapitel 7, Vers 14 und 15 seines Buches bestätigt wird:

„Darum wird euch der Herr selbst ein Zeichen geben: Siehe, eine Jungfrau ist schwanger und wird einen Sohn gebären, den wird sie nennen Immanuel ("Gott mit uns"). Butter und Honig wird er essen, bis er weiß, das Böse zu verwerfen und Gutes zu erwählen.“

Jesaja sagte die Geburt Jesu durch eine Jungfrau hervor, das hieße, der erste empfangene Sohn einer Jungfrau kann nur derjenige sein, welcher in der ersten ehelichen Vereinigung gezeugt wurde. Der Meister jedoch wurde durch eine Jungfrau geboren, doch ohne den unabänderlichen Gesetzen des Schöpfers zu widersprechen, oder ohne den genetischen Prozess, welcher für die Welt, in der sie lebten, besonders war, zu sprengen. Die Hellsichtigkeit Jesajas bestätigt sich noch mehr in der Aussage, dass Jesus sich von Butter und Honig ernähren würde, was heißt, er würde ein Vegetarier sein, der Honig als eine seiner Lieblingsspeisen vorzieht.

Auch kann in der Bibel auf unbestreitbare Weise der wahre und gerechte Mechanismus des Karma und der Reinkarnationsprozesse bewiesen werden, die als spirituelle Lehren ineinander greifen. Dies kann in dem sich auf das Kommen des Propheten Elias und Johannes des Täufers beziehenden Teil überprüft werden, wie es in Matthäus, Kapitel 17, Verse 11 bis 13 heißt: "Denn alle Propheten und das Gesetz haben es gar dem Johannes prophezeit. Und wenn ihr es recht verstehen wollt, er selbst ist Elia, der kommen wird. Und in Matthäus, Kapitel 17, Verse 11 bis 13:

Jesus antwortete: „Elia soll freilich kommen und alles zurechtbringen. Doch ich sage euch: Elia ist schon gekommen, aber sie haben ihn nicht erkannt". Da verstanden die Jünger, dass er von Johannes dem Täufer zu ihnen geredet hatte.

Durch diese traditionellen Berichte, bestätigt uns die Bibel selbst die Idee der Reinkarnation in jenen denkwürdigen Zeiten und überträgt uns das berichtigende Konzept des Karmagesetzes, wonach "man immer das erntet, was man sät."
Im 1. Buch der Könige, Kapitel 18, Vers 40, gibt Elia seinen Schülern auf: "Greift die Propheten Baals, dass keiner von ihnen entrinne! Und sie ergriffen sie. Und Elia führte sie hinab an den Bach Kison und tötete sie daselbst." So schickte Elia sie, ihnen am Fluss Kison die Kehle durchzuschneiden, womit er sich vor dem Karmagesetz schuldig machte, durch den barbarischen Tod, den er den Priestern Baals verordnete, und machte sich selbst zum Kandidaten für einen solchen Tod in der Zukunft. Tatsächlich beweist uns die Bibel selbst die Einlösung dieser karmischen Schuld Elias, als er, nachdem er als Johannes der Täufer wiedergeboren worden war, im Königreich des Herodes auf Bitten von Salome ebenfalls enthauptet wurde. So erfüllte sich das Gesetz des Karma in seiner unerbittlichen Gerechtigkeit der Erlösung, als Elia, der Henker von einst, nach seiner Reinkarnation als Johannes der Täufer, ebenfalls dieselbe karmische Prüfung erhielt, nach dem Gesetz "Wer mit Eisen verletzt, wird selbst mit dem Eisen verletzt werden", auch wenn er wider seinen Willen der Vorgänger des Messias war.[51]

In der Geschichte Brasiliens wird in ausdrucksvoller Weise über Medialität berichtet:

Übrigens gibt es auch in Brasilien reichlich Legenden und übernatürliche Geschichten, deren Ursprung den von den Brasilianern ganz gut entwickelten medialen Fähigkeiten zuzuschreiben ist, die im Allgemeinen von der Wiege an sehr intuitiv sind. Lange vor der spiritistischen Kodifizierung haben die Bewohner der Wildnis der amerikanischen Regionen schon verschiedene Riten durchgeführt, die sie auf den medialen Austausch mit der unsichtbaren Welt vorbereiteten. So waren sie in der Lage, mit ihren bereits desinkarnierten Stammesangehörigen in Kontakt zu treten. Sie praktizierten auch die Medialität der Heilung, sowohl durch Anwendung ausgesuchter Pflanzen, als auch durch Verfluchen der bösen Geister im magischen Prozess des kollektiven Exorzismus. Sie sahen die Wetteränderungen voraus, so die günstigste Zeit für das Pflanzen und die Ernte; sie befragten die Zeichen der okkulten Welt und fühlten voraus, ob ein Ort epidemisch, oder für ihre Existenz ungeeignet war. Die versiertesten Pajés[52] kündigten den Tod der Häuptlinge, die Geburt der

[51] RAMATIS. In: Medialität der Heilung, S. 40 bis 43.
[52] Pajé: Spiritueller Anführer der brasilianischen indigenen Völker: Priester, Medizinmann und Zauberer, Anm. d. Übersetzerin)

besten Krieger oder die Kriegsmärsche der gegnerischen Stämme an, wobei sie den Ausgang der blutigen Auseinandersetzungen erfolgreich kundgaben.

Die brasilianischen Legenden sind voller medialer Phänomene. Im Szenario der mondbeschienenen Wälder taucht der "Boitatá" (ein Feuer speiender Ochse) auf und speit Feuer aus den Nasenlöchern; an den dunklen Kreuzungen erscheint der gespenstische "Saci-pererê", hüpft auf einem Bein nur, und ein heller Schein strömt aus den glühenden Augen; auf der endlosen Wiese galoppiert wie verrückt das Maultier-ohne-Kopf herum oder im Halbdunkel des frühen Morgennebels hören die Leichtgläubigen, wie sie sagen, das traurige Wimmern des kleinen Negers von der Weide.

Obwohl dies von der Legende und der Phantasie gebildete Geschichten sind, dominiert im Wesen dieser folklorischen Geschichten das unverwechselbare mediale Phänomen, welches das unsterbliche Leben bestätigt.[53]

5. Ausgelöschte Krankheit und Stillstand der Krankheit

Wie kann man erklären, dass die Krankheit in vielen Fällen ausgelöscht wird und es in anderen Fällen nur zum Stillstand der Krankheit kommt?

Der Autor kann dies nicht erklären.

Ist es möglich, zu wissen, welches Kriterium angewandt wurde, wenn die Wesenheit die behandelte Person zum Arzt schickt?

Nein. Es gibt ein Kriterium, das nur die Wesenheit kennt. Es scheint, dass der Person, wenn sie wirtschaftlich dazu in der Lage ist, immer dann empfohlen wird, einen Arzt aufzusuchen, wenn das gesundheitliche Problem nicht sehr komplex ist und von den Medizinern gelöst werden kann.

6. Individuelle und kollektive Operationen

Worin bestehen die individuellen und die kollektiven Operationen?

Kein Angestellter der Casa, nicht einmal Medium João, weiß, ob die Person einer individuellen oder kollektiven Operation unterzogen wird. Das entscheidet die Wesenheit.

Wenn die Wesenheit die Reihen behandelt, sagt sie der Person, sie solle am Nachmittag, am nächsten Tag oder in der nächsten Woche wiederkommen und dass sie operiert wird (kollektive Operation). Andere Male entscheidet die Wesenheit bei der Behandlung der Person, sie in diesem Moment zu operieren. In diesem Fall besteht die Operation, je nachdem um welche Krankheit es sich handelt, in einer Ausschabung des Auges oder der Einführung einer mit Watte umwickelten Spitze

---

[53] RAMATIS. In: Medialität der Heilung, S. 34 und 35.

und in gesegnetes Wasser getauchten Pinzette in eines der Nasenlöcher. Dies geschieht ohne vorherige Desinfektion und ohne Anästhesie.

Kommt es bei der spirituellen Operation zum Kontakt zwischen dem inkorporierten Medium João und der zu operierenden Person?

In den meisten dieser Fälle nicht. Die Operation kann stattfinden, ohne dass das inkorporierte Medium João die Person berührt.

Und wenn die Person für eine Operation vorgesehen ist und nicht erscheint?

Dann wird es keinerlei Konsequenzen geben, außer dass die Person keine spirituelle Hilfe erhält.

Gibt es irgendeine von der Casa de Dom Inácio aufgezeichnete Statistik über Spirituelle Heilungen?

Nein. Die Casa kümmert sich nicht um irgendeine Art Aufzeichnung. Doch auf der Grundlage einer Studie für eine Postgraduierung[54], bei welcher Befragungen der Besucher der Casa durchgeführt wurden, kann Folgendes dargestellt werden:

a) Patienten, die Heilung erfahren haben:

Ja	74,40 %
Nein	24,00 %
Keine Antwort	01,60 %

b) Art der Heilung:

Physisch	39,20 %
Spirituell	36,00 %
Keine erhalten	24,80 %

c) Befindet sich zurzeit in medizinischer Behandlung:

Ja	43,20 %
Nein	56,80 %

d) Kennen Menschen, die durch spirituelle Heilung begünstigt wurden:

Ja	93,20 %
Nein	6,80 %

e) Ist Glaube wichtig, um Heilung zu erfahren?

Ja	93,80 %
Nein	06,20 %

f) Wem wird die Spirituelle Heilung zugeschrieben?

Medium	05,40 %
Geistwesen	08,00 %
Glaube	64,40 %
Casa Dom Inácio	04,00 %
Mentale Fähigkeit	01,20 %
Alle Faktoren	17,00 %

g) Glaubt an die Existenz eines im Prozess der Heilung gemeinsam mit dem Medium João handelnden Geistwesens:

Ja	95,80 %
Nein	02,60 %
Mit Zweifeln	01,60 %

[54] SAVARIS, Alfredina Arlete. Die von João Teixeira de Faria durchgeführten paranormalen Heilungen, S. 87.

Welche Krankheit ist bei den Besuchern der Casa de Dom Inácio mit dem höchsten Prozentsatz vertreten?

Weder gibt es darüber Aufzeichnungen, noch wird sich darum gekümmert, dies aufzuschreiben. Die körperlichen Krankheiten sind zahlreich, doch es gibt auch seelische Probleme. Jedenfalls scheint es bei den Beobachtungen des Autors, dass es Krebs in seinen verschiedenen Formen ist.

7. Spirituelle Heilung mit Einschnitt

Waren die vom Autor miterlebten Operationen mit Einschnitt?

Sie waren selten mit Einschnitt. Die meisten bestanden nur aus einem Gebet. Andere, individuelle Operationen, bestanden darin, dass mit den Händen über die erkrankte Stelle gestrichen wurde. Bei vielen gab es nicht einmal eine Berührung mit der Hand. Die richtigen Operationen sind Ausschabungen des Auges und der gründlichen Reinigung der Nasenhöhlen.

Sind die Operationen mit Einschnitt notwendig?

Soweit der Autor es verstanden hat, nicht. Es wird berichtet, dass sie früher häufig vorkamen. Auf Rat der Rechtsanwälte der Casa, werden sie wegen der Strafprozesse gegen Medium João nicht durchgeführt.

Wenn die Operationen ohne Einschnitt doch nicht notwendig sind, warum werden sie dann überhaupt, wenn auch nur sporadisch, durchgeführt?

Wie bereits gesagt, sind sie selten. Und wenn sie durchgeführt werden, dann weiß die Wesenheit, was sie tut. Normalerweise werden sie durchgeführt, wenn die behandelte Person nur dann glaubt, wenn es einen Einschnitt gibt, wenn ein ungläubiger Arzt in die Casa kommt und wenn Journalisten und Forscher eine Operation mit Einschnitt erleben wollen, usw. Operationen mit Einschnitt für die Öffentlichkeit, so als wäre es eine *Show*, werden nicht durchgeführt.
Wenn es zu einer Operation mit persönlichem Kontakt kommt, der nicht nur mit den Händen geschieht, welche Instrumente werden dann eingesetzt?

Am gebräuchlichsten sind ein kleines Küchenmesser für die Ausschabung des Auges und eine Pinzette ohne Spitze mit in gesegnetes Wasser getauchter Watte, die in die Nasenhöhlen eingeführt wird.

Hat der Autor schon Operationen mit Einschnitt erlebt?

Ja. Bei den seltenen Operationen mit Einschnitt mit ziemlich roher Vorgehensweise werden Skalpelle und für die Nähte Nadeln benutzt, ohne Einsatz von Desinfektionsmitteln oder Betäubungsmitteln. Es gibt praktisch keine Blutungen.

Zu sehen, wie jemand in der kurzen Zeit von ein paar Minuten einfach die behaarte Haut durchschneidet und mit den nackten Fingern die Ränder des Schnittes "ausdrückt", um einen "Tumor" im Gehirn herauszulösen, berührt das Empfindungsvermögen eines jeden Menschen.

Was sollte es normalerweise geben, gibt es aber in den Spirituellen Operationen nicht?

Es gibt weder Anästhesie, noch Desinfektion, noch Blut in normalen Mengen (bei den Einschnitten), noch gibt es Vorsicht vor der Operation oder Schmerz.

Kommt es niemals zu Schmerzen?

Soweit der Autor informiert ist, kann die gerade operierte Person irgendwelche Schmerzen fühlen, wenn: der Operierte nicht ausreichend konzentriert ist; die Hilfsmedien nicht ausreichend konzentriert sind; die Arme, Beine oder Hände gekreuzt sind; es Gespräche und Lärm der Leute gibt, die sich im Raum aufhalten und in den Reihen auf ihre Behandlung warten.

Und was könnte geschehen, geschieht aber nicht?

Hypnose, Bewusstseinsverlust, Akupunktur, stumpfsinnige Technik, Blutungen und Infektionen.

8. Anzahl der operierten Menschen

Wie viele Menschen werden gleichzeitig spirituell operiert?

So viele, wie die Wesenheit dafür festlegt.

Gibt es eine maximale Zahl der kollektiven Operationen pro Tag?

Wenn es sie gibt, dann kennt sie nur die Wesenheit. Die Casa hat dies nicht aufgezeichnet und sorgt sich nicht darum. Der Autor hat aus Neugier schon einige Male mitgezählt. In Abadiânia sind es normalerweise hundert bis zweihundert Operationen pro Tag. Außerhalb von Abadiânia bewegt sich die Zahl zwischen hundertundfünfzig und dreihundert. In Deutschland hat der Autor in nur einer Periode (Vormittag) 278 kollektiv operierte Menschen gezählt.

Wie viele Menschen werden täglich in der Casa de Dom Inácio oder außerhalb von Medium João behandelt, wenn er inkorporiert ist?

Es wird sich nicht um die Aufzeichnung der genauen Zahl gekümmert. In der Casa de Dom Inácio ist die Behandlung von fünfhundert bis tausend Menschen normal. Doch wenn mehr Menschen erscheinen, werden alle behandelt. Was die Behandlung außerhalb Abadiânias angeht, kann bestätigt werden, dass die Zahl zweitausend Menschen pro Tag übersteigen kann.

Was ändert sich bei der Behandlung bei einer größeren Zahl?

Die Reihen fließen schneller und die Arbeiten enden später. Ansonsten bleibt alles gleich.

9. Dauer der Operationen

Wie lange dauern die kollektiven Operationen?

Die Zahl der Menschen ist egal, ob dreißig, fünfzig, sechzig, achtzig oder über hundert, es dauert im Durchschnitt zwei Minuten.

Und dauert es auch nur zwei Minuten, falls eine Person einzeln einer spirituellen Operation unterzogen wird?

Normalerweise ja. Doch es gibt auch Fälle, in denen die individuelle Operation fünf, zehn, fünfzehn Minuten oder länger dauern kann.

Wäre bei den kollektiven Operationen nicht logischerweise mehr Zeit nötig?

Es ist nicht nur ein Geistwesen, das die kollektive Operation durchführt, sonder ein ganzes Team, das aus hunderten oder tausenden von guten Geistern bestehen kann.

Wie lange dauert die Behandlung, damit eine Spirituelle Heilung erreicht wird?

Das ist unterschiedlich. Der Autor kennt einen konkreten Fall, in dem die ganze Behandlung nur aus einer kollektiven Operation bestand, die mehr oder weniger zwei Minuten dauerte. Er kennt auch eine Person, deren Behandlung länger als zwölf Jahre dauerte. In beiden Fällen wurde die Spirituelle Heilung erreicht.

10. Nachuntersuchung und Entlassung

Worin besteht die Nachuntersuchung?

Sie besteht darin, dass die Wesenheit überprüft, ob eine normale Erholung von der Operation stattgefunden hat.

Und was ist die "Entlassung"?
Das bedeutet, dass alles gut gegangen und die Person geheilt ist. Sie wird nur zum Vergnügen oder aus anderen Gründen, falls sie dies will, wieder in die Casa kommen.

Wie kann der Begünstigte wissen, dass er geheilt ist, wenn es sich um eine interne Krankheit handelt und das Ergebnis äußerlich nicht zu sehen ist?

Wenn die Wesenheit die Person bei der Nachuntersuchung "entlässt" und zu ihr sagt, sie könne die notwendigen ärztlichen Untersuchungen machen lassen, um zu bestätigen, dass die Krankheit nicht mehr existiert.

11. Erholung und die Zeit nach der Operation

Werden alle operierten Personen zur Erholung in die Krankenstation gebracht?

Nicht alle. Bei den kollektiven Operationen gibt es weder Transport in die noch Erholung in der Krankenstation. Bei den individuellen Operationen gibt die Wesenheit der Person oft die Erlaubnis, ganz normal hinaus zu gehen.

Welchen Zweck verfolgt die Entscheidung der Wesenheit, eine operierte Person in die Erholung zu geben?

Es scheint, dass die operierte Person aufgrund der spirituellen Anästhesie ein wenig "benebelt" ist, weshalb sie Erholung braucht. Außerdem ist es notwendig, die besonders aufgrund der emotionalen Anspannung verbrauchten Energien wieder aufzufüllen.

Was ist die anschließende Begleitung nach der individuellen und der kollektiven Operation?

Keine.

Nicht einmal eine Begleitung, um herauszufinden, ob eine Infektion auftritt?

Nein. Es gibt nur die Empfehlungen für die Zeit nach der Operation, sei es eine individuelle oder eine kollektive. Doch es gibt keine Infektionen.

Und was geschieht nach der spirituellen Operation?

Wenn es eine individuelle Operation war, wird die Person fast immer in die Krankenstation gebracht, wo sie mindestens eine Stunde zur Erholung bleibt und dann entlassen wird. Wenn es sich um kollektive Operationen handelt, wird der Patient entlassen und geht ganz normal hinaus.

Erhält der Patient nicht irgendwelche Richtlinien für die Zeit nach der Operation?

Doch, von dem Verantwortlichen der Krankenstation werden den individuell Operierten allgemeine Richtlinien übermittelt, oder von einem Helfer der Casa der ganzen, einer kollektiven Operation unterworfenen Gruppe. Die Richtlinien werden für all jene, die kein Portugiesisch verstehen, auf Englisch übersetzt.
Und was für Informationen sind das?

Hauptsächlich über die Erholungsphase und die Ernährung.

Gibt es keine Empfehlung, zur Nachuntersuchung wieder zu kommen?

Doch, das hängt jeweils vom Fall ab.

Gibt es wissenschaftliche Erklärungen über das Ausbleiben von Komplikationen nach den spirituellen Operationen?

Der Autor weiß nicht genug darüber, um antworten zu können.

Besteht die Gefahr von Konsequenzen für spirituell operierte Personen, welche die Empfehlungen für die Zeit nach der Operation nicht einhalten?

Sie erfahren nur die erwartete Heilung nicht. Die Menschen haben den freien Willen, die Empfehlungen zu befolgen oder nicht.

Das Verhalten der Menschen vor, während und nach der Operation ist wichtig. Vorher muss man sich spirituell auf die Operation vorbereiten. Während der Operation muss das Denken auf Gott gerichtet sein. Danach müssen die Empfehlungen zu Erholung (Halten der Energie) und Ernährung befolgt werden.

12. Rückfall

Kann es nach spirituellen Operationen zu Rückfällen (Rückkehr des gesundheitlichen Problems) kommen?

Ja, das kann vorkommen.

Aus welchem Grund kann es zum Rückfall kommen?

Aus verschiedenen Gründen: Wenn die Diät nicht eingehalten wurde, keine Ruhe gehalten wird oder die Heilung nicht verdient ist.

13. Medikation

Für welche Art von Krankheiten wird das Medikament Passiflora verordnet?

Für zahlreiche Krankheiten. Tatsächlich ist Passiflora das einzige verordnete und verkaufte Medikament.

Und wenn ein Rezept überreicht wurde, die Person aber das verschriebene Medikament nicht einnehmen möchte?

Die Person ist frei, das Medikament einzunehmen oder nicht.

Wie kann ein und dasselbe Medikament für die Behandlung verschiedener Personen und verschiedener Krankheiten eingesetzt werden?

Wie schon von Medium João erklärt wurde (Kapitel II, 5), werden die Passiflora-Kapseln von den Geistwesen für jede Person extra energetisiert.

Ist Passiflora, wenn man die spirituellen Wirkungen ausschließt und nur die rein physischen Wirkungen betrachtet, also ein völlig harmloses Medikament?

Aus physischer Sicht ja. Das Maracuja-Pulver ist nichts anderes als ein Beruhigungsmittel, das einem Kräutertee gleichkommt. Das Medikament kann also für den Körper harmlos sein, wird aber immer positiv auf den Geist wirken.

Handelt es sich also in gewisser Weise um den sogenannten "Placebo-Effekt"?[55]: Das Medikament ist harmlos, wirkt aber, wenn die Person daran glaubt?

In gewisser Weise ja.

Wird während der Operationen, wenn auch ohne Anästhesie und Desinfektion, irgendein Medikament eingesetzt?

Nein. Lediglich mit gesegnetem Wasser getränkte Baumwolle.

Ist es möglich, nur durch Passiflora Heilung zu erfahren?

Ja, genauso wie es möglich wäre, Heilung nur durch Einnahme von gesegnetem Wasser zu erfahren, oder durch jegliche Art von Medikation, wenn die Person daran glaubt, die Heilung zu verdienen.

Gibt es Gegenanzeigen gegen die gemeinsame Einnahme von Passiflora mit von Ärzten verordneten Medikamenten?

Keinerlei Gegenanzeigen.

Gäbe es irgendeine Erklärung für die Verschreibung des Medikamentes, wenn die Person keine Spirituelle Heilung verdient?

Nach den wenigen Kenntnissen des Autors und laut der von älteren Besuchern der Casa gelieferten Erklärungen dient diese Medikation dem Zweck, die Person in die Lage zu versetzten, dahin zu kommen, Heilung zu verdienen. Immer wenn das Medikament eingenommen wird, werden ihre Gedanken zur Casa de Dom Inácio zurückkehren, was bedeutet, dass sie "gute Gedanken" hat.

Wird geraten, die von den Ärzten verordneten Medikamente abzusetzen?

Auf keinen Fall. Die allen immer wieder gegebene Empfehlung lautet, dass die von den Ärzten verordneten Medikamente nicht abgesetzt werden sollten.

Verschwinden die körperlichen Auswirkungen, wenn die Ursache geheilt wurde?

Ja. Die vorhandene Literatur zu diesem Thema erklärt, dass die Heilung im Perispirit (Geisthülle, Anm. der Übersetzerin) geschieht, wo die Ursache liegt. Das physische Problem (im Körper) ist die Folge. Und nach der spirituellen Operation, welche die Ursache bekämpft, verschwinden die Auswirkungen.

14. Seltsame Referenzen

Wird das Wort "Krebs", welches große Auswirkungen haben kann, normal ausgesprochen?

---

[55] Placebo: Neutrale Substanz ohne irgendeine pharmakologische Wirkung, manchmal verschrieben, damit der Patient einfach durch den Glauben an die therapeutischen Eigenschaften des Produktes Linderung der Symptome erfährt. In: *Revista da Parapsychologia*, Jahrgang 2, Nr. 23, S. 38)

In der Casa erregt keine Krankheit viel Aufmerksamkeit. Doch ist bemerkenswert, dass der Autor verschiedene Male hörte, wie die Wesenheit sagte, das Problem der Person wäre ein "Hirngespinst"[56]. Anfangs wusste der Autor nicht, was dies bedeuten sollte. Doch ihm wurde von einem älteren Besucher erklärt, dass es sich auf "Krebs" bezog.

Hat der Autor weitere seltsame Bezugnahmen festgestellt?

Ja. Er weiß nicht, ob es sich dabei um die selbe Wesenheit handelte, doch er hörte einige Male den Ausdruck "weißer Kittel", wenn von "Ärzten" die Rede war, ohne dass es irgendwie abwertend gemeint gewesen wäre.

Was bedeutet es, wenn die Wesenheit nach einer individuellen spirituellen Operation sagt: "kann getragen werden"?

Das muss als "kann weggebracht werden" verstanden werden, was bedeutet, dass die Person operiert wurde und sich mindestens eine Stunde lang in der Krankenstation ausruhen sollte, um sich zu erholen.

Obwohl gesagt wird "kann getragen werden", benutzen die Helfer der Casa einen Rollstuhl für den Transport.

Wie sind die Stühle für die Operierten?

Es handelt sich hierbei um einfache Rollstühle, die nur dem Transport der Operierten vom Saal der Wesenheit bis zur Krankenstation dienen.

15. Unfruchtbarkeit

Was ist Krankheit?

Es gibt die Bedeutung aus ärztlicher und die aus spiritueller Sicht. Ohne nähere Einzelheiten und ohne die Absicht, eine präzise Antwort zu geben, wäre Krankheit aus ärztlicher Sicht die biologische Veränderung des Gesundheitszustandes. Gesundheit ihrerseits wäre der Zustand der guten physischen und psychischen Verfassung, die sich in einem perfekten Funktionieren des Körpers zeigt. Aus spiritueller Sicht ist Krankheit die Folge von "durcheinander geratenem magnetischen Potential des körperlichen Komplexes".[57]

Ist Unfruchtbarkeit eine Krankheit?

Abhängig vom jeweiligen Fall, kann es sich um ein physisches Problem oder um ein spirituelles Problem handeln.

Wie kann die spirituelle Behandlung bewirken, dass die Frau, die von der Medizin als unfruchtbar erachtet wird, schwanger wird?

---

[56] Der Autor weiß nicht, ob dieser Ausdruck nur von einer Wesenheit benutzt wird.
[57] CAPELLI, Esse. In: Medialität - Erklärungen Praktiken, S. 93.

Nach den wenigen Kenntnissen des Autors gibt es hierfür keine wissenschaftliche Erklärung, ebenso wie die Heilungen von bestimmten irreversiblen Krankheiten nicht wissenschaftlich erklärbar sind.

16. Verzweifelte Personen und Personen im Endstadium

Können verzweifelte Menschen mit ernsten gesundheitlichen oder existentiellen Problemen beim Lesen dieses Buches die Hoffnung nähren, eine Lösung für ihre Probleme zu finden?

Hoffnung können sie haben. Sie dürfen jedoch nicht meinen, so eine Lösung zu finden. Dieses Buch ist lediglich ein Bericht darüber, was in der Casa de Dom Inácio geschieht. Es gibt spirituelle Heilung. Jeder kann diese suchen; doch sie zu erreichen, hängt von dem Verdienst jedes einzelnen ab. Die Suche kann in irgendeiner Religion stattfinden oder in irgendeinem Tempel. Es kann sein, dass die Person die Heilung nicht verdient oder dass die Krankheit karmisch ist. Doch es lohnt sich in jedem Fall, es zu versuchen.

Was bedeutet Karma?[58]

In einer Erklärung für Laien wäre das Karma die negative Summe des vergangenen Verhaltens des Geistes, während der Verdienst die positive Summe wäre.

Ist es möglich, Karma zu mildern?

Ja, durch gute Taten. Der Mensch ist frei, die beabsichtigten Taten auszuführen, seien sie gut oder schlecht. Ohne den freien Willen wäre der Mensch eine Maschine.
Ist es sogar noch für den Kranken im Endstadium, der von der konventionellen Medizin bereits aufgegeben wurde, lohnenswert, die Casa de Dom Inácio aufzusuchen?

Nein. Der Gesundheitszustand der Menschen im Endstadium kann sich durch die Reise verschlechtern. Außerdem gibt es immer juristische Probleme für Medium João, wenn es auf den Reisen zu Sterbefällen kommt.

Es gab den Fall eines Ausländers im Endstadium, der seit über fünfzehn Jahren Aids hatte und seit über zwei Jahren jegliche Art der medizinischen Behandlung aufgegeben hatte. Er kam in die Casa de Dom Inácio um spirituellen Trost zu suchen und verstarb in Abadiânia. Als Konsequenz wurde Medium João des Totschlages angeklagt, was von der Presse weitgehend bekannt gemacht wurde.

Wie kann man Menschen im Endstadium ihrer Krankheit davon abhalten, die Casa de Dom Inácio aufzusuchen?

Die Reiseleiter der Gruppenreisen sind angehalten, keine Personen im Endstadium nach Abadiânia zu bringen. Doch es gibt keine Möglichkeit, diejenigen davon abzuhalten, die auf eigene Verantwortung reisen.

---

[58] "Karma ist die Schuld oder der Kredit vor dem Göttlichen Gericht, das aus unserem Vorgehen in vorangegangenen Inkarnationen resultiert" In: Revista Espírita Allan Kardec, Jahrgang 13, Nr. 53, Goiânia, Juli 2005, S. 6.

Ist Spirituelle Heilung nicht möglich, wenn sich die Krankheit schon in fortgeschrittenem Stadium befindet?

Sie kann möglich sein oder auch nicht, dies hängt vom jeweiligen Fall ab. Es ist bekannt, dass es die Aussichten auf Erfolg der Behandlung sehr erhöht, wenn man zu Beginn der gesundheitlichen Probleme zum Arzt geht. Dasselbe gilt für die Spirituelle Heilung: die spirituelle Behandlung muss so früh wie möglich begonnen werden.

Was kann die Casa de Dom Inácio für eine Person im Endstadium tun, die nach irgendeiner Form von spiritueller Hilfe strebt?

Es wäre ratsam, dass eine befreundete Person der Wesenheit ein Foto oder einen persönlichen Gebrauchsgegenstand des/der Kranken mitbringt.

17. Behandlung außerhalb von Abadiânia

Behandelt Medium João außer in der Casa de Dom Inácio in Abadiânia auch anderswo?

Ja. Er behandelt in anderen Städten in anderen Staaten Brasiliens und sogar in anderen Ländern.

Wie werden die Hilfsmedien ausgewählt, wenn Medium João außerhalb von Abadiânia, sei es im Inland oder im Ausland, behandelt?

Diese Aufgabe obliegt der Verantwortung der Organisatoren der Behandlungen. Es gibt immer überall Medien. Außerdem lädt die Wesenheit im Verlauf der Behandlung der Wartereihen die medial veranlagten Personen ein, sich "in den Energiestrom" zu setzen, dass heißt, sie werden aufgefordert, bei der guten Entwicklung der durchgeführten Arbeiten zu helfen. Wenn der "Strom" aufgrund des qualitativen, nicht aber des quantitativen Mangels der Hilfsmedien schwach ist, wird der "Energiestrom" von Medium João "gehalten". Doch wenn dies vorkommt, verbraucht er sehr viel Energie, was eine längere Erholungszeit nach den Behandlungen notwendig macht.

Kann der Energiestrom so schwach sein, dass die spirituellen Behandlungen behindert werden?

Dies ist noch nie vorgekommen. Wie bereits bestätigt, verbraucht Medium João mehr Energie, wenn der Strom schwach ist, was eine längere Erholungszeit nach den Behandlungen erfordert.

Werden die spirituellen Behandlungen außerhalb von Abadiânia immer vollständig durchgeführt?

In der Regel ja. Doch in bestimmten Situationen kann die Wesenheit die behandelte Person auffordern, nach Abadiânia zu kommen.

Und wenn die Person nicht über die finanziellen Mittel verfügt, um die Reise- und Unterkunftskosten zu tragen?

Die Wesenheit weiß, ob die Person in der Lage ist, die Kosten zu tragen oder nicht. Der Autor hat schon gehört, wie die Wesenheit bei einer außerhalb von Abadiânia durchgeführten Behandlung sagte, dass die Person nicht über die Mittel verfüge, nach Abadiânia zu gehen. Deshalb wurde sie in jenem Moment spirituell operiert.

Die Behandlungen in Abadiânia sind kostenlos. Und außerhalb von Abadiânia?

In Brasilien sind sie auch außerhalb von Abadiânia immer kostenlos. Im Ausland hängt es von den Organisatoren ab. Die Kosten für die Reise, die Unterkunft und Verpflegung des Mediums João und seines Teams sind beträchtlich. Auch gibt es weitere Kosten. Normalerweise berechnen die Organisatoren die Teilnahme, um die Kosten zu decken. Dies bringt keinen Gewinn und der kommerzielle Aspekt darf auch nicht der Hauptgrund für die Behandlungen sein.

Gibt es Regeln für die Behandlungen im Ausland?

Ja, es gibt allgemeine Regeln. Doch das letzte Wort hat immer Medium João. Es ist bekannt, dass es nur dann Behandlungen im Ausland gibt, wenn eine spirituelle Erlaubnis vorliegt.

18. Konkrete Fälle von Spiritueller Heilung

Was ist das angewandte Kriterium für die Aufzeichnung und die Veröffentlichung der vierzig konkreten bestätigten Fälle von Spiritueller Heilung?

Zu Beginn war es notwendig, die Fälle einer größeren Zahl von begünstigten Personen zu dokumentieren und dabei die physischen und psychischen Krankheiten abzudecken. Dann kam der Gedanke auf, die Heilungen auf Basis der verschiedenen Krankheiten aufzulisten: Krebs, degenerative Krankheiten, Hepatitis, Leukämie, Diabetes, Herzjagen, Parkinson-Krankheit, Alzheimer-Krankheit, Angina, Syphilis, Lähmungen, Allergien, Pneumonie, existentielle Probleme und andere unbekannte Krankheiten. Doch die Namen der Krankheiten erfordern medizinische Kenntnisse und der Autor hat diesbezüglich keine Kenntnisse; so liefe er Gefahr, Fehler zu machen. Abweichend von der Idee der Krankheitsnamen, dachte der Autor daran, die Krankheiten nach dem Ort ihres Auftretens aufzulisten: Gesicht, Augen, Mund, Hals, Wirbelsäule, Herz, Leber, Milz, Kehlkopf, Lungen, Magen, Nieren, Haut, Blut, Prostata, Arme, Beine, etc. Auch versuchte der Autor zu berücksichtigen, ob es sich um Ausländer oder Brasilianer, um Männer oder Frauen, mit höherer oder geringerer kultureller Bildung, etc. handelt. Anfänglich waren es hundert zu selektierende und veröffentlichende Fälle.

Eines Tages sagte die Wesenheit zum Autor, er sollte sich nicht um eine größere Zahl von Aufzeichnungen kümmern, eine Auswahl von zwanzig bis vierzig von Spiritueller Heilung begünstigten Personen sei ausreichend. Von da an hielt sich der Autor an vierzig ausgewählte Personen. Er verwarf die Idee einer Auswahl anhand des Geschlechtes, der Nationalität, des Alters, des Familienstandes, der Namen der Krankheiten, der Körperregionen, des Bildungsgrades, etc. Er zeichnete die konkreten Fälle auf und hat sie nach den Namen der begünstigten Personen alphabetisch geordnet.[59]

Und was waren die Kriterien für den Ausschluss einiger spirituell geheilter Personen aus der Aufzeichnung?

Obwohl der Autor notariell beglaubigte Erklärungen der von Spirituellen Heilungen begünstigten Personen hatte, schloss er folgende aus der Veröffentlichung aus:

a) Ärzte: um die zahlreichen Ärzte, welche die Casa de Dom Inácio regelmäßig besuchen und/oder Spirituelle Heilung erfahren haben, zu schützen und zu verhindern, dass sie von den entsprechenden Regionalräten der Medizin aufgrund von angenommener Verletzung der Ethik befragt werden.
b) Künstler, Politiker und andere Autoritäten: Denn die Veröffentlichung ihrer Namen könnte zu ernsten Unannehmlichkeiten führen.
c) Kinder: Da sie keine notarielle Erlaubnis geben können. Die einbezogenen Fälle wurden von der Wesenheit empfohlen und die Erlaubnis wurde von den Eltern erteilt.
d) Schwangere Frauen, die von der konventionellen Medizin als unfruchtbar erachtet wurden, da die Veröffentlichung zukünftige Probleme für das Kind mit sich bringen könnte;
e) Fernheilungen: Da es weder zu persönlichem Kontakt, noch einem Besuch in der Casa de Dom Inácio gekommen ist;
f) Fälle von Besessenheit: Unter Beachtung der möglichen Unannehmlichkeiten für die begünstigte Person.
g) Aidskranke: Die Empfehlung der Wesenheit befolgend. Die einfache Tatsache, dass bestätigt würde, dass sie an der Krankheit gelitten haben und davon geheilt wurden, wäre ein möglicher Grund, dass andere sich von diesen Personen abwenden. Es sei jedoch erwähnt, dass verschiedene geheilte Personen bereit gewesen waren, eine Erklärung abzugeben und einer Erwähnung ihres Namens im Buch zugestimmt hatten.
h) Alle Personen, die daran gezweifelt haben, eine Erlaubnis für die Veröffentlichung zu erteilen.

Aus welchem Grund wurde die Auswahl von Personen mit höherem Bildungsniveau nicht vorgezogen, um folgerichtige Kommentare über die Tatsache auszuschließen, dass einfachere Menschen leichter zu beeinflussen sind?

Alle Menschen sind gleich. Krankheiten wählen weder Geschlecht, Alter, Nationalität, Hautfarbe, soziale Lage, noch Bildungsniveau. Jeder Art von Diskriminierung ist zu verachten.

Gab es Schwierigkeiten bei der Auswahl der konkreten Fälle?

Es gab normale Schwierigkeiten aufgrund der großen Anzahl von befragten Personen.

Wie viele von Spirituellen Heilungen begünstigte Personen wurden befragt?

---

[59] Lediglich der vorletzte und letzte Fall stehen nicht in der alphabetischen Ordnung.

Ungefähr dreihundert, zusätzlich zu jenen, welche eine notariell beurkundete Erklärung abgegeben haben, und jenen, welche ihre erreichten Resultate schriftlich eingereicht haben.

Wurden alle in den konkreten Fällen angegebenen Personen tatsächlich geheilt?

Der Bericht stammt jeweils von der Person selbst, so dass der Leser ohne irgendeinen Einfluss von Dritten seine persönlichen Schlüsse ziehen kann. Natürlich kann es zu Rückfällen kommen, ebenso wie eine andere Krankheit auftauchen kann.

Kann der Name, die durchgeführte spirituelle Behandlung und die erfahrene Heilung ohne Zustimmung der Person aufgeführt werden?

Nach brasilianischem Recht muss die Privatsphäre und das Ansehen des Bürgers respektiert werden. Die Heilungsgeschichte einer Person darf ohne deren Erlaubnis weder veröffentlicht werden, noch darf die Person zu erkennen gegeben werden. Deshalb wurde über die mündliche Genehmigung hinaus, eine schriftliche eingefordert. Jede ausgewählte Person hat eine notariell beurkundete Erklärung abgegeben, in welcher persönliche Identität, Gesundheitsprobleme, durchgeführte Behandlung, erreichtes Ergebnis und das Ausstellungsdatum angegeben sind.

Einige Menschen haben spontan an die Casa geschrieben und über ihre erfahrenen Heilungen berichtet. Auf Anfrage haben sie der Veröffentlichung der Heilungsgeschichte zugestimmt. Sofern nötig, wurden für die mündlichen Erklärungen Dolmetscher und für die schriftlichen Informationen Übersetzer eingesetzt.

Was für konkrete Fälle von Spirituellen Heilungen können genannt werden?

Nur als eine kleine Auswahl können die nachfolgenden erwähnt werden. An dieser Stelle sei nochmals klargestellt, dass der Autor versucht hat, den von den befragten Personen verwendeten Wortlaut beizubehalten, ohne sich um die Richtigkeit der angewendeten Fachausdrücke zu kümmern.
Auch sei klargestellt, dass die Adressen der begünstigten Personen zu dem Zeitpunkt der Abgabe der Erklärung angegeben wurden. So kann es vorkommen, dass es danach zu Änderungen der Anschriften gekommen ist.

ÂNGELA MONNERAT HABERFELD

Brasilianerin, verheiratet, Systemanalytikerin, CI-Nr. 1.734.825 - IFP/RJ, CPF-Nr. 465.939.187-68, wohnhaft in SGAN 914, Módulo H, Bloco D, Apto. 234, Brasília (Districto Federal).

Gesundheitliche Probleme - Krebs der Eierstöcke. Ich habe vor einiger Zeit Operationen machen lassen. Der Gynäkologe hat das von Krebs befallene Gewebe entfernt und hat den Teil gelassen, der von einem Proktologist (Spezialist für Erkrankungen des Mastdarms, Anm. der Übersetzerin) entfernt werden müsste, da er tief im Bauch lag. Hat vor Beginn der Chemotherapie (sechs Sitzungen) eine Tomographie machen lassen. Die Ärztin hat Chemotherapie empfohlen, um den

Tumor zu verkleinern oder zu zerstören und somit die zweite Operation zu erleichtern oder überflüssig zu machen.

Durchgeführte Behandlung - Durch Freunde habe ich von der Existenz der Casa de Dom Inácio erfahren. Ich bin nach Abadiânia gegangen und die Wesenheit hat mir nur Passiflora verschrieben (vier Gläser). Nach vierzig Tagen bin ich wieder in die Casa de Dom Inácio gegangen und habe weitere Medikamente bekommen. Vierzig Tage danach wurde am Tag der Chemotherapie eine Ultraschalluntersuchung durchgeführt, welche das Fortbestehen der Gewebemasse, die beim ersten chirurgischen Eingriff zurückgeblieben war, anzeigte. Ich ging wieder zur Casa de Dom Inácio. Die Wesenheit sagte, es ging mir gut und verschrieb mir weitere vier Gläser Passiflora. Ich nahm die Medizin, und als ich die Operation machen ließ, stellte der Proktologist fest, dass die in der Tomographie sichtbare Gewebemasse nicht existierte. Der Arzt verstand nicht, wie das Gewebe in der Tomographie sichtbar und beim Eingriff an der Stelle nichts vorhanden sein konnte. Dann rief er andere Ärzte hinzu, um das Unerklärliche zu überprüfen. Als ich in die Casa de Dom Inácio zurückkehrte, erklärte mich die Wesenheit für geheilt.

Ergebnis - Ich habe kürzlich Untersuchungen machen lassen und kein Krebs wurde festgestellt. Ich bin geheilt und gehe aus Dankbarkeit in die Casa, da ich mich dort wohl fühle, und um Freundinnen mit gesundheitlichen Problemen hinzubringen.

ANGELIM DA COSTA FARIA

Brasilianer, verheiratet, Händler, geboren am 25. Februar 1966, RG Nr. 358.404 - SSP/MT, CIC Nr. 415.696.361-68, wohnhaft in der Rua Arinos, n. 894, centro, Colíder (MT).

Gesundheitliche Probleme - Vor Jahren spürte ich den Beginn der Krankheit. Diese begann mit der Verdunklung der Sicht, was mich motivierte, einen Augenarzt in Sinop (Mato Grosso) aufzusuchen, welcher mich an einen neurologischen Arzt in der Stadt Cáceres (Mato Grosso) überwies. Dieser hatte zuvor eine Operation durchgeführt, bei der rechts eine Klappe zur Ableitung von der Herzkammer eingesetzt worden war. Dieser neurologische Arzt überwies mich angesichts des Verdachtes, es könnte etwas mit der Herzklappe zu tun haben, in die Stadt Cuiabá (Mato Grosso), um dort eine Computertomographie des Kopfes machen zu lassen. Es wurde nichts Anormales festgestellt. Als ich wieder nach Cáceres zurückkam und dem Arzt die Tomographie zeigte, bat er mich zwei Wochen zur Beobachtung zu bleiben, da meine Sicht noch immer verdunkelt war. Es wurde jedoch nichts Anormales beobachtet. Dann bat er mich, für weitere Untersuchungen wieder zum Augenarzt zu gehen. Vor diesen Untersuchungen bekam ich starke Kopfschmerzen und fiel in ein leichtes Koma, weshalb ich nach Cuiabá gebracht und dort ins Krankenhaus eingewiesen wurde. Erneute Untersuchungen ergaben wieder nichts Ungewöhnliches. Da mein Gesundheitszustand ziemlich kritisch war, wollte der Arzt, ohne sicher zu wissen, was das Problem war, dass ich mich einer erneuten Operation unterziehe, um die Herzklappe auszutauschen. Der Arzt, der die Herzklappe implantiert hatte, empfahl meiner Familie, keinen erneuten chirurgischen Eingriff machen zu lassen. Der vorherige Arzt sagte, dass nichts getan werden könne und empfahl eine fortschrittlichere Behandlung in São Paulo zu versuchen. Da ich in São Paulo keinen freien Platz bekam, ging ich nach Vitória (Espírito Santo), wo meine Verwandten wohnen. Als eine erneute Computertomographie meines Kopfes gemacht wurde, bestätigte sich der Eindruck der Anzeichen einer Rückbildung des Gehirns. Unter ärztlicher Fürsorge kam es zu keiner Besserung und ich kehrte nach Colíder zurück, wo ich wohne. Nach drei Monaten begann ich, schon fast tot, mich zu übergeben und wurde von Verwandten nach Cuiabá gebracht. Es wurde eine erneute Tomographie gemacht und wieder nichts festgestellt.

Durchgeführte Behandlung - Meine Frau erfuhr durch den Onkel, der in Vitória wohnt, von einem Heiler in der Stadt Abadiânia. Sie ging in die Casa de Dom Inácio und nahm nur ein Foto von mir mit. Sie blieb auf Empfehlung der Wesenheit Dr. Augusto zwei Wochen in Abadiânia. Als sie wieder nach Hause kam, fühlte sie beim Erreichen der Zimmertür, dass etwas Wunderbares sich ereignet hatte, denn ich sah sie an und lächelte, woraufhin sie zu mir rannte und mich umarmte. Auch mir gelang es, sie zu umarmen. Nach dieser offensichtlichen Besserung kehrte meine Frau im Abstand von jeweils dreißig Tagen fünf weitere Male in die Casa de Dom Inácio zurück, und jedes Mal, wenn sie wieder nach Hause kam, ging es mir besser; ich fuhr mit dem Bus hin. Ich bin weitere Male auf eigene Verantwortung in die Casa de Dom Inácio gegangen.
Ergebnis - Seit dem ersten Mal, dass meine Frau in die Casa de Dom Inácio gegangen ist, war ich nicht mehr beim Arzt. Ich habe nichts mehr gespürt und genieße meinen perfekten Gesundheitszustand. Ich bin gesund, wiege sechsundsiebzig Kilo, bin viel zu Fuß oder mit dem Fahrrad unterwegs und folge den Empfehlungen der Wesenheit Dr. Augusto.

ANTÔNIO FERNANDES GALVÃO

Brasilianer, Staatlicher Öffentlicher Angestellter, pensioniert, geboren am 9. November 1941, RG Nr. 1657235468363-SSP/SP, CPF Nr. 010.345.961-87, wohnhaft in der Rua GB-36, Qd. 60, Lt. 21-A, Jardim Guanabara III, Goiânia (Goiás).

Gesundheitliche Probleme - Ich erlitt vor Jahren eine linksseitige Gesichtslähmung. Als ich morgens aufstand, um mir die Zähne zu putzen, bemerkte ich, dass meine linke Gesichtshälfte schief war und ebenso wie mein Mund zitterte; es gelang mir nicht, mein linkes Auge oder das Augenlid willentlich zu bewegen. Deshalb ging ich zum Ärztlichen Dienst von Monte Alegre (Goiás) und wurde dort von einer Ärztin untersucht, die mir empfahl nach Goiânia (Goiás) zu gehen, um dort genauer untersucht zu werden. Dennoch beschloss ich, in die Stadt Campos Belos (Goiás) zu gehen, das fünfunddreißig Kilometer von Monte Alegre entfernt liegt und wo es ein Krankenhaus gibt, denn es handelt sich um eine größere Stadt. Ich ließ ein Elektrokardiogramm machen, welches bestätigte, dass die Zuleitungsvene zum Herzen blockiert war. Es wurden einige Medikamente verordnet und ich blieb für den Notfall zur Beobachtung in der Stadt. Dann wurde mir erklärt, dass es notwendig sein würde, im Anschluss eine Physiotherapie zu machen, denn mein Gesicht blieb deformiert. Ich blieb einige Tage in jener Stadt, doch es ging mir von Tag zu Tag schlechter.

Durchgeführte Behandlung - Da ich schon Jahre zuvor in der Casa de Dom Inácio von fürchterlichen Kopfschmerzen geheilt worden war, beschloss ich, nach Abadiânia zu gehen. Bei der ersten Konsultation, sagte mir die Wesenheit Dr. Augusto durch Medium João Teixeira, dass eine Operation notwendig sei. Am selben

Tag wurde ich nachmittags einer unsichtbaren Operation unterzogen und es wurden drei Fläschchen Tabletten verschrieben.

Ergebnis - Nach dieser Operation fühlte ich sofort, dass es mir schon besser ging und ich ging in mein Hotel zurück. Als ich dort ankam bemerkte ich, dass mein linkes Auge zwinkerte und mein Gesicht wieder normal wurde. Ich suchte Neurologen und Kardiologen auf, ließ ein EKG, sowie Blutuntersuchungen machen. Als bestätigt wurde, dass es nichts Ungewöhnliches gab, beschloss der Neurologe, dass ich vollständig geheilt sei und dass weder EEG, noch Röntgenaufnahmen des Kopfes gemacht werden mussten.

ANTÔNIO FERNANDO DE SOUZA CALMON FILHO

Brasilianer, verheiratet, Händler, geboren am 26. April 1969, RG Nr. 2903494-SSP/PE, CPF Nr. 611.825.164-91, wohnhaft in der Rua Aristarco Lopes, n. 900, Apto. 403, Petrolina (Pernambuca).
Gesundheitliche Probleme - Ich bin der Vater von Maria Fernanda Barros e Silva Calmon, geboren am 19. März 2000, gemäß der vom Notariat des Meldeamtes von Salvador (Bahia) ausgestellten Geburtsurkunde (Buch A-393, S. 78, Punkt 137077). Sie hatte eine Schädigung des ersten Halswirbels (C-1), deren Ursache von der konventionellen Medizin nicht diagnostiziert wurde. Diese Krankheit hinderte sie daran, den Kopf zu drehen und sogar zu laufen, denn sie verlor das Gleichgewicht. Die Ärzte informierten uns darüber, dass die Verletzung des C-1 mit einem normalen Leben unverträglich sei, und dass es keine Heilung gäbe. Sie informierten auch darüber, dass sie keinen einzigen Fall der Heilung in der medizinischen Literatur kannten, und dass sie, falls es zu einer Heilung käme, diese gerne in einer medizinischen Fachzeitschrift veröffentlichen würden. Von Beginn des Problems bis zur Feststellung der Verletzung, wurde die Krankheit von den Ärzten lediglich als steifer Hals diagnostiziert. Der vierzehnte Arzt stellte die Wirbelverletzung des C-1 fest, obwohl auch er die Ursache nicht wusste. Es ist angebracht klarzustellen, dass die Krankheit im Alter von einem Jahr und zehn Monaten bei meiner Tochter auftauchte, die vollständig gesund gewesen war. Dennoch wachte sie eines Morgens auf und konnte ihren Hals nicht mehr bewegen.

Durchgeführte Behandlung - Meine Tochter wurde einer spirituellen Operation durch die Wesenheit Dr. Augusto de Almeida unterzogen und setzte die Behandlung noch einige Zeit danach fort.

Ergebnis - Mit zwei Jahren und sechs Monaten war meine Tochter nach der Behandlung in der Casa de Dom Inácio vollständig wiederhergestellt, bestätigt wurde dies vom Hospital Santa Catarina in der Avenida Paulista, n. 200, São Paulo.

ARTHUR HENRIQUE RIOS DOS SANTOS

Brasilianer, geschieden, Maurer, wohnhaft in der Rua Castelo Branco, n. 2.280, Apto. 104, Vila Velha (Espírito Santo).

Gesundheitliche Probleme - Vor Jahren hatte ich in Sydney, New South Wales, Australien, einen Arbeitsunfall, während ich dort als Maurer arbeitete. Ein Block mit achtzig gebundenen Ziegelsteinen, der 120 Kilo wog, fiel auf mein linkes Bein und quetschte Nerven und Gelenke. Eine Drainage musste gelegt werden. Von da an hat sich mein Leben komplett verändert. Ich wurde in Australien, einem Land der ersten Welt, sechs chirurgischen Operationen unterzogen und es hat nichts gebracht. Ich hatte starke Schmerzen und Schwellungen. Eines Tages erhielt ich eine Nadelanwendung im Lendenbereich, um den Schmerz zu Lindern. Da es zu keiner Besserung kam, hatte ich schon zwei weitere Operationstermine festgelegt. Ich benutzte Stock und Knöchelstütze, um den Schmerz, der durch die Bewegung des Fußknöchels hervorgerufen wurde, zu vermindern, was es unmöglich machte, Schuhe zu tragen, so dass ich Sandalen tragen musste.

Durchgeführte Behandlung - Als ich von der Casa de Dom Inácio erfuhr, reiste ich nach Abadiânia. Bei der ersten Konsultation wurde mein Knöchel untersucht und es wurden einige Medikamente verordnet, sowie die Empfehlung gegeben, weitere fünf Male an diesen Ort zu kommen. Zuhause, als ich schon die Medizin einnahm, wurde ich des Nachts als ich schlief, von einer weiblichen Wesenheit unsichtbar operiert. Ich fand im Traum heraus, dass es sich um "Schwester Scheila" handelte, und mir wurde von diesem Geistwesen gesagt, ich bräuchte mich nicht zu beunruhigen, denn ich hatte starke Schmerzen und weinte ziemlich. Beim zweiten Mal, das ich in die Casa de Dom Inácio ging, wurde ich erneut einer chirurgischen Operation der unsichtbaren Art unterzogen, und die Wesenheit nahm den Stock weg. Danach ging ich drei weitere Male hin, so wie mir empfohlen worden war.

Ergebnis - Ich bin vollständig geheilt worden und habe danach angefangen, täglich vierzehn Kilometer zu Fuß zu gehen, ohne etwas Ungewöhnliches zu spüren.

BENNO HORST

Brasilianer, verheiratet, pensioniert, geboren am 17. Oktober 1924, RG Nr. 1070188709-SSP/RS, CPF Nr. 122.203.610-04, wohnhaft in der Rua 03 de Outobro,Nr. 47, Bairro Languiru, Teotônia (Rio Sul).

Gesundheitliche Probleme - Vor einigen Jahren tauchte im Kieferbereich auf meiner rechten Wange ein kleiner Fleck auf. Dieser tat nicht weh. Dennoch wuchs er ziemlich schnell und rief Verformungen in meinem Gesicht hervor. Ein bösartiger Tumor wurde diagnostiziert.

Durchgeführte Behandlung - Ich suchte die Casa de Dom Inácio mehrere Male auf und nahm die Medizin wie angegeben ein. Bei einer der Konsultationen schickte mich die Wesenheit, einen Arzt bei mir zuhause aufzusuchen, denn ich sei geheilt. In Teotônia, meiner Stadt, wurde ich zwei Operationen unterzogen: die erste, um das bösartige Geschwür zu entfernen, und die zweite als plastische Chirurgie. Ich spürte bei keiner der Operationen Schmerzen.

Ergebnis - Ich ging aus reiner Dankbarkeit einige Male zur Casa de Dom Inácio zurück, denn ich bin vollständig geheilt.

BIANCA PAOLA CASSEL

Brasilianerin, ledig, Studentin, geboren am 7. Juni 1980, wohnhaft in der Rua XV Novembro, n. 3164, Santo Ângelo (Rio Sul).

Gesundheitliche Probleme - Im Alter von zwei Jahren verlor ich mein Augenlicht und war bis ich vier Jahre alt war blind. Als ich mein Augenlicht verloren hatte, war ich nach Belo Horizonte (Minas Gerais) gebracht und in die Augenklinik des Instituto Ilton Rocha eingewiesen worden, wo es zu keinem einzigen guten Ergebnis kam.

Durchgeführte Behandlung - Mit vier Jahren wurde ich in die Casa de Dom Inácio gebracht. Am zweiten Tag in der Casa de Dom Inácio begann ich zu sehen. Die Behandlung dauerte bis in das Jahr 2000.

Ergebnis - Seit dem zweiten Behandlungstag in der Casa de Dom Inácio kann ich wieder sehen und dies hat sich bis zum Tag der Abgabe dieser Erklärung nicht geändert.

Beobachtung: Wegen des jungen Alters wurde die Erklärung mit Unterstützung der Mutter gemacht.

CARLOS ALBERTO DA SILVA BANHO

Brasilianer, verheiratet, pensioniert, RG Nr. M-463.932, SSP/MG, CPF Nr. 090.567.426-04, wohnhaft in der SQN 314, Bl. F, Apto. 110, Brasília (Districto Federal).

Gesundheitliche Probleme - Bei spezifischen Untersuchungen wurde festgestellt, dass ich an einer Hepatitis C litt. Bei einer Biopsie war das Ergebnis: "Aktive Chronische Lobuläre Hepatitis". Die ärztliche Empfehlung lautete: mich entweder der einzig möglichen Behandlung für Hepatitis C auf Basis von Interferon anzuvertrauen, einer teuren Droge mit fast unerträglichen Nebenwirkungen und einer Heilungschance von lediglich dreißig bis vierzig Prozent zu unterziehen, oder mit der Krankheit zu leben, in der Erwartung, dass sie einen langsamen Verlauf nimmt, und eine wirksamere Droge für meinen Fall gefunden wird. Als ich die Behandlung mit Interferon begann, ertrug ich die Nebenwirkungen nicht und setzte die Behandlung nach einigen Monaten ab.

Durchgeführte Behandlung - Auf Bitten meiner Mutter, die schon von einem Wirbelsäulenleiden geheilt worden war, suchte ich die Casa de Dom Inácio auf. Ich wurde einer langen Behandlung unterzogen, nahm die bestimmten Medikamente ein und hielt die von der Wesenheit verordnete Diät ein. Nach zwei Jahren zeigten die durchgeführten Untersuchungen bereits Werte, die unter den Referenzwerten lagen. Ich setzte die spirituelle Behandlung fort.

Ergebnis - Bei den von der Wesenheit erbetenen Untersuchungen lagen die Laborwerte unter den Referenzwerten. Die von einem Spezialisten durchgeführte Ultraschall-Untersuchung des Oberbauches, ergab folgende Diagnose: "Homogene Leber, Normalvolumen. Die suprahepatischen Gänge und das Veneneintrittssystem (welches 11,9 mm misst) haben normale Größe. Es gibt keinen Nachweis für eine

Vergrößerung der infra- oder extra-hepatischen Gallenwege". Schlussfolgerung: echografische Untersuchung ohne Nachweis von Anormalität.

CORINNA GLOCKENMEIER

Deutsche, verheiratet, Heilpraktikeranwärterin, geb. am 28.05.1967 in Hannover, Reisepass-Nr. 1429068039, ausgestellt in Vienenburg, wohnhaft in Deutschland, Friedrich-Rese-Str. 14 in 38690 Vienenburg

Gesundheitliche Probleme - Im Jahr 1992 wurden bei mir nach einem Asienaufenthalt Zysten in Leber und Nieren per Ultraschall diagnostiziert und vermessen. Im Laufe der Jahre vermehrten und vergrößerten sich diese vor allem in der Leber, so dass bereits ein starkes Spannungsgefühl in der Leberkapsel einsetzte, von schulmedizinischer Seite jedoch keinerlei Heilungsbehandlung gegeben werden konnte. Es wurde mir eine Lebertransplantation und eventuelle spätere Dialysebehandlung in wahrscheinliche Aussicht gestellt. Hinzu kamen 2001 ein Gefühl der Muskelschwäche in den Beinen, entstanden durch einen nicht nachweisbaren Impfschaden eines auf Quecksilber konservierten Impfstoffes.
Durchgeführte Behandlungen – 2003 wurde ich erstmals in der Casa de Dom Inacio einer spirituellen Operation unterzogen, nachdem ich innerlich fühlte, dass eine Heilung nur von Gott kommen konnte und ich so den Weg zu Joao de Deus fand. Bereits nach der ersten Operation, bei der ich spürbare Stiche in meiner Leber fühlte, war ein erhebliches Druckgefühl verschwunden. Es folgten weitere Reisen in die Casa, obwohl mir durch Medium Joao nie gesagt wurde, wie oft ich kommen müsste, um geheilt zu werden. Die weiteren Behandlungen durch Meditation, Wasserfall und neue Operationen befreiten mich Stück für Stück von alten Ängsten und energetischen Blockaden, die zu „meinem" Krankheitsbild beigetragen haben. Die sichtbare Präsenz der geistigen Wesenheiten ist überall erfahrbar, und so bekam ich eine sichtbare Operation, während ich am Wasserfall wartete oder auch in meinem Bett in der Pousada, wo sich spürbar „geistige Hände" an meinem Bauch zu schaffen machten. All diese Begegnungen waren immer begleitet von einer tiefen Verbundenheit und Liebe. Es hat mich in das tiefe Vertrauen gebracht, dass es sich bei der Casa de Dom Inacio tatsächlich um ein spirituelles Krankenhaus handelt, das jedoch auf ganz anderen Ebenen ansetzt und behandelt, als wir es in der westlichen Welt kennen.

Ergebnis – Nach meiner dritten Reise sagten mir die Wesenheiten, dass ich nun keine Operation mehr benötige und auch keinerlei konventionelle Ärzte bezüglich Leber und Nieren. An meinem Körper spürte ich die Heilung und mein Vertrauen in die Arbeit der Wesenheiten hat mir bisher keinen Grund gegeben, mich zu weiteren ärztlichen Untersuchungen anzumelden. Meine Muskelkraft ist komplett wieder hergestellt und wo ich ursprünglich mit dem Taxi zum Cachoeira Wasserfall fahren musste, laufe ich jetzt voller Dankbarkeit und Bewusstsein jeden Schritt in großer Liebe zu Gott in Verbindung mit Allem-Was-Ist in meinem Herzen. Viel bedeutender als die körperliche Heilung ist aber die spirituelle Erkenntnis, dass Gott die einzige Realität ist und dass jeder Einzelne von uns aus dieser Liebe geschaffen und eine unsterbliche Seele ist, die hier auf der Erde ihre Erfahrungen in der Dualität macht.

DOUM BOUYA FODE

Schweizer, verheiratet, Angestellter der UNO, Pass-Nr. 9205973, geboren am 24. September 1953, wohnhaft in 16 ch, de Tremessaz 1222, Vesenaz, Genf, Schweiz.

Gesundheitliche Probleme - Pneumonie, die im Jahr 1968 in Afrika begann. Man schickte mich in die Schweiz, ich nahm fünfundzwanzig Jahre lang Medikamente ohne ein Ergebnis zu erreichen.

Durchgeführte Behandlung - Ich hatte eines Tages etwas über Abadiânia im Fernsehen gesehen. Also beschloss ich, es zu versuchen und nahm den ersten Flug. Ich ging in die Casa de Dom Inácio, sah Herrn João, nahm Passiflora, wurde innerhalb von zwei Wochen zwei Operationen unterzogen.

Ergebnis - Nachdem ich die Medizin eingenommen hatte, ging ich zum Arzt. Es wurde eine Röntgenaufnahme gemacht und die Ärzte stellten fest, dass meine Lunge sich wundersamer Weise gebessert hatte. Sie verglichen das neue Röntgenbild mit dem alten und konnten nicht verstehen, wie dies geschehen konnte. Sie fragten mich, was ich getan hätte. Ich sagte ihnen, dass sie, falls sie an Gott glaubten, mir nach Abadiânia folgen sollten. Heute bin ich von der Pneumonie geheilt. Ich bin sehr glücklich über Medium João und die Wesenheiten und die freiwilligen Helfer der Casa. Vielen Dank!

DERALDO MENGERN DE CASSER

Brasilianer, ledig, Maurer, RG Nr. 8038006246-SSP/RS, CIC Nr. 626.617.950-49, wohnhaft in der Rua Farol, esq. c/ Avenida Leme, 664, Osório (Rio Sul).

Gesundheitliche Probleme - Meine Krankheit begann sich zu zeigen, als ich stürzte und mit dem linken Bein auf den Boden aufschlug. Von jenem Tag an hatte ich schreckliche Schmerzen. Ich nahm ärztliche Behandlungen in Anspruch, zahlreiche Untersuchungen wurden durchgeführt, doch nichts konnte diagnostiziert werden. Die Schmerzen hielten an und das Leiden entwickelte sich zu dem, was später, als mein Bein eine deutliche Nekrose aufwies, als Osteomyelitis (Knochenmarkentzündung) diagnostiziert wurde. Die Ärzte präsentierten mir als einzige Lösung für mein Überleben, die Amputation des Beines.

Durchgeführte Behandlung - Ich erfuhr durch Bekannte von der Casa de Dom Inácio, beschloss, sie aufzusuchen und die spirituelle Behandlung zu beginnen. Ich blieb vier Tage in Abadiânia. Dann kehrte ich in meine Stadt zurück und setzte die Behandlung fort. Laut Empfehlung ging ich zur Nachuntersuchung wieder in die Casa de Dom Inácio.

Ergebnis - Als die Behandlung begonnen wurde, spürte ich bereits eine deutliche Besserung im Bein, ich ging in der Woche darauf wieder zur Arbeit und spürte im Bein nur noch einen schwachen Schmerz. Nach der Nachuntersuchung wurde ich entlassen und ging befreit wieder zu einem normalen Leben ohne weitere Schmerzen über.

ELIZABETZ BARBOSA

Brasilianerin, Reiseleiterin, geschieden, geboren am 5. Juni 1954, wohnhaft in Admiralengracht, 83 II, 1057ER, Amsterdam, Holland.

Gesundheitliche Probleme - Physische Gesundheitsprobleme hatte ich keine. Die Probleme waren mehr psychologischer Natur. Ich hatte starke Ängste und ein großes Bedürfnis, im Außen Glück zu suchen, statt in mir selbst.

Durchgeführte Behandlung - Ich bin Brasilianerin und wohne seit vielen Jahren in Holland. Als ich hörte, dass Medium João nach Deutschland käme, hatte ich das Bedürfnis, ihn dort zu treffen. Ich fügte mich in die Wartereihe und die Wesenheit lud mich ein, am "Strom" mitzuarbeiten. Eine starke Freude ergriff mich und ich spürte die Gegenwart Gottes, an welchen ich immer geglaubt hatte, der mir jedoch immer fern gewesen war. Ich hatte das Bedürfnis nach Abadiânia zu gehen, wo die Kontakte mit den Wesenheiten meinen Glauben stärkten. Da ich mehrere Sprachen spreche, wurde ich von den Organisatoren eingeladen, beim nächsten Besuch des Mediums João in Deutschland zu helfen.

Ergebnis - Was mit mir geschehen ist, ist wunderbar. Ich habe den inneren Frieden gefunden. Seit dem ersten Tag, an dem ich von der Wesenheit behandelt worden war, hat sich mein Leben komplett verändert. Ich habe auch meine Verbindung zu Gott wieder gefunden. In meinem Wesen war Er schon immer da, doch erst von jenem Tag an konnte ich Ihn wirklich fühlen, hören und lieben. Heute sind die Liebe, die Wohltätigkeit und das Licht Teil meines Lebens. Kein gesundheitliches Problem macht mir Sorgen, denn ich fühle, dass Gott mit mir ist.

ELSA BIQUES SEVERO

Brasilianerin, geschieden, pensioniert, wohnhaft im Setor 05, Qd. EE, Bloco 01, Apto. 301, Canoas Guajuviras (Rio Sul).

Gesundheitliche Probleme - Anfangs spürte ich Schmerzen in den Brüsten. Ich hatte Fieber und mit geschwollenen Brüsten beschloss ich zum Arzt zu gehen. Verschiedene Untersuchungen wurden erbeten, darunter Mammographien. Die Untersuchungen zeigten sehr verdächtige Ergebnisse und meine Ärztin war ziemlich beunruhigt.

Durchgeführte Behandlung - Ich wurde am selben Tag der Konsultation durch das inkorporierte Medium João einer unsichtbaren Operation unterzogen und erhielt danach Medikamente. Ich kehrte nach der Nachuntersuchung weiterhin in die Casa de Dom Inácio zurück und setzte die spirituelle Behandlung fort.

Ergebnis - Als auf Empfehlung der Wesenheit eine erneute Mammographie gemacht wurde, bestätigte sich, dass die verdächtigen Knoten sich vollständig aufgelöst hatten.

GEISON GABRIEL GROSS

Brasilianer, verheiratet, Mechaniker, CPF Nr. 608020490-87, wohnhaft in der Rua dos Andradas Nr. 997, centro, Campo Bom (Rio Sul).

Gesundheitliche Probleme - Akute myeloische Leukämie (AML-M2), vor einigen Jahren diagnostiziert.

Durchgeführte Behandlung - Vier Tage nach der Diagnostik, begann ich mit der ersten Chemotherapie-Sitzung. Nachdem einige weitere Tage vergangen waren, begann ich die Einnahme des Medikamentes und des Wassers aus der Casa de Dom Inácio. Die erste Chemotherapie-Behandlung führte zu keinen guten Ergebnissen. Beim zweiten Mal hatte ich eine Neurotizität, doch ohne Folgen, was nur selten vorkommt. Beim dritten und vierten Mal verlor ich sehr viel Gewicht, war sehr geschwächt, und die Chemotherapie führte wieder zu keinem guten Ergebnis. Bei der fünften Chemotherapie blieb ich längere Zeit im Krankenhaus und wurde an meinem Geburtstag, dem 11. August, entlassen. Ich beendete die Chemotherapie-Sitzungen und hatte danach noch 2 % kranke Zellen. Ich begann die ambulante Behandlung und nach zwei Monaten wurde eine Biopsie gemacht, wobei keine einzige kranke Zelle gefunden wurde. Kurz gesagt, bestand die durchgeführte Behandlung aus acht Monaten Chemotherapie und Behandlungen in der Casa de Dom Inácio, die wenige Monate dauerten.

Ergebnis - Nach der Behandlung fand die Medizin keine kranken Zellen mehr. In Rio Grande do Sul von Medium João behandelt, sagte mir die Wesenheit, dass ich schon geheilt sei, und keine Transplantation benötigte. Für die Medizin stehe ich immer noch auf der Warteliste der Organempfänger und habe auch schon einen Spender. Doch ich wurde noch nicht gerufen und werde dies auch nicht. Heute habe ich wenig weiße Blutkörperchen und Blutblättchen, habe die Krankheit jedoch nicht mehr. Es besteht eine Fibrose im Rückenmark, was das Aussenden dieser Blutkomponenten in den Körper verhindert.

GISELA CARIN MÜLLER

Deutsche, ledig, Krankenschwester, Pass-Nr. 500, ausgestellt in der Stadt Düsseldorf, Deutschland, wohnhaft in der Rua 2, Qd.-2, Lt. 09, Abadiânia (Goiás).

Gesundheitliche Probleme - Mein Problem begann vor über dreißig Jahren, als der Arzt ein "Adenokarzinom" diagnostizierte". Er gab mir noch drei Monate zu leben und wollte mein linkes Bein amputieren, doch ich sagte die Amputation ab und ließ mich mit Strahlentherapie behandeln. Ich hatte starke Schmerzen und konnte mich nur mit Krücken, Stöcken und im Rollstuhl fortbewegen. Aufgrund der Knochenschwäche wollten die Ärzte erneut mein Bein amputieren. Als ich schon in Abadiânia wohnte, stürzte ich schwer. Monate später hatte ich einen Durchbruch der Magenwand und wurde für einige Zeit in ein Krankenhaus eingewiesen.

Durchgeführte Behandlung - Ich erfuhr durch eine Freundin, die eine Spirituelle Heilung erfahren hatte, von der Casa de Dom Inácio und ging vor fünf Jahren das erste Mal nach Abadiânia. Während der Reise hatte ich kein einziges Mal Schmerzen. Als ich vor die Wesenheit trat und versuchte, mein Problem zu erklären, sagte sie, dass sie schon alles wisse. Ich wurde einer ersten spirituellen Operation unterzogen. Nach der zweiten Operation brauchte ich keine Krücken und keinen Rollstuhl mehr. Die Wesenheit sagte, ich solle nach drei Monaten wiederkommen. Ich kehrte nicht zu der vorgegebenen Zeit zurück, da ich Chefin zweier Unternehmen in Deutschland war und die Geschäfte nicht gut liefen. Das gesundheitliche Problem kehrte verstärkt zurück und ich musste wieder Krücken benutzen. Ich gab die Geschäfte auf und ging nach Abadiânia. Ich wurde wieder einer Operation unterzogen und die Krücken wurden weggenommen. Anfangs humpelte ich, doch es ging mir Stück für Stück besser, bis ich sogar Fahrrad fahren konnte. Aufgrund des erlittenen Sturzes begann ich über den Sinn des Lebens zu meditieren. Da es mir von Mal zu Mal besser ging, kehrte ich in die Casa de Dom Inácio zurück, um am "Strom" mitzuarbeiten. Als ich bettlägerig war, hatte mein Sohn die Wesenheit über meinen Gesundheitszustand befragt, woraufhin sie geantwortet hatte, dass sie sich bereits um mich kümmere. In der Tat wurde kein einziges Organ angegriffen, und die Untersuchungsergebnisse waren die bestmöglichen.

Ergebnis - Heute ist mein Körper wieder kräftig, und mein Bein ist fast geheilt. Ich habe fast keine Schmerzen mehr. Die Zeit der Behandlung der durchbrochenen Magenwand diente dazu, meinen Glauben in Gott zu festigen. Ich bin glücklich, voller Liebe und danke allen Wesenheiten der Casa de Dom Inácio und dem Medium João.

ILVE ANA GIORDANI CHIES

Brasilianerin, verheiratet, Hausfrau, RG Nr. 8037891242-SSP/RS, CPF Nr. 212.826.680-72, geboren am 21. September 1948, wohnhaft in der Rua Elisa Tramontina, 462, Centro, Carlos Barbosa (Rio Sul).

Gesundheitliche Probleme - Ich litt an einer Verschiebung der Wirbelsäule, im Volksmund als "Bandscheibenvorfall" bezeichnet, so wie an einer Abnutzung des siebten Wirbels. Aufgrund dessen hatte ich starke Schmerzen, die auch meine Augen betrafen. Ich konnte willentlich keine Gegenstände halten, denn ich hatte keine Kraft mehr in den Händen. Ich ließ eine ganze Palette von Untersuchungen durch verschiedene Ärzten machen, welche sagten, es handle sich um ein degeneratives Problem und käme vom Alter. Sie verschrieben mir lediglich Physiotherapie und Beruhigungsmittel. Die einzige Lösung für derlei Probleme sei laut einem der Ärzte, vielleicht eine sehr teure Operation, um einen neuen Wirbel einzusetzen. Außerdem hatte ich zahlreiche andere Probleme, besonders ästhetische, wie überstehende Zähne im Unterkiefer, was das Entfernen des mittleren Schneidezahnes, sowie eine Zahnspange und eine Anpassungszeit von drei Jahren erfordert hätte.

Durchgeführte Behandlung - Eines Tages sagte ein Bekannter, er mache in der Casa de Dom Inácio gerade eine Behandlung wegen eines Problems des Fußes, den er sich vor längerer Zeit gebrochen hatte. Neugierig erfuhr ich weiterhin, dass Medium João auch Fernheilungen durchführe und lediglich ein Foto der kranken Person ausreiche. Ich gab meinem Bekannten ein Foto. Nach einigen Tagen kam der Bekannte zurück und brachte mir einige Medikamente und das Foto zurück, auf dessen Rückseite ein X vermerkt worden war, was anzeigte, dass ich mich einer medialen Operation unterziehen müsse. Nachdem ich die verschriebenen Medikamente eingenommen hatte, ging ich in die Casa de Dom Inácio, wo ich mich der unsichtbaren Operation durch Medium João und die Wesenheiten Dr. Augusto de Almeida und Frau Dr. Scheilla unterzog. Ich spürte Anzeichen und Auswirkungen einer konventionellen Operation, wie Schmerzen, einen starken

Medikamentengeruch, Übelkeit, Schwäche, etc. Nach dem achten Tag spürte ich, wie die Wesenheiten in meinem Körper arbeiteten; sie entfernten die Fäden, und von da an haben sie nie mehr aufgehört, in meinem Körper zu arbeiten, verbesserten und heilten und verjüngten ihn laufend. Was den Unterkiefer angeht, habe ich den mittleren Schneidezahn ziehen lassen und benutze die empfohlene Zahnspange.

Ergebnis - Ich fühle, dass ich zu 98 % geheilt bin. Ich habe selten schwache Schmerzen, doch es reicht, gesegnetes Wasser zu trinken und eine Kompresse damit zu machen, damit der Schmerz auf der Stelle verschwindet. Ich sorge schon ganz normal und ohne Schwierigkeiten für mein Haus, mache körperliche Bewegungen, die zuvor unmöglich waren. Die vorgesehene Anpassung des Unterkiefers, welche langsam sein sollte, hat sich sehr schnell gezeigt. In ästhetischer Hinsicht, verschwinden noch immer Flecken von meinen Händen, meine Sicht und mein Gehör haben sich deutlich gebessert, Narben verschwinden, sowie auch die Unregelmäßigkeiten der Augenbrauen.

IRVANETE DA SILVA OLIVEIRA

Brasilianerin, verheiratet, Hausfrau, RG Nr. 09668197-8 SEPC-RJ, CPF Nr. 991.836.687-72, wohnhaft in der Rua 16, n. 64, Cruzeiro 2, Pinheiral (Rio Sul).

Gesundheitliche Probleme - Ich litt an einer Toxoplasmose und begann mein rechtes Augenlicht zu verlieren. Ich ließ mich von Ärzten in Rio de Janeiro behandeln, bekam Spritzen, doch es wurde nicht besser. Ich hatte Bauchschmerzen und Infektionen der Vagina. Ich suchte einen Arzt auf, der eine Ultraschalluntersuchung des Beckenbereiches anforderte, deren Ergebnisse waren: Eierstöcke rechts und links mit den Maßen 27x26x31 mm. Regulärer Umfang, gut definiert, homogene solide Gewebestruktur, gewöhnlich. Mit derlei Ergebnissen, sagte der Arzt, müsse er operieren, denn die Eileiter seien verstopft und er müsse die Eierstöcke entfernen; es bestand die Gefahr einer möglichen Schwangerschaft mit hohen Risiken.

Durchgeführte Behandlung - Als ich die Casa de Dom Inácio aufsuchte, wurde ich anfangs an den Augen operiert. Kurz darauf konnte ich Licht und Farben sehen. Die Wesenheit bat mich, weitere Male zur Nachuntersuchung wieder zu kommen. Vor der Nachuntersuchung tauchten die Probleme auf, die den Arzt zu der Entscheidung trieben, mich zu operieren. Ich ging wieder in die Casa de Dom Inácio und die Wesenheit, die mich morgens behandelte, entschied, mich am Nachmittag an den Eierstöcken und am anderen Auge zu operieren. Nachmittags legte die Wesenheit eine Hand auf meinen Bauch, und währenddessen operierte sie mit der anderen mein Auge mit einem Messer und sagte: "Ihr könnt sie wegbringen, denn die Tochter wurde operiert, auch an den Eierstöcken." Ich wurde in den Erholungsraum gebracht. Als ich aus der spirituellen Narkose erwachte, musste ich mich übergeben und wie im Delirium rief ich nach meiner Mutter und erbrach Blut. Doch alles lief gut. Nach vierzig Tagen, ging ich wieder zum Arzt in Rio de Janeiro und sagte, dass ich die Medikamente nicht mehr einnehmen würde, denn sie bekamen mir schlecht, und ich sei schon spirituell an den Eierstöcken operiert worden. Der Arzt lachte und glaubte nicht, was ich sagte. Er forderte eine erneute Ultraschalluntersuchung des Beckenbereiches an.

Ergebnis - Die durchgeführte Ultraschalluntersuchung ergab als Ergebnis nicht sichtbare Eierstöcke (chirurgisch). Der Arzt, der die Untersuchung durchführte erwähnte am Rande folgenden Satz: ID - Fehlen der Eierstöcke. Somit wurde die spirituelle Operation bestätigt.

JOANNIS STYLIANOS MYLONAS

Grieche, eingebürgerter Brasilianer, geboren in der Stadt Agrinion (Griechenland) am 23. November 1927, ledig, pensioniert, RG Nr. 068.694-SSP/DF, CPF Nr. 072.730.021-00, wohnhaft in SGAN, Qd. 913, Módulo F, Apto. 108, Associação dos Ex-Combatantes do Brasil, Asa Norte, Brasília (Distrito Federal).

Gesundheitliche Probleme - Vor ungefähr achtundzwanzig Jahren hatte ich eine Wunde an meiner Unterlippe nahe dem linken Mundwinkel. Sie war schon acht Jahre da und hatte mir viele Schmerzen bereitet, darüber hinaus öffnete sie sich regelmäßig wie eine Blume, brachte das Fleisch nach außen, sowie eine weiße Flüssigkeit. Ich ließ zahlreiche Untersuchungen von Ärzten in Brasília machen, welche alle unterschiedlicher Meinung waren, und verschiedene Salben und Medikamente verschrieben. Einige versicherten, dass es sich um eine unheilbare Krankheit handle, andere sagten es sei Syphilis oder Krebs. Ich gab viel Geld aus, doch kam es zu keiner Heilung. Im Gegenteil, mein Zustand verschlechterte sich mit dem Ausbreiten der Wunde. Zuletzt schämte ich mich wegen des manchmal unerträglichen schlechten Geruches, der aus der Wunde austrat, mich mit anderen Menschen zu unterhalten.
Durchgeführte Behandlung - Von einem Freund mitgenommen, wurde ich im Vorort Gama (Brasília) von einem schlanken, großen und jungen "Heiler" behandelt. Die Wesenheit, sagte mir durch das Medium, dass die Krankheit mit der Wurzel ausgerissen werden würde. Sie benutzte für die Operation eine kleine Schere ohne Spitzen: Sie führte sie recht nahe an die Wunde heran, ohne sie zu berühren, machte zwei Gesten, so als würde sie sie herausschneiden (operieren). Ich spürte nichts und glaubte auch nichts. Es war für mich unglaubwürdig, denn ich war von so vielen Ärzten, die renommierte Wissenschaftler waren, betrogen worden, und außerdem waren es ja nur zwei Gesten, welche simulierten, dass etwas entfernt wurde.

Ergebnis - Nachdem ungefähr sechs Tage vergangen waren, bildete sich eine Kruste auf der Wunde, die von selbst abfiel, und an der Stelle wuchs eine neue Haut nach; man betrachtete mich als vollständig geheilt. Von da an hatte ich nie wieder irgendwelche Schmerzen und mein Mund sah wieder normal aus. Auch jetzt noch zum Zeitpunkt der Abgabe dieser Erklärungen, ist es so als hätte ich nie etwas gehabt. Die Menschen, welche mich sehen, sind beeindruckt und wollen wissen, was ich getan habe, um mich von dieser Krankheit zu heilen.
Nach der unsichtbaren Operation habe ich nie wieder etwas von Senhor João Teixeira gehört, habe ihn erst jetzt wieder gefunden, und das aus reinem Zufall. Dies geschah, als ich für eine Gruppe Griechen, die nach Brasilien gekommen waren, um ihre gesundheitlichen Probleme behandeln zu lassen, als Dolmetscher arbeitete. Als diese Gruppe kam, wussten die Leute schon von den durch Senhor João durchgeführten Heilungen, denn sie hatten durch Veröffentlichungen im Ausland von ihnen erfahren. Ich wurde gebeten, die Gruppe zu begleiten, ohne zu wissen, dass ich sie zu Medium João Teixeira bringen würde, der mich zuvor geheilt hatte. Als wir

in Abadiânia in der Casa de Dom Inácio ankamen und ich Sr. João Teixeira sah, war ich beeindruckt, denn ich kannte ihn und seine medialen Fähigkeiten schon. Ich war sehr glücklich, ihn wieder zu treffen, denn ich war vor sehr langer Zeit durch ihn geheilt worden, zu einer Zeit, in welcher Gama, heute Vorort von Brasília, nur ein einfaches Dorf mit Holzgebäuden und ohne Infrastruktur war. Heute bin ich sehr glücklich, dass ich lebe, gesund und stark bin und aus überschäumender Freude und Dankbarkeit heraus handle. Ich wünsche Sr. João aus tiefstem Herzen sehr viel Kraft, Stärke und Vitalität, damit er noch lange Zeit kranke Menschen behandeln kann.

JOHN FRIESWIJK

Neuseeländer, aus Auckland stammend, Neuseeland, geboren am 29 März 1962, Pass-Nr. L937806, Visum ausgestellt von der Brasilianischen Botschaft in der Stadt Wellington, Hauptstadt Neuseelands mit der Nr. C-0528577, wohnhaft in der Cape Barrier Road, RD I, Great Barrier Island, Neuseeland.

Gesundheitliche Probleme - Vor einigen Jahren begannen sich die Zeichen einer schrecklichen Krankheit zu zeigen. Ich wachte an vielen Tagen mit Brechreiz auf. Ich hatte viele Termine bei meinem Arzt, nur um mir anzuhören, dass ich an einer Depression aufgrund meiner Arbeit und der traurigen Trennung von meiner Lebenspartnerin litt. Dann wurde eines Tages ein Gehirntumor diagnostiziert. Meine Familie und ich waren verzweifelt. Mein Arzt versicherte mir, dass dies der größte Gehirntumor sei, den er je gesehen habe. Ich wurde im Krankenhaus von Auckland einer schweren Operation unterzogen. Ich wurde später darüber informiert, dass ich während der Operation zwei Mal wieder belebt werden musste. Nach der Operation wurde ich sechs Wochen lang mit starken Radiotherapiedosierungen behandelt. Ich wurde von den mir verordneten Medikamenten sehr krank. Danach stagnierte der Tumor für einige Zeit. Ungefähr ein Jahr danach wurde mir bei einem meiner Besuche im Krankenhaus von Auckland mitgeteilt, dass mein Tumor wieder angefangen hatte zu wachsen, und dass ich, falls die Ärzte eine erneute Operation versuchen sollten, auf jeden Fall gelähmt werden oder sterben würde. Ich war am Boden zerstört und von dieser Nachricht überwältigt. Ich bat viele Krankenhäuser auf der ganzen Welt telefonisch um Hilfe. Ich hatte keinerlei Erfolg. Ich liebte es, zu tauchen, doch die Ärzte sagten mir, ich würde nie wieder tauchen können und würde innerhalb von drei Minuten sterben, sollte ich es versuchen.

Durchgeführte Behandlung - Durch einen Freund erfuhr ich von der Existenz der Casa de Dom Inácio. Dieser Freund gab mir eine Videokassette. Nachdem ich diese gesehen hatte, beschloss ich, nach Brasilien zu gehen und die Casa de Dom Inácio in Abadiânia aufzusuchen. Ich war damals ein sehr schwacher, kranker Mann. Ich erhielt meine erste Operation, und es war eine unglaubliche Sensation. Als ich die Wesenheit fragte, ob ich nach Abadiânia zurückkommen müsse, antwortete sie, dass ich zurückkommen würde, wenn ich bereit wäre. Ich kehrte zurück und erhielt die zweite Operation. Die Wesenheiten gaben einige Empfehlungen für meine Lebensweise und ich hielt diese ein: Termine auf dem Kristallbett, Sitzungen im spirituellen Wasserfall, Untertauchen im See, in welchen sich der Wasserfall ergießt, etc.

Ergebnis - Nach der ersten Operation konnte ich ohne Schmerzen hüpfen und normal gehen. Ich bin Gott zutiefst dankbar und bete dafür, dass ich ein besserer Mensch in dieser Welt sein kann.

Beobachtung - Diese Erklärung wurde im Notariat abgegeben und als Dolmetscher diente Sr. João Vasco Pinto Ramos, gebürtiger Angolaner, geboren am 9. November 1972, Student, Inhaber der Identitätsausweises eines Nationalen Bürgers, ausgestellt von der Republik Portugal, Nr. 9859616 am 18. Februar 2000 in Lissabon, wohnhaft in der Rua Vasco Santana, n. 04, Terceiro Distrito, Código Postal n. 26-85-245, Portela, Loures, Portugal.

JONY RINGO DA CONCEIÇÃO PEREIRA

Brasilianer, ledig, Student, geboren am 6. Oktober 1987, Sohn des José Pereira dos Santos und von Marlúcia Joana da Conceição Pereira, CI Nr. 2572817/SSP-DF, wohnhaft in QNO 16, Conjunto 37, Casa 9, Ceilânia Norte (Distrito Federal).

Gesundheitliche Probleme - Den Informationen meiner Mutter zufolge begannen meine gesundheitlichen Probleme im Alter von einem Jahr und fünf Monaten, als ich an einer Zyste am Ende der Wirbelsäule (Steißbein) operiert wurde. Es wurde eine Zyste von ca. einem halben Zentimeter Größe herausgenommen, und von da an hatte ich zahlreiche gesundheitliche Probleme, im Besonderen mit der Sicht, dem Gehör und mit Allergien. Meine Augen waren gelb, und ich konnte keinen Lärm ertragen. Ich hatte eine chronische Allergie, die sich besonders an den Augen zeigte. Außerdem waren meine Arme kürzer als normal. Viele Ärzte wurden konsultiert, ohne dass eine Heilung dieser diversen Probleme erreicht worden wäre. Trotz meines jungen Alters (ich war damals ungefähr neun Jahre alt), erinnere ich mich genau, dass bei einer Konsultation der Augenarzt zu meiner Mutter sagte, ich würde nicht größer als 1,30 m werden, dass ich niemals Kinder haben könne und dass ich nie ein normales Leben würde führen können. Der Augenarzt des Basiskrankenhauses von Brasília, welcher dem Ruf nach sehr qualifiziert und respektiert war, sagte zu meiner Mutter, dass es keine Heilung für meine Probleme mit den Augen gäbe: Ich würde blind werden. Der Arzt sagte auch zu meiner Mutter, dass sie, falls sie an Gott glaube, wir eine andere Art der Behandlung versuchen sollten, denn die Medizin könne nichts für mich tun.

Durchgeführte Behandlung - Meine Mutter besuchte regelmäßig die Casa de Dom Inácio wo sie von Epilepsie geheilt worden war. Manchmal nahm sie mich mit. Einmal, nachdem ich bereits von der Medizin aufgegeben worden war, wurde sie von Medium João behandelt. Er öffnete meine Augen und sah sie sich aufmerksam an. In diesem Moment flehte meine Mutter ihn an, mich zu heilen. Die Antwort lautete: "Ich habe ihn gerade zu Ende operiert, es wird ihm gut gehen."

Ergebnis - Seit jener Zeit ging es mir immer besser. Nach sieben Jahren konnte ich normal sehen, meine Arme und Beine haben die normale Länge, ich habe keine Allergien und besuche normalen Unterricht. Ich führe also ein normales Leben. Ich gehe weiter regelmäßig mit meiner Mutter und meinen Schwestern in die Casa de Dom Inácio, und jedes Mal bessert sich mein Gesundheitszustand noch.

Beobachtung: Diese Erklärungen wurden in Anwesenheit der Mutter (Marlúcia Joana da Coneição Pereira - CI-SSPDF Nr. 490.654) und zweier Schwestern gemacht, welche alles bestätigten.

JOSÉ SIQUEIRA BARROS

Brasilianer, gerichtlich geschieden, Veterinärmediziner, RG Nr. 01123571-0 IFP/RJ, CIC 240.604.297-91, wohnhaft in der Rua Itapiru, 155, Bl. Q, Apto. 108, Rio de Janeiro (RJ).

Gesundheitliche Probleme - Ich wurde in Rio de Janeiro einem chirurgischen Eingriff zur Revaskularisation des Herzens (Gefäßchirurgie zur Verbesserung der Durchblutung, Anm. der Übersetzerin) unterzogen. Nach der Operation erlitt ich einen Perikarderguss. Bei einer Punktion im militärischen Zentralkrankenhaus wurden annähernd achthundert Milliliter Flüssigkeit entfernt und ich erlitt einen erneuten Erguss, der durch eine radiographische Untersuchung und eine *Doppler*-EKG in der militärischen Poliklinik in Rio de Janeiro diagnostiziert wurde. Ich wurde mit harntreibenden Mitteln, mit Kortikostereoiden und mit entzündungshemmenden Mitteln behandelt, ohne dass es zu einer Rückbildung kam. Nach einem erneuten zweidimensionalen EKG mit *Doppler*-Fluxometrie (Ultraschalluntersuchung zur Messung des Blutflusses), bestätigte sich, dass dieser Erguss für eine Punktion schwer zu erreichen sei, was die Kardiologen zur Entscheidung brachte, dass sie nichts unternehmen könnten, und dass ich warten müsse, bis der Erguss mit der Zeit verschwände. Es bestand das Risiko eines Verschlusses, denn die Ergüsse waren bei den verschiedenen EKG-Untersuchungen als mäßig bis wesentlich eingestuft worden. Durch den Ernst meines gesundheitlichen Zustandes wurde ich von dem höheren Ärzterat als für den Militärdienst untauglich eingestuft, da ich ständiger ambulanter und stationärer Behandlung bedurfte.

Durchgeführte Behandlung - Von einem Nachbarn wurde mir empfohlen, nach Abadiânia zu gehen, wo seine Frau an der Gallenblase operiert worden war. Ich ging in die Casa de Dom Inácio und begab mich in spirituelle Behandlung.

Ergebnis - In der Woche nach der Behandlung in der Casa de Dom Inácio wurde ein weiteres EKG gemacht, welches mich mit folgender Diagnostik als geheilt erklärte: "Verringerung der Größe des perikardischen Ergusses, von schwachem Ausmaß." Eine weitere Untersuchung zeigte Monate später, dass die Heilung des Ergusses im Vergleich zur vorherigen Untersuchung unverändert geblieben sei.

JOSÉ WILMER FERNANDES CARNEIRO

Brasilianer, verheiratet, Angehöriger des Militärs, CI Nr. 408.981, ausgestellt vom Ministerium für Luftfahrt, CIC Nr. 010.009.263-20, wohnhaft in der Rua Vicente Leite, Nr. 200, Apto. 1003, Bairro Meireles, Fortaleza (Ceará).

Gesundheitliche Probleme - Ich habe in Fortaleza (Ceará) Untersuchungen machen lassen, deren Resultate ein Lymphom anzeigten, dies sowohl in der Endoskopie als auch in der Biopsie. Ich wurde zusammen mit meiner Familie, darunter ein Sohn, der in Brasilien ansässiger Arzt ist, darüber informiert, dass der Fall sehr ernst wäre, und die Chemotherapie eingeleitet werden müsse. Ich wusste, dass diese Behandlungsform den Fall nicht lösen würde, weshalb ich mich ihr nicht unterzog.

Durchgeführte Behandlung - Durch Informationen Dritter über die Casa de Dom Inácio kam ich nach Abadiânia und wurde dort von der Wesenheit behandelt, welche mich bat, dass ich drei weitere Male kommen sollte. Sie verschrieben mir Medizin. Nachdem ein Monat lang Behandlungen durchgeführt worden waren, ging ich jede Woche hin und hatte schon eineinhalb Kilo von den zwanzig, die ich durch eine vorangegangene Operation eines großen Magengeschwürs vor einem Jahr verloren hatte, zugenommen. Nach einem weiteren Monat, indem ich die Medizin einnahm, nahm ich noch drei Kilo zu. Ich ging wieder nach Abadiânia, und die Wesenheit forderte mich auf, die Medizin weiter zu nehmen und nach dreißig Tagen wieder zu kommen.

Ergebnis - Als ich das letzte Mal in die Casa de Dom Inácio kam, sagte die Wesenheit, dass ich geheilt sei. Ich kehrte nach Fortaleza zurück und beschloss neue Untersuchungen in demselben Labor wie vorher durchzuführen. Diese zeigten an, dass ich lediglich an Gastritis litt und die vormals festgestellte Krankheit nicht mehr vorhanden sei.

JULI BROWN

Irländerin, ledig, Maklerin, geboren am 13. August 1974, wohnhaft in Clonsilla Road, Dublin, Irland.

Gesundheitliche Probleme - Im Alter von dreißig Jahren suchte ich wegen gesundheitlicher Probleme einen Arzt auf. Die Diagnose war schockierend: Brustkrebs. Es handelte sich um eine aggressive Krebsart mit einem sehr großen Tumor. Als Behandlung wurde ich fünf Sitzungen mit einer speziellen Chemotherapie (Merceptin) unterzogen, aus denen die der Chemotherapie zueigenen Folgen resultierten.

Durchgeführte Behandlung - Ich bin Monate danach nach Brasília gereist, um João de Deus zu besuchen. Bei der Behandlung sagte mir die Wesenheit, ich solle mich zweimal "in den Strom setzen". Außerdem wurden mir drei Sitzungen im "Kristallbad" verschrieben. Daraufhin wurde ich einer unsichtbaren Operation unterzogen und befolgte an den vierzig darauf folgenden Tagen alle Anweisungen.

Ergebnis - Ich kehrte nach Irland zurück und ließ erneute Untersuchungen machen. Als mein Arzt die Ergebnisse der Untersuchungen sah, freute er sich, und ohne zu verstehen, was geschehen war, sagte er, ich sei "frei von der Krankheit". Der Krebs war verschwunden.

LAURA VIEIRA DE FREITAS

Brasilianerin, ledig, Hausfrau, RG Nr. M-1.046.207-SSP/MG, CIC Nr. 126.128.206-04, wohnhaft in der Rua Itaguá, 420, Ipanema, Belo Horizonte (Minas Gerais).

Gesundheitliche Probleme - Meine Enkelin Gláucia Vieira Cardoso hatte im Alter von zehn Jahren eine Zyste in den Nieren mit einer Größe von 2,1 x 4 cm, was von Spezialisten bestätigt worden war.

Durchgeführte Behandlung - Im Gespräch mit Freunden erfuhr ich von der Existenz der Casa de Dom Inácio und beschloss, meine Enkelin nach Abadiânia zu bringen. Dort wurde sie einer spirituellen Operation unterzogen und erhielt Medikamente. Im folgenden Monat ging sie zur Nachuntersuchung wieder hin.

Ergebnis - Nachdem sie einer weiteren Reihe von Untersuchungen im selben Krankenhaus wie vorher unterzogen und von demselben Spezialisten behandelt worden war, wurde bestätigt, dass alles für ihr Alter normal sei, ohne die Existenz einer Nierenzyste.

LUCINDA JOSEFINA DE TONI SARTORI

Brasilianerin, verheiratet, Lehrerin, geboren am 10. April 1940, RG Nr. 7003994725/RS, CIC Nr. 466.354.750-87, wohnhaft in der Avenida Presidente Lucena n. 1659, Bairro Harmonia, Ivoti (Rio Sul).

Gesundheitliche Probleme - Vor einigen Jahren begannen sich Symptome einer Krankheit zu zeigen, die mich unfähig für jegliche Arbeit machten, auch für die leichteste Tätigkeit. Ich konnte mich weder körperlich anstrengen, noch tanzen oder schnell gehen. Da ich an Herzrhythmusstörungen, Kreislaufzusammenbrüchen, Schwindel und großer Schwäche litt, vermutete ich, dass meine Krankheit mit dem Herzen zusammenhängen müsse. Also suchte ich einen Kardiologen auf, der ein EKG anforderte. Es wurde jedoch nichts Außergewöhnliches festgestellt. Da die Herzrhythmusstörung regelmäßig auftrat, suchte ich zwei weitere Kardiologen auf und ließ zwei weitere EKGs machen. Es wurde wieder nichts Abnormales festgestellt. Dann erlitt ich eine Krise mit starken Herzrhythmusstörungen, die ungefähr zwei Wochen dauerte. Ich ließ ein erneutes EKG machen, wobei die Ursache der Krankheit als "freier Vorfall der mitralen Herzklappe mit minimaler Insuffizienz" festgestellt wurde. Obwohl der Name einfach klingen mag, verursachte dies enorme Probleme, weshalb das Medikament "Angiopress" verschrieben wurde, welches ich für den Rest meines Lebens einnehmen sollte. Da ich schon zwei andere Medikamente einnahm, machte ich mir Sorgen.

Durchgeführte Behandlung - Da ich selbst Medium bin, kannte ich die Casa de Dom Inácio bereits. Ich ließ die vorbereitenden Behandlungen durchführen. Ich wurde von der Wesenheit Dr. Osvaldo Cruz behandelt, welcher sagte, dass ich am Nachmittag jenes Tages einer Operation unterzogen werden würde, die unsichtbar durchgeführt wurde.

Ergebnis - Da ich mit einer Exkursion per Bus unterwegs war, blieb ich drei Tage in Abadiânia. Als ich nach Hause zurückkehrte, spürte ich schon eine Besserung. Zwei Wochen später konnte ich meine normalen Tätigkeiten wieder aufnehmen. Ich erholte mich schnell und wurde wieder gesund. Heute kann ich alle Aufgaben erledigen, selbst solche, die körperliche Anstrengungen verursachen. Ich ließ ein weiteres EKG machen, welches die vollständige Heilung bestätigte. Hiermit sei klargestellt, dass folgendes registriert wird:

Es ist ein Geschenk für mich, zu wissen, dass ich in meiner Brust ein perfekt schlagendes Herz trage. Bei jedem seiner Schläge denke ich immer an die Gnade, die ich durch die Wesenheit der Casa de Dom Inácio und durch Medium João erfahren durfte.

LUZIA FERNANDES PEREIRA

Brasilianerin, in wilder Ehe, Feldarbeiterin, geboren am 05. Januar 1941, RG Nr. M - 7.262.681-SSP/MG, CPF Nr. 877.227.046-20, wohnhaft auf der Fazenda Nova Lagoa Rica, Lt. 17, Paracatú (Minas Gerais).

Gesundheitliche Probleme - Vor einigen Jahren bekam ich Schmerzen im oberen linken Rücken. Angesichts dessen ging ich in das Krankenhaus von Paracatú (Minas Gerais), wo ich von den Ärzten untersucht wurde. Auf dem Röntgenbild zeigte sich ein schwarzer Fleck in der Lunge. Da es an diesem Ort keine passende Behandlungsmöglichkeit gab, überwiesen mich die Ärzte an das Basiskrankenhaus in Brasília (Distrito Federal). In diesem Krankenhaus wurde ich zahlreichen Untersuchungen unterzogen, inklusive einer Biopsie, wobei bestätigt wurde, dass ich Lungenkrebs in fortgeschrittenem Stadium hatte. Folgender Arztbericht wurde verfasst:

> Frau Luzia Fernandes Pereira, 58 Jahre, Krankenakte HBDF Nr. 863.149 war vom 21. Oktober bis zum 25. November mit der Diagnose Lungenkrebs in unserem Krankenhaus. Die Patientin wurde einer Mediastinoskopie zur Bestimmung des Stadiums unterzogen, mit Biopsie der Lymphknoten, deren zellpathologische Diagnose Karzinom (Adenokarzinom der Lunge) mit Metastasen in den mediastinalen Lymphknoten (Biopsie Nr. 7316/99 - HBDF) lautet. Durch das Stadium der Krankheit ist eine chirurgische Behandlung kontra-indiziert, weshalb sie zur ergänzenden Behandlung in die klinische Onkologie überwiesen wurde.

Ich blieb über einen Monat im Basiskrankenhaus von Brasília, wo diese schreckliche Krankheit behandelt wurde. In dieser Zeit wurde ich einer Notoperation im Brustkorb unterzogen. Angesichts des fortgeschrittenen Stadiums der Krankheit, gaben mich die Ärzte auf, denn trotz der Behandlungen wuchs der Tumor weiter, was zeigte, dass es keine Chance zur Erholung mehr gab.

Durchgeführte Behandlung - Da ich in der Casa de Dom Inácio bereits durch eine unsichtbare Operation von einem Geschwür geheilt worden war, suchte ich Medium João Teixeira erneut auf. Als ich in Abadiânia ankam, befand ich mich in einem sehr schlechten gesundheitlichen Zustand. Nach der ersten Behandlung und nachdem ich die verordneten Medikamente eingenommen hatte, ging es mir schon besser. Ich ging weitere Male in die Casa de Dom Inácio, wo ich einer unsichtbaren Operation unterzogen wurde.

Ergebnis - Ich bin vollständig geheilt, habe wieder angefangen, normal auf dem Feld zu arbeiten, koche bei der Reisernte für die Landarbeiter, ohne etwas Ungewöhnliches zu spüren.

MARCILENE DA SILVA OLIVEIRA REIDER

Brasilianerin, verheiratet, Hausfrau, RG Nr. 604.602-2ª. Via - DGPC, CPF Nr. 664.010.111-49, wohnhaft in der Rua Trindade, Qd. 46, Lt. 08, Parque João Braz, Goiânia (Goiás).

Gesundheitliche Probleme - Alles begann vor einigen Jahren, mit dem Auftauchen von "Knötchen" in den Brüsten und am linken Arm. Die Knötchen im Arm verwandelten sich in offene Stellen, die nicht verheilen wollten und ständig mehr wurden. Ich verlor die Beweglichkeit des Armes. Zahlreiche Konsultationen bei verschiedenen Ärzten wurden gemacht. Sie konnten die Krankheit nicht diagnostizieren. Ich wurde zu den Ärzten der Universitätsklinik von São Paulo (USP/SP) überwiesen, welche nach genauesten Untersuchungen herausfanden, dass ich an einer seltenen Nervenkrankheit litt, von der es in Brasilien gerade mal drei Fälle gab. Ich wurde annähernd zehn Operationen unterzogen um die Nerven des linken Armes zu entfernen. Doch sie brachten nichts. Die Schmerzen wurden stärker, die Bewegungsfähigkeit des Armes verschwand und die Schnitte der Operationen verheilten nicht. Die Ärzte der Universitätsklinik von São Paulo sagten, dass es keine Heilung gäbe, und dass der linke Arm amputiert werden müsse.

Durchgeführte Behandlungen - Bei der ersten spirituellen Konsultation sagte das inkorporierte Medium João, dass ich den Arm nicht amputieren lassen müsse, und dass er mir helfen würde. Eine wohltätige Person hörte von meinem Drama und übernahm alle Kosten für meine Reisen nach Abadiânia.[60] Ich erhielt vier Schachteln mit phytotherapeutischen Tabletten, deren Einnahme ich sofort begann. Schon in der ersten Woche der Einnahme spürte ich eine bedeutende Besserung. Die Schmerzen wurden schwächer, ich konnte den Arm wieder bewegen und die Operationswunden begannen zu verheilen.

Ergebnis - Nach vierzig Tagen ging ich auf Empfehlung der Wesenheit zu einer erneuten spirituellen Konsultation wieder in die Casa de Dom Inácio. Ich war schon so gut wie geheilt, hatte keine Schmerzen mehr und konnte mit dem Arm fast alle Bewegungen ausführen. Ich ging mehrere Male nach Abadiânia und meine Gesundheit wurde jedes Mal etwas mehr wieder hergestellt. Ich hatte die Beweglichkeit meines Armes verloren gehabt, konnte nicht einmal mehr meine Haare kämmen. Heute bewege ich den Arm und lebe ein normales Leben. Ich bin geheilt und habe keinerlei Schmerzen. Die wohltätige Person, die Gott mir geschickt hat, zahlt weiterhin meine Reisen nach Abadiânia. Wenn ich die Farbfotos mit den schrecklichen offenen Stellen, die ich am Arm hatte, vorzeige, wird es den Menschen nur vom hinschauen schlecht. Die Ärzte sagten mir, dass die Wunden nie verheilen würden; und heute sind sie vollständig vernarbt. Für die Beweglichkeit meines Armes nach Entfernung der Nerven gibt es keine wissenschaftliche Erklärung.

MÁRIO JÚLIO MELO DE CARVALHO

Portugiese, verheiratet, Chefinspektor der Kriminalpolizei von Portugal (ein über der Polizei stehender Körper ähnlich der Polícia Federal Brasileira und mit dem F.B.I. der

---

[60] Es handelt sich hierbei um Heather Macdonald Cumming, Reiseführerin (Brasilianerin).

Vereinigten Staaten), Pass-Nr. E-561082, wohnhaft in der Rua Moinho de Cima, 19, Vale de Santarém, Portugal.

Gesundheitliche Probleme - Vor Jahren wurde von einem Magen-Darm-Spezialisten ein Adenokarzinom im Endbereich des Dickdarmes diagnostiziert. Der Krebs befand sich schon in mittlerem Stadium mit vaskulären Invasionen und fünf Metastasen im von jenem Bereich des Dickdarmes umgebenen Mesenterium (Aufhängung des Dünndarms, Anm. der Übersetzerin). Interessanterweise hatte Monate zuvor Sr. João Teixeira de Faria, der sich gerade in Portugal aufhielt, gesagt, ich solle nach Abadiânia kommen. Doch ich glaubte (denn damals war ich noch ein Skeptiker), dass ich nur in einer extrem schwierigen Situation in die Casa de Dom Inácio ginge, was meines Erachtens nie eintreten würde. Ich wurde in einer Klinik von Lissabon einer klinischen Operation unterzogen, bei welcher zwanzig Zentimeter des Dickdarmes entfernt wurden, und aufgrund der bereits aufgetretenen Komplikationen wurden mir sechs Monate präventive Chemotherapie verordnet.

Durchgeführte Behandlung - Meine Frau ging aus religiöser Überzeugung in die Casa de Dom Inácio und nahm ein Foto von mir mit. Die Wesenheit, die sie behandelte, sagte: "Dieser Sohn muss dringend nach Abadiânia kommen", und dies noch vor der Operation in Lissabon. Erst nach der Operation fuhr ich nach Brasilien. In der Casa de Dom Inácio wurde ich von der Wesenheit Dr. Augusto Almeida operiert, der am Ende sagte: "Sohn, jetzt bist du operiert und kannst gehen." Ich blieb drei Wochen in Abadiânia und besuchte regelmäßig die Casa de Dom Inácio, wo ich mich an jedem Tag, an dem ich hinging, besser fühlte, und wo ich Frieden, Ruhe und Glaube empfand, wie ich es nie zuvor empfunden hatte. Es ist meine tiefe Überzeugung, dass die Hand Gottes durch seine Lichtwesen die Hand des menschlichen Chirurgen und des Onkologen, der mich monatelang mit Chemotherapie behandelt hat, geführt hat.

Ergebnis - Heute kann ich, nachdem ich die Ergebnisse der ärztlichen Untersuchungen, die gemacht wurden, erhalten habe, und nach der chemotherapeutischen Behandlung bestätigen, dass der Krebs, welcher mich befallen hatte, bezwungen, besiegt wurde.

MAURO COSTA

Brasilianer, ledig, pensioniert, RG Nr. 1-R - 192.586 - SSP/SC, CPF Nr. 341.566.319-15, wohnhaft in der Rua Príncipe, 276, Bairro Saco Grande II, Florianópolis (Santa Cruz).

Gesundheitliche Probleme - Vor Jahren arbeitete ich bei der Militärpolizei in Florianópolis und eines Tages spürte ich beim Treppe runtergehen einen akuten Schmerz im rechten Bein. Auch mit den Schmerzen lief ich weiter, bis ich es nicht mehr aushielt und hinfiel. Meine Kollegen kamen mir zu Hilfe und brachten mich in das Polizeikrankenhaus. Die Ärzte schienten mein Bein und sagten, ich solle wiederkommen, um es eingipsen zu lassen. Es wurde mehrere Male eingegipst. Wenn ich einen Gips hatte, wurden die Schmerzen schwächer. Sobald der Gips entfernt wurde, kehrten die Schmerzen stärker als zuvor zurück. Danach baten sie mich, ein ärztliches Gutachten machen zu lassen. Ich ging an Krücken, und das ärztliche Gutachten zeigte eine Operation als notwendige Maßnahme an, welche

keine positive Veränderung brachte. Nach der Operation fühlte ich meine Beine nicht mehr und verlor jegliches Gefühl vom Bauch abwärts. Ich bekam Physiotherapie und wurde von einem Arzt zum anderen geschickt, ohne dass es zu einer Lösung kam. Der Untersuchungen müde, suchte ich das Krankenhaus Sara Kubitschek in Brasília auf, wo ich achtundzwanzig Tage blieb. Man schloss das Bein zum Testen an ein Gerät an, und sagte mir dann, dass es für mein Problem leider keine Lösung mehr gäbe.
Durchgeführte Behandlung - Ich verließ völlig verzweifelt und weinend das Krankenhaus Sara Kubitschek, als sich mir eine Dame näherte und mir riet, die Casa de Dom Inácio aufzusuchen, denn selbst wenn es nichts Gutes brächte, so würde es auf keinen Fall schaden. Ich beschloss, nach Abadiânia zu gehen, obwohl ich fast kein Geld hatte. Ich hatte keine Ahnung, welche Richtung ich einschlagen sollte. Am Busbahnhof kaufte ich eine Fahrkarte. Im Bus fragte ich eine junge Frau, wohin sie fuhr. Sie sagte, dass sie nach Abadiânia wolle. Ich war erleichtert. Sie sagte, sie wohne in der Straße, in der die Casa de Dom Inácio lag, und von da an gab sie mir alle Informationen. Ich war alleine, hatte wenig Geld, ging an Krücken und trug auch noch einen Rucksack auf dem Rücken. Ich erreichte die Casa de Dom Inácio um ca. 17 Uhr und wurde prompt behandelt. Es wurden lediglich Medikamente verschrieben, mit der Empfehlung, nach Beendigung der Einnahme wieder zu kommen. Ich suchte eine Pension und legte meine Situation dar. Die Besitzerin sagte, dass ich die vierzig Tage bis zur Beendigung der Medikamenteneinnahme bleiben könne, auch wenn mir das Geld fehlte. In der folgenden Woche ging ich wieder in die Casa de Dom Inácio. Da ich nichts wusste, reihte ich mich wieder in die Schlange ein, und trat vor die Wesenheit, welche sagte: "Sohn, du hast das Medikament noch nicht zu Ende genommen. Doch komm morgen um acht Uhr wieder, denn ich werde dich operieren." Am folgenden Tag fühlte ich beim Eintreten in den Operationssaal auf halbem Wege, wie mein Körper einschlief, und fiel hin, ohne das Bewusstsein zu verlieren. Halb ohnmächtig vernahm ich, wie jemand sagte: "Bringt diesen Sohn hier her". Ich konnte mich wieder bewegen, doch die Beine blieben gelähmt. Und die Wesenheit sagte: "Sohn, komm um 14 Uhr wieder, denn ich möchte dich sehen." Ich ging um 14 Uhr wieder hin, und als ich zur Wesenheit kam, fühlte ich wieder dasselbe Einschlafen des ganzen Körpers und fiel erneut hin. Die Wesenheit bat mich, mich in den Strom in ihre Nähe zu setzen und die Krücken an die Wand zu stellen. Nach dem ich saß, bat eine junge Frau mich, die Augen zu schließen und zu beten.

Ergebnis - Als ich die Augen öffnete war schon fast niemand mehr im Raum. Nur noch zwei junge Männer hinter mir, denn ich hatte ungefähr fünf Stunden geschlafen. Ich wachte auf und ging etwas schwerfällig hinaus. Einer der beiden Männer fragte, ob ich die Krücken nicht mehr wolle. Ich sagte nein, denn ich konnte mich nicht mehr daran erinnern, dass ich Krücken benutzt hatte. Als ich aus der Casa herauskam, sahen mich zwei junge Frauen, umarmten mich und brachten mich bis zur Pension. Sie kommentierten die Tatsache, dass ich keine Krücken mehr benutzte. Ich brauchte zwei Wochen, um mich an das Fehlen der Krücken zu gewöhnen. Eine Gruppe aus Rio Grande do Sul kaufte mir Schuhe, denn ich besaß keine, und machte einen Umweg über Florianópolis, um mich nach Hause zu bringen. In Florianópolis sah mich eine Nachbarin ohne Krücken und normal gehend, und wurde ohnmächtig. Von da an habe ich bis heute nichts mehr gehabt und kann normal gehen, ich kann jede Bewegung machen.

MICHAEL LAUTENBACH

Deutscher, ledig, geboren am 3. Mai 1944, Kommunikationstrainer und Coach, wohnhaft in Deutschland, Hexentalstr. 5c in Wittnau bei Freiburg.

Gesundheitliche Probleme – Im Frühjahr 2004 wachte ich eines Nachts auf mit Stromstößen, die durch meinen ganzen Körper liefen. Ich fühlte mich wie auf dem Elektrischen Stuhl mit 100.000 Volt. Trotz Einsatz von Medikamenten konnten die Symptome nicht gestoppt werden. Nach über zwei Monaten hatte ich keine Sekunde schlafen können und meine Systeme gerieten immer mehr ins Chaos. Es folgten zwei Monate in einer psychosomatischen Klinik, in der ich mit den mir verordneten Medikamenten wie eine wandelnde Leiche durch die Gegend schlich. Nach der Entlassung traten die Stromstösse wieder stark auf, ich konnte meinen Alltag nicht mehr regeln.

Während die Ärzte vor einem Rätsel standen, war mir die Ursache recht klar: Als Baby hatte ich Meningitis, ich lag im Koma, die Ärzte hatten mich bereits aufgegeben und meine Mutter nahm sich in dieser Situation das Leben. Das war das Grundmuster meines Lebens. Um überhaupt überleben zu können, hatte ich eine dicke Schutzmauer um dieses Geschehen gelegt. Diese Schutzmauer war durch verschiedene Therapien und das Überwintern in einem warmen Klima brüchig geworden. Das System drohte zu explodieren.

Durchgeführte Behandlung – Mit der Unterstützung einer Freundin machte ich mich auf den Weg nach Abadiania. Ich selbst hatte schon viele Erfahrungen mit Heilern und Schamanen gemacht und bin selbst auf diesem Feld beruflich tätig, so dass mir vieles vertraut war. Als erstes verordnete mir Joao neun Kristallbett-Sitzungen, die für mich sehr schmerzhaft waren und die als Vorbereitung für die erste geistige Operation dienten, der bislang 15 weitere folgten. Als ich nach zwei Wochen nach Hause fuhr, wusste ich, dass Joao mir helfen konnte, dass es aber auch noch viel zu tun gab. In Deutschland traten alle Symptome nacheinander noch einmal heftig auf. Nur indem ich mir immer wieder sagte, dass dies zum Heilungsprozess gehörte, konnte ich diese Phase überstehen.
Da ich beruflich noch nicht tätig werden konnte, machte ich mich Ende 2004 noch einmal auf den Weg in die Casa de Dom Inacio – diesmal für zwei Monate, um mich auf einen tiefen Heilungsprozess einzulassen. Zunehmend wurde mir bewusst, dass zu der Zeit, wo ich als Säugling krank war und meine Mutter sich das Leben nahm, ihr Spirit mich als Wirt zum Weiterleben ausgewählt hatte – kurzum: ich war von ihrem Geist besetzt. Ich äußerte diese Vermutung Joao, der dies bestätigte und mich von ihm befreite. Nach einer weiteren geistigen Operation hatte ich für viele Stunden sehr heftige körperliche Reaktionen – dann stellte sich Ruhe und Frieden ein.

Ergebnis - Meine inneren Systeme haben sich zunehmend geordnet und ich kann – von den Stromstössen befreit – wieder ruhig unter die Menschen treten. Natürlich gibt es noch einiges zu tun, treten immer wieder Dysbalancen auf. Und auch das Vibrieren der Stromstösse hat sich nachts immer mal wieder gemeldet – allerdings nur sehr schwach im Vergleich zum akuten Zustand.
In diesem Dezember werde ich zum fünften Mal zu Joao de Deus nach Brasilien fahren, und meine Intuition sagt mir, dass dann die letzten Hindernisse zu einem glücklichen und erfüllten Leben aus dem Weg geräumt bzw. gewandelt sind.

Darüber empfinde ich tiefe Dankbarkeit!

MIGUEL VIEDMA

Schweizer, geboren am 25. Mai 1956, verheiratet, Reflexologe, Pass-Nr. I.D. C0510235, ausgestellt in Genf, wohnhaft 3 b, Rue de la Gare - 1196, Gland (Genf), Schweiz.

Gesundheitliche Probleme - Ich war drei Jahre alt, als eine Zyste (kleiner Tumor) im Deltoideus-Muskel meines linken Armes auftauchte.

Durchgeführte Behandlung - Vor Jahren wurde ich von der Wesenheit Augusto de Almeida operiert. Die Operation wurde ohne Anästhesie und ohne Desinfektion durchgeführt. Es hat nicht wehgetan und es gab keine Infektion. Nachdem die Zyste entfernt worden war, wurden zwei Bandagen angebracht, um die Stelle zu schützen. Diese Operation wurde vor mehr als fünfzehn Personen, darunter ein Arzt und meine Frau, durchgeführt, und mehr als siebenhundert Menschen warteten auf ihre Behandlung. Die ganze Behandlung dauerte ungefähr zwanzig Minuten.

Ergebnis - Ich habe nichts. Eine kleine Narbe ist zurückgeblieben. Ich bin der Wesenheit und Medium João zutiefst dankbar.

NADIR GUMIERO LENA

Brasilianerin, verheiratet, Hausfrau, RG Nr. M-2.884.181-SSP/MG, CIC Nr. 031.916.197-80, wohnhaft in der Rua Messias Gonçalves Correia, Nr. 115, Bairro Nossa Senhora da Penha, Vila Velha (Espírito Santo).

Gesundheitliche Probleme - fester Knoten in der rechten Brust, durch eine Routine-Ultraschalluntersuchung festgestellt. Ich habe die ärztliche Empfehlung, eine Biopsie machen zu lassen nicht befolgt, habe die konventionelle Behandlung aufgegeben und die spirituelle Behandlung gesucht.

Durchgeführte Behandlung - Bei der ersten Konsultation sagte die Wesenheit, dass ich am Nachmittag desselben Tages operiert werden würde. Diese wurde unsichtbar durchgeführt. Ich habe die empfohlene Medizin eingenommen (Passiflora).

Ergebnis - Bei einer ersten Mammographie wurde festgestellt, dass der Knoten vom oberen äußeren rechten Quadranten zum unteren gewandert war. Bei der zweiten Mammographie mit hoher Auflösung wurde kein einziger Knoten mehr festgestellt. Ich habe die Untersuchungsergebnisse von vor und nach der spirituellen Behandlung.

NARA VIRGÍNA FRAGA SILVA

Brasilianerin, geschieden, öffentliche Angestellte des Staates, RG Nr. 4005038701 - SSP/RS, CICNr. 168.522.140-87, wohnhaft in der Rua Xangrilá, 147, Parque Jaqueline, Gravataí (Rio Sul).

Gesundheitliche Probleme - Vor einigen Jahren bekam ich starke Schmerzen in Höhe der Leber. Ich habe acht Monate lang verschiedene Ärzte aufgesucht, welche mich zu verschiedenen Untersuchungen, wie Tomographie, Echographie, Cintilographie, schickten. Diese waren alle vergeblich, denn es wurde nichts festgestellt. Ein Gynäkologe schickte mich zu einer Laparoskopie, was eine kleine Operation mit einem Einschnitt und der Einführung eines Apparates zur Sichtbarmachung der inneren Organe erforderte. Die Untersuchung wurde durchgeführt, und der Arzt war beeindruckt von dem Zustand der Organe, die alle aneinanderklebten. Derart konnten sie weder definiert, noch voneinander unterschieden oder getrennt werden. Vom Zeitpunkt dieser Diagnose an wurden mit dem Ziel, die Schmerzen zu mindern, siebzehn Operationen durchgeführt, um das Aneinanderhaften zu beseitigen, und besonders, um die Leber freizulegen, denn die Schmerzen waren gewaltig. Ich nahm ein Jahr und zwei Monate lang Morphin, um die Schmerzen zu ertragen. Der Arzt, ein Spezialist, sagte, dass es weder in Brasilien, noch anderswo, Heilung gäbe. Er riet mir, falls ich an irgendetwas glaube, solle ich es dort versuchen.

Durchgeführte Behandlung - Ich war an einem Strand in Santa Catarina, als mich schreckliche Schmerzen befielen. Eine Senhora näherte sich mir und begann mit mir zu sprechen. Sie fragte mich, was ich fühlte, und ich erzählte ihr alles, was in den letzten Jahren vorgefallen war. Die Senhora erzählte dann von der Casa de Dom Inácio in Abadiânia und von der dort von Medium João entwickelten Arbeit. Ich kehrte nach Porto Alegre zurück und als ich meinen Vater besuchte, traf ich die Frau, die sich um ihn kümmert. Sie hatte herausgefunden, dass sie Darmkrebs hatte, und deshalb nach Abadiânia reisen würde. Also beschloss ich, mit ihr zu reisen. Als ich nach Abadiânia kam, sagte die Wesenheit, ohne etwas über meine Gesundheit erfahren zu haben, bei der ersten Konsultation zu mir, dass die Ärzte mich nach vielen Operationen aufgegeben hätten, dass ich jedoch geheilt werden würde. Die Operation wurde für den nächsten Tag festgelegt, und ich wurde tatsächlich operiert.

Ergebnis - Die Operationswunde verheilte wunderbar, und von diesem Moment an, hatte ich nie wieder Schmerzen. Meine Gynäkologin hat die Heilung bestätigt, sie benutzte sogar die Worte: "wer Sie gesehen hat, wer sie jetzt sieht". Ich bin erwiesenermaßen geheilt. Bei meinem vierten Besuch in der Casa de Dom Inácio sagte die Wesenheit, ich müsse für die anderen tun, was für mich getan worden war. So begann ich Exkursionen nach Abadiânia zu machen. Ich persönlich kenne viele Heilungen von Menschen, die ich in Exkursionen nach Abadiânia gebracht habe, und um einige zu erwähnen, u.a. von Hydrozephalus (Wasserkopf), Mitorfia espina Typ II, Gesichtslähmung, Gesichtskrebs, Brustkrebs, Knoten im Knochenmark und Gebärmutterkrebs.

OLIVIO GHELER

Brasilianer, verheiratet, pensioniert, C.I. Nr. 2.274.973, Instituto Félix Pacheco - RJ, CPF Nr. 227.827.707-30, wohnhaft in der Rua V-8, Qd. V-15, Lt. 16-A, Vila Rezende, Goiânia (Goiás).

Gesundheitliche Probleme - Parkinsonsche Krankheit. Vor Jahren diagnostizierte ein Arzt diese Krankheit. Es war ein furchtbarer Schock für mich. Ich fand mich zu jung dafür. Tatsächlich hatte ich die Symptome schon zwei Jahre lang gespürt. Es begann mit einem Ziehen im Mittelfinger der linken Hand, wenn ich Wanderungen machte. Noch enttäuschter war ich, als ich über die Krankheit gelesen hatte: sehr bösartig, unheilbar, degenerativ, fortschreitend, untauglich machend. Noch machtloser fühlte ich mich, als ich in zwei Zeitschriften von *Readers Digest* las, dass ein Ingenieur der NASA und ein Schauspieler aus Hollywood auch von Parkinson betroffen waren, und keine Heilung erfahren haben, obwohl sie alle finanziellen und klinischen Möglichkeiten eines amerikanischen Bürgers hatten. Nachdem die Krankheit festgestellt worden war, hatte ich den starken Wunsch, Medium João de Deus in der Casa de Dom Inácio in Abadiânia aufzusuchen. Ich dachte bei mir: "Wenn ich daran glaube, werde ich geheilt." Und an Glauben fehlte es mir nicht. Wir, meine Frau und ich, machten den ersten Besuch bei dem guten Medium. Die Konsultation war morgens, und nachmittags wurde ich operiert. Ich befolgte die Diät und nahm alle Medikamente. Ich ging regelmäßig zu den Nachuntersuchungen und zum Nachkaufen der Medikamente hin.

Durchgeführte Behandlung - Die Behandlung bestand aus einer spirituellen Operation parallel zur klinischen Behandlung, mit Rückkehr in die Casa de Dom Inácio zu Nachuntersuchungen. Dies seit Beginn der Behandlung. Ich beabsichtige, weiterzumachen bis Medium João mich freigibt und sagt, dass ich nicht mehr in die Casa de Dom Inácio zu kommen brauche.

Ergebnis - Ich betrachte mich als geheilt. Als Ergebnis kann ich sagen, dass ich zu 90 % geheilt bin, jedoch weiterhin von der Casa de Dom Inácio ausgegebene und andere von den irdischen Ärzten verordnete Medikamente einnehme. Mir wurde mitgeteilt, dass das Leiden unter Kontrolle ist: Es ist nicht mehr weiter fortgeschritten. Ich muss klarstellen, dass ich die Einnahme der Medikamente auf eigene Verantwortung ziemlich reduziert habe, ohne dass dies die unfreiwilligen Bewegungen erhöht hätte. Dies nach einer zweiten spirituellen Operation vor sechs Monaten.

PEDRO ANDRIOLLE BEDIM

Brasilianer, Witwer, pensioniert, RG Nr. 3.068.029-4/PR, wohnhaft in der Rua Levino Zeni, 241, Capitão Leônidas Marques (Paraná).

Gesundheitliche Probleme - Vor Jahren brach in meiner linken Gesichtshälfte Krebs aus. Die Symptome begannen im Gesicht und breiteten sich im ganzen Körper aus, mit Magenschmerzen, Schmerzen in der linken Köperhälfte und zahlreichen Knoten in der behaarten Haut. Ich konnte nicht in die Sonne gehen, da die Schmerzen stärker wurden.

Durchgeführte Behandlung - Die Behandlung begann noch im selben Jahr und dauerte elf Jahre. Ich besuchte die Casa de Dom Inácio alle fünfundvierzig Tage. In den ersten fünf Jahren hatte ich keine einzige spirituelle Operation, sondern lediglich Energiebehandlungen. In den letzten sechs Jahren gab es mehr als dreißig Operationen.

Ergebnis - Seit dem ersten Medikament habe ich keine Schmerzen mehr. Kürzlich sagte die Wesenheit, dass ich geheilt sei und links eine plastische Chirurgie zur

Korrektur meines Gesichtes machen könne. Diese Operation wurde daraufhin durchgeführt.

REGINA WILLIAMS

Nordamerikanerin, geboren in Pittsburgh, Pennsylvania, Vereinigte Staaten von Amerika, ledig, pensioniert, Inhaberin des amerikanischen Passes Nr. 09550411, ausgestellt im Mai 2001, wohnhaft in der Rua Tereza, Qd. G, Lt. 04, Vila Bastos, Abadiânia (Goiás).

Gesundheitliche Probleme - In den Vereinigten Staaten machte ich eine Diät, die zwölf Monate dauerte, und nahm währenddessen ein Medikament ein, welches im Nachhinein vom Markt genommen wurde, da Menschen daran gestorben waren. Vor der Diät genoss ich eine gute Gesundheit. Ich führte ein normales und aktives Leben. Nach der Einnahme des Medikamentes bekam ich Atemprobleme und mein Körper begann anzuschwellen. Ich hatte Lungenentzündung, und so begann eine Reihe von Besuchen bei zwölf verschiedenen Fachärzten. Während der Behandlung wurde ich furchtbaren Tests unterzogen, wie Kauterisation des Herzens, welche bestätigte, dass ich "Mitroprolapsie" entwickelte, was die Ursache der Fibriomyalgie und der Atemnot war. Die zwölf Ärzte versuchten mir zu helfen. Sie gaben mir weitere Drogen und taten, was sie konnten, doch sie sagten, es gäbe keine Heilung und dass mein Herz eventuell stehen bleiben würde. Wegen des Überdrucks in den Lungen durch die neuen Medikamente, hatte ich Blutungen in den Nieren, welche versagten, ohne dass etwas dagegen getan werden konnte.

Durchgeführte Behandlung - Bekannte brachten mich nach Abadiânia. In den ersten vierundzwanzig Stunden musste mich die Chefin der Pension, in welcher ich wohnte, alle zehn Minuten beobachten, so schlecht ging es mir. Sie tat dies, um sicherzugehen, dass ich noch atmete, denn ich saß in einem Rollstuhl und hing an einem Atemgerät. Die Menschen sagten, ich würde in den nächsten vierundzwanzig Stunden sterben. Dann ging ich in die Casa de Dom Inácio, wo die Wesenheiten für mich eine unsichtbare Operation anzeigten und vorschlugen, dass ich in Abadiânia bleiben sollte, auch wenn die Gruppe abreiste. Ich hörte die Wesenheiten und kam allen Forderungen nach.

Ergebnis - Die Heilung brauchte Zeit und Geduld. Doch ich bin lebendig und führe ein normales Leben. Ich brauche weder Rollstuhl, noch Atemgerät. Ich wurde in der Casa de Dom Inácio gerettet.

RENY EGIDIO BRUN

Brasilianer, verheiratet, Zahnchirurg, RG Nr. 4020997955-SSP-RS, CPF Nr. 000.255.770-34, wohnhaft in der Rua Paissandú, 509, Porto Alegre (Rio Sul).

Gesundheitliche Probleme - Vor Jahren ging ich zu einer Konsultation in das Allgemeine Krankenhaus der Stadt Porto Alegre (Rio Sul). Als ich dort ankam wurde ich von zwei Hautärzten behandelt, welche Krebs am rechten Auge und Hautkrebs an verschiedenen Stellen des Körpers feststellten. Ich wurde zur Entfernung der

Tumore und zu anschließenden Laboruntersuchungen, welche die tatsächliche Beseitigung bestätigen sollten, an einen Arzt überwiesen. Als ich mit den fraglichen Tumoren in Gläsern für die Untersuchung nach Hause kam, erlaubten meine Frau und meine Tochter nicht, dass ich diese durchführen ließe. Sie schlugen vor, dass ich zur Wesenheit von Abadiânia ginge, und ich kam ihrer Bitte nach.

Durchgeführte Behandlung - Da Medium João in die Stadt Santo Ângelo (Rio Sul) kam, suchte ich ihn dort auf. Ich wurde von meiner Frau und meiner Tochter Maria Cristina begleitet, welche die Wesenheit bat und anflehte, mich zu behandeln. An jenem Nachmittag wurde ich behandelt und die erste Teiloperation am Tumor wurde durchgeführt. Bei dieser Gelegenheit war die inkorporierte Wesenheit Dr. Augusto de Almeida, welcher mich bat, dass ich nach neun Tagen zur Nachuntersuchung wieder nach Abadiânia kommen sollte. Und so ging ich drei Monate lang, an drei Tagen im Monat vor. Eines Tages sagte mir die Wesenheit, die sich als Dr. José Valdivino zu erkennen gab, das die von Dr. Augusto de Almeida ausgeführte Arbeit von ihm zu Ende geführt und er den Rest des Tumors entfernen würde. Nach der Operation gab er mir das Gewebe zur nachträglichen Laboruntersuchung. Er sagte mir noch, dass ich, sobald das Rot aus meiner Sicht verschwinde, so viele Untersuchungen machen lassen könne, wie ich wollte, um den Fall bestätigen zu lassen.

Ergebnis - Der Empfehlung nachkommend, suchte ich das Krankenhaus São Camillo der PUC-RS auf und ließ alle Untersuchungen durchführen, welche bestätigten, dass keinerlei krebsartige Zellen existierten. Die ärztlichen Beurteilungen wurden bei vorliegender Erklärung im Notariat vorgestellt.

RICARDO DEMÉTRIO

Peruaner, verheiratet, Maurer, Inhaber des Passes Nr. 0219909, ausgestellt von der Peruanischen Botschaft, wohnhaft in 121 Lewis St. Yankes, New York, 10703, USA.

Gesundheitliche Probleme - Ich hatte einen bösartigen Tumor in Form eines ziemlich entwickelten Knotens im Bereich des Schlüsselbeins meines rechten Armes. Ich glaube, dass dieser Tumor als Folge eines Arbeitsunfalls entstanden war, den ich einige Jahre zuvor erlitten hatte, wobei ich an jener Stelle von einem spitzen Gegenstand getroffen worden war. In der Narbe wuchs der Tumor in Form eines Knotens. Damit konnte ich weder den rechten Arm bewegen, geschweige denn arbeiten. Ich hatte anhaltende Schmerzen und konnte nicht gut schlafen. Ich machte zahlreiche Behandlungen und fünf Operationen in New York Stadt (USA) mit. Ich unterzog mich einer Operation zur Entfernung des Tumors, doch nach sechs Monaten kehrte der Tumor stärker und aggressiver zurück. Bei einer der Operationen wurde ein kleines Stück meines Schlüsselbeines entfernt und wurden Schrauben eingesetzt, doch es nützte nichts. Der Tumor wuchs weiter und hatte schon fast den Halsbereich erreicht. Der einzige von den Ärzten gesehene Ausweg zur Auslöschung des Tumors, wäre die Amputation meines rechten Armes an der betroffenen Stelle gewesen.

Durchgeführte Behandlung - Als ich durch meine Mutter von der Existenz der Casa de Dom Inácio erfuhr, denn Medium João war in Peru gewesen und hatte dort wahre Wunder gewirkt, ging ich nach Abadiânia und wurde einer ersten unsichtbaren Operation unterzogen. Ich kehrte bald darauf nach New York zurück, und hatte noch

Schmerzen. Dort setzte ich die Medikamenteneinnahme fort, und nach zwei Wochen spürte ich Besserungen, wie die Veränderung meines Ganges und der Körperhaltung bis diese normal waren. Ich kehrte in die Casa de Dom Inácio zurück und unterzog mich der zweiten unsichtbaren Operation.

Ergebnis - Nach der zweiten Operation kehrte ich nach New York zurück. Ich hatte keinerlei Schmerzen mehr und konnte wieder ruhig schlafen. Ich wurde vollständig geheilt. Es ist nicht zu sehen, doch der Knoten und der Tumor sind verschwunden. Nach einem Jahr ging ich zur Nachuntersuchung und um zu zeigen, dass ich bei guter Gesundheit war, wieder in die Casa de Dom Inácio. Heute glauben es diejenigen, welche mich in jenem kritischen Stadium kannten und mich jetzt sehen, nicht, und sind sichtlich überrascht.

ROSY DELY BRENNER

Brasilianerin, verheiratet, Hausfrau, Inhaberin der CTSP Nr. 74.372, Serie 139, CIC Nr. 218.197.850-68, wohnhaft in der Rua Itapiru, Nr. 239, Bairro Guarany com Vila Nova, Novo Hamburgo (Rio Sul).

Gesundheitliche Probleme - Ich hatte verschiedene Probleme mit dem Herzen: Die Kardiologen, die ich zu Rate gezogen hatte, hatten empfohlen, Operationen durchführen zu lassen, um drei Bypässe einzusetzen, da die Zugänge blockiert seien. Ich glaubte dies nicht, obwohl ich mich sehr schwach fühlte und unfähig war, die geringste körperliche Anstrengung zu ertragen. Wenn ich fünfzehn Schritte ging, war ich ziemlich erschöpft. Auch tauchte an meinem Rücken ein Tumor auf, der brannte und gleichzeitig juckte, außerdem hatte ich eine aggressive Allergie an den Händen. Beim Benutzen von Waschpulver mit warmem Wasser, um Wäsche zu waschen, bekam ich kleine Blasen und Hautirritationen. Es juckte und brannte sehr und eine Flüssigkeit trat aus. Diese Blasen gingen dann auf und eine Art dicke Kruste bildete sich und Risse, die bis zum Knochen gingen. Angesichts dessen suchte ich verschiedene Ärzte auf, welche mir empfahlen, einen geachteten Hautarzt in Novo Hamburgo aufzusuchen. Der Hautarzt untersuchte mich und verschrieb mir verschiedene Medikamente. Dennoch halfen diese nichts. Er führte auch zahlreiche Untersuchungen durch, wie Erytrogramm, Echogramm, Kreatinin, Gesamtcholesterin, Triglyceride und Harnsäure, doch nichts Ungewöhnliches wurde festgestellt. Die Behandlung mit dem Hautarzt dauerte mehr oder weniger ein Jahr und zwei Monate und meine Hände wurden schlimmer, der Spezialist sagte, dass es keine konventionelle Behandlung für diese Krankheit gäbe. Alle möglichen Behandlungen der konventionellen Medizin waren bereits ausgeschöpft worden. Dieser Arzt gab zu verstehen, dass das Problem vielleicht spirituell sei.

Durchgeführte Behandlung - Ich ließ mich in der Casa de Dom Inácio spirituell untersuchen. Als ich das Medium João de Deus aufsuchte, geschah dies aus reiner Neugier. Als ich an der Reihe war, hat mich die Wesenheit sofort operiert. Jedoch erfuhr ich erst am nächsten Tag, als ich die Wesenheit fragte, dass ich operiert worden war. Es hatte sich um ein ernstes Problem am Herzen gehandelt. Als ich die Wesenheit, Dr. Augusto über den Tumor am Rücken befragte, wurde ich gebeten, diesen zu zeigen, und sofort bat er darum, dass ein Stuhl gebracht würde, damit ich mich hinsetzen könne. In diesem Augenblick operierte er mich ohne irgendein Instrument. Ich spürte nur, wie eine große Menge Flüssigkeit herunter lief und meine

Bluse völlig durchnässte. Danach wurde ich spirituellen Untersuchungen unterzogen, wobei von Dr. Augusto zweimal unsichtbare Abschabungen von meinen Händen gemacht wurden. Ich habe die Abschabungen nicht gesehen, doch in jenem Moment spürte ich ein Brennen an meinen Händen.

Ergebnis - Zu den zu verschiedenen Zeiten aufgetretenen Gesundheitsproblemen wurden folgende Ergebnisse vorgestellt: a) Herz: Ich wurde vollständig geheilt; b) Tumor am Rücken: Ich erholte mich zwei Tage lang und gleich darauf wurde ich von der Wesenheit entlassen; ich spürte nichts mehr und nahm lediglich fünf Fläschchen Medizin zum Einnehmen mit. Ich wurde vollständig von diesem Leiden geheilt; c) Allergie an den Händen: Ich nahm die von der Wesenheit verschriebene Medizin ein, und es ging mir ganz unerwartet besser. Wenige Tage später war die Haut meiner Hände glatt und gesund. Der Hautarzt war sehr beeindruckt und sagte, dass dies tatsächlich nur ein Wunder Gottes sein könne.

TÂNIA DE FÁTIMA ADREONI

Brasilianerin, geschieden, Hausfrau, CI Nr. 2005999491, Porto Alegre, Rio Grande do Sul, wohnhaft in der Rua 02, Quadra 11, lote 07, Bairro Lindo Horizonte, Abadiânia (Goiás).

Gesundheitliche Probleme - Anfangs ging ich wegen der gesundheitlichen Behandlungen meines Lebensgefährten in die Casa de Dom Inácio, welcher an einer degenerativen Netzhaut litt. Auf einer Reise nach Abadiânia stürzte ich eines Morgens, als ich ins Bad ging, und meine Kniescheibe wurde zerstört. Gleichzeitig spürte ich, wie ich von den Wesenheiten der Casa de Dom Inácio behandelt wurde. Ich ging ins Krankenhaus des Badeortes Camburiú in Santa Catarina, um eine Röntgenaufnahme des Knies machen zu lassen, auf welcher deutlich bestätigt wurde, dass die Kniescheibe völlig kaputt war. Der Arzt wollte mich sofort zu einer Operation überweisen, um eine Prothese mit Nägeln am Knie anzubringen, denn er meinte, ich müsste starke Schmerzen haben. Ich hatte überhaupt keine Schmerzen und lehnte die Operation und die Einnahme irgendwelcher Medikamente ab. Ich nahm nur gesegnetes Wasser ein und ließ den Arzt eine Schiene anbringen, damit ich nach Abadiânia weiterreisen konnte.

Durchgeführte Behandlung - Als ich in Abadiânia ankam, zeigten sich keinerlei Schmerzen oder Schwellungen. Ich konnte selbständig gehen und ich fühlte mich körperlich gut. Von diesem Tag an blieb ich in Abadiânia und wohnte dort. Ich musste weder Stock, noch Krücken oder Prothesen benutzen. Ich wurde ausschließlich von den Wesenheiten der Casa de Dom Inácio behandelt, und kein Arzt hat mein Knie berührt. Einige Tage später löste sich die Schiene plötzlich und jemand entfernte sie und legte nur einen Verband um das Knie an. Ich ging zu Fuß durch ganz Abadiânia, ganz ohne Kniescheibe. Während der Behandlungsperiode begann ich ehrenamtlich zu arbeiten (ich half den Menschen in der Apotheke der Casa de Dom Inácio). Ich las das Evangelium zuhause, in den Wohnungen und Häusern der Menschen, die mich darum baten. Die Wesenheiten führten mehrere Operationen durch, ohne dass ich es wusste.

Ergebnis - Ein Jahr nach dem Unfall kehrte ich in meine Stadt zurück und suchte einen Orthopäden auf. Ich hörte von ihm, dass er nicht erklären könne, wie ich ohne

Kniescheibe normal gehen könne. Heute bin ich sehr glücklich, dass ich das Privileg genieße, eine Tochter der Casa de Dom Inácio zu sein, wo ich lernte, was wahre Liebe, Frieden und Glück ist, denn dort fühlen wir die Anwesenheit Gottes in unseren Herzen. Ich wurde durch die Gnade zu glauben geheilt, durch meine ehrenamtliche Arbeit, durch meine Liebe zur Casa de Dom Inácio und durch die Liebe der Wesenheiten zu allen Menschen, die in die Casa kommen und irgendetwas suchen. Ich habe viele Begünstigungen erfahren, nicht nur für mich, sondern auch für meine ganze Familie.

ISMAR ESTULANO GARCIA

Brasilianer, geschieden, Rechtsanwalt und Universitätsprofessor, 62 Jahre alt, CI Nr. 2399 (OAB-GO), Geschäftsadresse in der Avenida Goiás, Nr. 310, 7° andar, conjunto 701, Goiânia (GO).

Gesundheitliche Probleme - Nachdem ich das fünfzigste Lebensjahr vollendet hatte, empfahl mir die medizinische Abteilung des Unternehmens, in dem ich arbeitete (UCG) eine Prostatauntersuchung, wenigstens eine pro Jahr. Ich kam dieser Empfehlung regelmäßig nach, und die Ergebnisse waren immer normal. Im Alter von neunundfünfzig Jahren, zeigte das Untersuchungsergebnis einen übertrieben erhöhten Wert im Vergleich zur vorangegangenen Untersuchung, welche sechs Monate zuvor durchgeführt worden war. Bemerkenswert ist, dass ich die vier Monate vor der Untersuchung ernste persönliche Probleme durchgemacht hatte, welche zu gewissen psychologischen Störungen geführt hatten. Der Urologe, der die Untersuchungen seit Jahren begleitete, war besorgt und leitete die Ergebnisse an einen Kollegen weiter. Eine Biopsie der Prostata wurde angefordert und die Ergebnisse waren alarmierend: Krebs. Weitere Untersuchungen wurden von Spezialisten durchgeführt, welche "Metastasen" feststellten. Bei einer Cintilografia bestätigte das Ergebnis Metastasen im Beckenbereich. Der Arzt empfahl die Entfernung der Prostata, nur um meine "Lebensqualität" zu verbessern, denn die "Metastase" war unumkehrbar. Einer der Ärzte sagte, dass ich die Hoffnung nicht nähren sollte, da bei dem Rhythmus, in welchem sich die Krankheit ausbreitete, meine Lebenserwartung bei ungefähr fünf Jahren läge. Ein anderer Arzt sagte, dass weltweit viele Untersuchungen durchgeführt würden, und dass es passieren könne, dass Heilung möglich wird. Ein anderer sagte einen bedeutenden Satz: "In vielen Jahren Berufserfahrung habe ich Unerklärliches erlebt. Für Gott ist nichts unmöglich." Nur Menschen, die ähnliche Erfahrungen durchlebt haben, wissen, wie ich mich gefühlt habe. Ich litt an Schlafstörungen und erlebte Perioden, in denen ich absolut unfähig war, die Arbeiten des Alltags zu verrichten. Aufgrund einer Allergie war ich Jahre zuvor schon in Behandlung bei einem Homöopathen gewesen. Ich suchte diesen auf, und bekam eine gewisse psychische Ruhe. Der Homöopath erzählte mir von einem befreundeten Naturheilarzt, der alternative Heilmethoden anwandte, die sich von den Behandlungsmethoden der konventionellen Medizin unterschieden. Ich suchte diesen auf und begann die Behandlung. Die Besserung war deutlich. Einige Zeit danach zeigte die Biopsie des Beckenbereiches nichts Anormales an. Der Onkologe bestätigte das Nichtvorhandensein der "Metastasen" und beschloss die Entfernung der Prostata. Der Naturheilarzt empfahl, diese Operation nicht machen zu lassen, denn der Krebs ging zurück. Mit Zweifeln entschied ich mich, sie nicht herausnehmen zu lassen. Ich begann an die alternative

Behandlung zu glauben und befolgte, was mir auf der Grundlage kontrollierter Ernährung und natürliche Medikamente verordnet wurde.

Insgesamt konsultierte ich elf Ärzte, drei davon wussten nicht, dass ich Krebs hatte. Ich sagte ihnen, dass das Problem meinen Vater betraf, und dass ich ihm auf die bestmögliche Weise helfen wollte. Ziel war es, ein Maximum an Informationen über die Krankheit zu erhalten. Alle waren ziemlich ehrlich, besonders, da ich sie gebeten hatte, nichts zu verbergen. Anstatt negative Kommentare über sie fallen zu lassen, bestätige ich, dass ich den größten Respekt für sie empfinde, denn sie haben im Rahmen ihrer Spezialisierung getan, was ihnen möglich war. Von allen erwähne ich hier zwei Namen: Dr. Carlos Lima Melo (Goiânia, Goiás) und Dr. Fernando Hoisel (Salvador, Bahia).

Durchgeführte Behandlung - Ich suchte die Casa de Dom Inácio zum ersten Mal in der Zeit der alternativen Behandlung auf, nicht aus gesundheitlichen, sondern aus geschäftlichen Gründen. Als ich das erste Mal behandelt wurde, sagte die Wesenheit, ohne dass ich etwas über meine Krankheit gesagt hätte, nur, dass sie mir helfen würde, und verschrieb mir Passiflora, welches ich wie empfohlen einnahm. Eines Tages, als ich gerade von einer Reise wiederkam, und mit Medium João zu Mittag aß, sagte er mir, dass ich ein gesundheitliches Problem hätte, ich mir jedoch keine Sorgen machen solle, denn die Krankheit würde ganz natürlich verschwinden. Monate später sagte die Wesenheit bei den Arbeiten in der Casa de Dom Inácio, sie "kümmere" sich um mich. Nachdem einige Zeit verstrichen war, sagte die Wesenheit, dass sich meine Arbeit dem Ende nähere. Obwohl ich auf eigene Verantwortung die Einnahme des Naturheilmittels vermindert habe, habe ich es niemals ganz abgesetzt.

Ergebnis - Nach einiger Zeit, begann ich, nachdem ich zahlreiche Zweifel überwunden und wissenschaftlich unerklärliche Dinge erlebt hatte, an die spirituelle Behandlung zu glauben. Nach einem psychologischen und spirituellen Recycling war ich auf Schlimmeres vorbereitet. Doch zu meiner Freude hat die spirituelle Behandlung mein Leben vollständig geändert. Als das vorliegende Buch schon beendet war, fragte ich, ob mein persönliches Problem bei den Berichten über die konkreten Fälle von Spirituellen Heilungen eingefügt werden könne: Es wurde gestattet. Viele Jahre sind seit der Biopsie, welche die "Metastasen" angezeigt hatte, bereits vergangen. Ich fühle mich gut und übe meine beruflichen Tätigkeiten normal aus. Heute lebe ich glücklich und kann sagen, dass die Tatsache, dass ich Medium João kenne und die Casa de Dom Inácio regelmäßig besuche, zu den besten Dingen gehört, die mir je passiert sind.

JOÃO TEIXEIRA DE FARIA

Brasilianer, geschieden, Farmer, mit Kontaktadresse in der Casa de Dom Inácio, Abadiânia (Goiás).

Gesundheitliche Probleme - Ich litt vor langer Zeit an Hirnblutungen. Infolgedessen blieben ein schiefes Auge, steife Arme, "dumme" Hände und ein etwas schiefer Körper zurück. Auch so behandelte ich weiterhin die Menschen in der Casa de Dom Inácio, und die Situation hielt einige Zeit an. Die Wesenheiten vollbrachten weiterhin Spirituelle Heilungen, indem sie meinen Körper als Instrument benutzten. Nach dem was mir erzählt wurde, kehrten mein Auge, meine Arme, meine Hände und mein Körper wieder in ihren normalen Zustand zurück, und nichts zeigte die Folgen der Blutungen. Doch sobald die Wesenheit desinkorporierte, trat der Zustand mit schiefem Auge, steifen Armen, "dummen" Händen und dem auf eine Seite hängenden Körper wieder ein.

Durchgeführte Behandlung - Wenn ich inkorporiert bin, bin ich in einem Zustand, als ob ich, man könnte sagen, schliefe; ich erinnere mich nicht daran, was geschieht. Doch mir wurde erzählt, dass die Wesenheit eines Tages zu den Anwesenden sagte, dass ich operiert würde. Indem meine Hände benutzt wurden, wurde mit dem Skalpell ein Schnitt in meinen Brustkorb, ein wenig unterhalb der linken Brustwarze gemacht. Es heißt, dass ich zwei Finger in den gemachten Einschnitt eingeführt habe, was für viele eine "Selbstoperation" wäre. Laut Information der Anwesenden hat es nur wenig geblutet. Ich habe keinen Schmerz gespürt und die Narbe ist schnell verheilt.

Ergebnis - Ich wurde vollständig geheilt. Das schiefe Auge wurde wieder normal, das gleiche geschah auch mit den Armen, den Händen und dem Körper. Es sind schon viele Jahre vergangen und ich erfülle weiterhin meine Mission, den guten Geistern als Werkzeug zu dienen, um wissenschaftlich nicht erklärbare Heilungen zu vollbringen.

Kapitel VI

Spirituelle Manifestationen und das brasilianische Recht

Um über juristische Dinge zu sprechen, müssen Fachbegriffe benutzt werden, die von vielen nicht immer verstanden werden. Um Verständnisschwierigkeiten zu vermeiden, hat der Autor möglichst einfache Ausdrücke gewählt. Für alle Anwender des Rechtes (Polizeikommissare, Anklagevertreter, Strafrichter und Rechtsanwälte) können diese Erklärungen primitiv erscheinen. Doch für viele sind sie notwendig, um sich besser an das dargelegte Thema anpassen zu können.

1. Religionsfreiheit

Sichert die Bundesverfassung die Religionsfreiheit des brasilianischen Bürgers?

Ja, denn es gibt weder Freiheit ohne Religion, noch Religion ohne Freiheit. In der Magna Carta von 1988, Artikel 5, VI wird ausdrücklich erwähnt: "Die Freiheit des Bewusstseins und des Glaubens ist unverletzlich, die freie Ausübung der religiösen Kulte ist gesichert, und der Schutz der Orte, an welchen diese und ihre Gottesdienste ausgeübt werden, ist garantiert."

Werden Spirituelle Heilungen durch das erwähnte Grundgesetz gesetzmäßig als Religionsfreiheit geschützt?

Ja. Die Religionsfreiheit ist ein Recht eines jeden Bürgers, das in den meisten gerichtlichen Entscheidungen anerkannt wird. Unglücklicherweise gibt es, zwar in der Minderheit, auch diejenigen, welche nicht so denken.

Gibt es ein Grundrecht, welches für Spirituelle Heilungen eintritt?

Im Fall der Spirituellen Heilungen, wie sie in diesem Buch gemeint sind, kann man nicht von Verbrechen sprechen. Die menschlichen Gesetze können nur menschliches Verhalten regeln. Spirituelle Heilungen sind von der Wissenschaft noch nicht zu erklären. In Anbetracht der fehlenden wissenschaftlichen Erklärungen, sind die in der Vollbringung von Spiritueller Heilung ausgeübten Vorgehensweisen zulässig.

2. Recht

Was ist Recht?

Das Wort kann unterschiedliche Bedeutungen haben. Von den vielen ist diejenige von Bedeutung, welche dem Leser ein besseres Verständnis für die hier vorgestellten Erklärungen bringt. Demnach ist Recht eine Sammlung von schriftlichen Regeln für bestimmte Angelegenheiten. Genauer ausgedrückt, umfasst das Recht, was dieses Buch betrifft, die gesetzlichen Regeln bezüglich Spiritueller Heilungen.

Um genauer zu verstehen, was Recht ist, muss man wissen, wie es strukturiert ist.

Ohne auf Einzelheiten einzugehen, wie ist das Recht strukturiert?

Das Recht wird gebildet durch das Gesetz, die Doktrin (Rechtsauffassung) und die Rechtsprechung. Für die hier entwickelten Angelegenheiten, beschreibt das Gesetz die Verhaltensweisen, die im Prinzip als unzulässig gelten. Das Gesetz ist das Strafrecht, das die Verhaltensweisen typisiert, welche illegale Ausübung der Medizin, Scharlatanerie und Quacksalberei bedeuten. Die Doktrin[61] kommentiert die drei genannten Straftypen, und die Rechtsprechung erörtert auf konkrete Weise die

---

[61] Im Recht bedeutet "Doktrin" die Meinung der Juristen über bestimmte Angelegenheiten, (Rechtsaufassung)

Position der Gerichtshöfe bezüglich der Zulässigkeit im Bereich der Spirituellen Heilung.

Wie steht die Doktrin zu Spirituellen Heilungen?

Generell ist sie für spirituelle Manifestationen, wenn sie wirklich seriös sind und die verfassungsmäßige Garantie der Religionsfreiheit wahren.

Und wie ist die Rechtsprechung eingestellt?

Ebenso. Sie versucht, den Unterschied zwischen Betrug und Echtheit festzulegen.

3. Strafgesetz

Welcher Teil des Rechts behandelt speziell Spirituelle Heilungen?

Das Strafgesetz.

Was ist das Strafgesetz?

Das Strafgesetz ist eine Auswahl von Artikeln, welche allgemeine Strafregeln, kriminelle Verhaltensweisen und Strafen für die Anwendung des Strafrechtes des Staates festlegen. Es ist in zwei Teile unterteilt: Allgemeiner Teil, welcher die Strafregeln generell behandelt, und der Spezielle Teil, welcher die als Verbrechen bezeichneten Verhaltensweisen gesondert behandelt. Die als Verbrechen typisierten Verhaltensweisen werden in Titeln zusammengefasst, die sich um dasselbe juristische Gut drehen: Personen, Erbschaft, immaterieller Besitz, Arbeitsorganisation, Gewohnheiten, Familie, Allgemeinwohl, öffentliche Verwaltung, etc. Unter dem Titel Allgemeinwohl gibt es einen gesonderten Artikel bezüglich der öffentlichen Gesundheit: Epidemien, Unterlassen der Meldung von Krankheiten, Trinkwasservergiftung, Medikamentenfälschung, Kommerzialisierung von für die öffentliche Gesundheit schädlichen Substanzen, illegale Ausübung der Medizin, Scharlatanerie, Quacksalberei, etc.

Ebenso wie es die als Verbrechen bezeichneten Verhaltensweisen beschreibt, legt es gleichzeitig die Strafen für den Zuwiderhandelnden fest. Zusammengefasst: Das Strafgesetzbuch typisiert die unzulässigen Verhaltensweisen und legt in abstrakter Form die Bestrafung fest, die angewandt werden kann.

Was ist das Allgemeinwohl?

Im Recht bezeichnet das "Allgemeinwohl" die verallgemeinerte Sicherheit aller Bürger, ohne jemanden im Besonderen zu erwähnen. Oder man könnte sagen, es handelt sich um die öffentliche Ruhe und den sozialen Frieden. Im hier behandelten Fall, geht es um die Gefahr für die Gesundheit einer unbestimmten Zahl von Personen.

4. Typisierung

Was bedeutet typisieren?

Es bedeutet, einen konkreten Fall an eine abstrakte Beschreibung oder ein typisches Verhalten aus dem Strafgesetzbuch anzupassen.

Was sind typische Verhaltensweisen?

Die brasilianische Gesetzgebung hat zahlreiche Verhaltensweisen ausgewählt, die sie als strafbare Zuwiderhandlungen erachtet, und die sie in dem was als Strafgesetzbuch festgesetzt wurde, katalogisiert. Die Beschreibung des Verhaltens ist der Straftyp. Wenn eine bestimmte Person eine Tat begeht, die mit der Beschreibung des Straftyps übereinstimmt, spricht man von einem typischen Verhalten, was als Zuwiderhandlung gilt. Wenn das analysierte Verhalten nicht zu der typischen Beschreibung passt oder nicht alle Elemente der typischen Beschreibung vereint, spricht man von einem atypischen Verhalten, was bedeutet, dass es kein Verbrechen darstellt.

Und steht es dem Staat an, die beschriebenen Verhaltensweisen als unzulässig zu typisieren?

Ja. Es liegt in der Verantwortung des Staates, Maßnahmen auf allgemeine Weise für die Verteidigung des Bürgers festzulegen. Und im Falle der öffentlichen Gesundheit, erfüllt der Staat seinen Zweck, indem er, unter anderen Regeln, die Strafmöglichkeit für bestimmte Verhaltensweisen, die für die öffentliche Gesundheit schädlich sind, vorsieht.

Wie spricht der Staat die Spirituellen Heilungen an?

Wie bereits gesagt, wird das Recht aus dem Gesetz, der Rechtsauffassung und der Rechtsprechung gebildet. Das Strafgesetz ordnet bestimmte Verhalten, die mit Spiritueller Heilung zusammenhängen, als Straftat ein. Doch es ist angemessen, dass die Doktrin (Kommentare der Gelehrten) und die Rechtsprechung (Entscheidung der Gerichtshöfe) zwischen dem was seriös ist und dem was Betrug darstellt, unterscheiden. Und dies geschieht normalerweise auch. In Zeiten mit soviel Gewalt wendet kein vernünftiger Richter das Gesetz gleichgültig an, indem er seriöse Menschen bestraft, die lediglich versuchen, ihren Nächsten Gutes zu tun, ohne jemandem zu schaden.

Was betrachtet das Strafgesetz in Bezug auf Spirituelle Heilungen als Verbrechen?

Von den vielen, als Verbrechen betrachteten Verhaltensweisen gegen die öffentliche Gesundheit, die mit Spiritueller Heilung zusammenhängen, gibt das Strafgesetz drei vor, namentlich: illegale Ausübung der Medizin, der Zahnheilkunde oder Pharmazeutik; Scharlatanerie und Quacksalberei.

Was bedeuten diese für kriminell gehaltenen Verhalten genauer betrachtet?

Die beste Antwort ist die Wiedergabe dessen, was das Strafgesetz über das jeweilige Verhalten aussagt:

Illegale Ausübung der Medizin, Zahnheilkunde oder Pharmazeutik:[62]

Den medizinischen, zahnärztlichen oder pharmazeutischen Beruf ohne legale Autorisation, oder deren Grenzen überschreitend auszuüben, auch wenn dies kostenlos geschieht:

Strafe - Haftstrafe, von 6 (sechs) Monaten bis zu 2 (zwei) Jahren.

Einziger Paragraph. Wurde das Verbrechen mit der Absicht Einkommen zu erzielen, begangen, werden zudem Geldstrafen auferlegt.

Scharlatanerie:[63]

Heilung mittels Geheimnistuerei vortäuschen oder als unausbleiblich ankündigen:

Strafe - Haftstrafe, von 3 (drei) Monaten bis zu 1 (einem) Jahr, sowie Geldstrafe.

Quacksalberei:[64]

Ausübung von Quacksalberei:

I - irgendwelche Substanzen gewohnheitsmäßig zu verschreiben, zu verabreichen oder anzuwenden;

II - Gesten, Worte oder sonst welche Mittel benutzen;

III - Diagnosen stellen:

Strafe - Haftstrafe, von 6 (sechs) Monaten bis zu 2 (zwei) Jahren.

Einziger Paragraph. Wird das Verbrechen gegen Vergütung ausgeübt, erhält der Täter außerdem eine Geldstrafe.

Wie können die genannten Verbrechen einfacher unterschieden werden?

Eine vereinfachte Form wäre:

a) Bezüglich der illegalen Ausübung der Medizin: Die Person hat medizinische Kenntnisse, kann sogar ausgebildet sein. Sie kann eine berufliche Befähigung haben, doch es fehlt an einer gesetzmäßigen Autorisation;
b) Bezüglich der Scharlatanerie: Falsche Heilungsversprechen;
c) Bezüglich der Quacksalberei: Die Person, die sie ausübt ist ungebildet, unwissend, grob, wendet bei der durchgeführten Behandlung grobe Mittel an, wobei sie regelmäßig Kunststücke oder List anwendet, und mit der Tätigkeit im Allgemeinen ihren Lebensunterhalt bestreitet.

---

[62] Strafgesetzbuch, Art. 282
[63] Strafgesetzbuch, Art. 283
[64] Strafgesetzbuch, Art. 284

Ist die Tatsache, dass Bezahlung gefordert wird, für das Vorliegen eines Verbrechens notwendig?

Nein. Die Ausübung der illegalen Medizin mit der Absicht, Einnahmen zu erzielen oder die Praxis der Quacksalberei gegen Vergütung setzt den Täter[65] gemäß den einzigen Artikeln 282 und 284 zusätzlich einer Geldstrafe aus.

Kann die Strafe abhängig von den Folgen höher ausfallen?

Ja. Bei allen erwähnten Verbrechen wird die persönliche Freiheitsstrafe um die Hälfte erhöht, wenn schwere Körperverletzung vorliegt; kommt es gar zum Todesfall, wird das Doppelte angewandt. Bei anderen Verbrechen wider die Gesundheit mit vorliegender Schuld erhöht sich die Strafe um die Hälfte, sofern Körperverletzung vorliegt; im Todesfall wird die gesetzmäßige Strafe für schuldhaften Mord (1 bis 3 Jahre) um ein Drittel erhöht angewandt.[66]

5. Betrug und Schuld

Was sind betrügerisches Verbrechen und schuldhaftes Verbrechen?

Betrügerisch ist das Verbrechen, wenn es vorsätzlich geschieht, und schuldhaft, wenn es die Folge von Fahrlässigkeit, Unerfahrenheit oder Nachlässigkeit ist.

Was ist Betrug und was ist Schuld in einer für Laien verständlichen Sprache ausgedrückt?

Um die juristischen Argumente besser zu verstehen, ist es wirklich notwendig zu verstehen, was Betrug und was Schuld im Rechtswesen bedeutet, besonders da es einen beträchtlichen Unterschied zwischen der juristischen Terminologie und dem allgemeinen Verständnis gibt. Im Volksmund versteht man unter Schuld den "Vorsatz", wobei der Ausdruck "hatte keine Schuld" üblich ist, um auszudrücken, dass es keinen "Vorsatz" gab. Im Recht ist es ein bisschen anders: Wenn es einen Vorsatz oder einen durch ein Ziel geleiteten Willen gibt, handelt die Person betrügerisch, ebenso, wie es Betrug wäre, "wenn sie die Folgen nicht beabsichtigt, jedoch das Risiko eingeht, diese herbeizuführen"; wer die Folgen aus Unerfahrenheit (fehlende technische Kenntnisse), Fahrlässigkeit (mutwillig) oder aus Nachlässigkeit (Unterlassung, mangelnde Vorsicht) hervorruft, handelt schuldhaft.

Sind Verbrechen, auch die nicht hier erwähnten, immer betrügerisch, oder können sie auch schuldhaft sein?

In der Regel sind sie betrügerisch. Sind sie schuldhaft, dann muss dies gesetzlich vorhersehbar sein.

Ist die schuldhafte Form besonders im Falle der Spirituellen Heilungen möglich?

---

[65] Täter: Der das Verbrechen begeht.
[66] Strafgesetzbuch, Art. 258 und 285.

Nein. Sowohl die illegale Ausübung der Medizin, als auch die Scharlatanerie und die Quacksalberei sind Verbrechen, die nur betrügerisch begangen werden können, beziehungsweise, wenn der Täter das Ergebnis will oder das Risiko eingeht, es herbeizuführen. Ein Verbrechen aus Fahrlässigkeit, Unerfahrenheit oder Nachlässigkeit ist nicht möglich.

Wenn kein Betrug vorliegt und der Angeklagte freigesprochen wird, wäre dann die Tatsache, dass gerichtlich vorgegangen wurde, nicht ein Grund für die Auflehnung jener, die Spirituelle Heilungen vollbringen?

Es kann tatsächlich so scheinen, dass die reine Tatsache, dass gerichtlich vorgegangen wird, Ungerechtigkeit darstellt. Doch die Menschen, welche bei der Durchführung von Spirituellen Heilungen als Instrument für die guten Geister dienen, erhalten diesen Auftrag nicht als Privileg, sondern als eine göttliche Mission, einzige Form, das Unverständnis und die Verfolgung, deren sie Opfer sind, zu ertragen.

Und was ist Ungerechtigkeit für die Medien, welche als "Werkzeuge" in den Spirituellen Heilungen dienen, in Bezug auf das, was normalerweise geschieht?

Was üblicherweise vorkommt, sind die Suche von Indizien bei polizeilichen Untersuchungen und Anklagen in gerichtlichen Verfahren wegen Ausübung illegaler Medizin und Quacksalberei.

6. Versuch

Kann nur der Versuch der illegalen Ausübung der Medizin, der Scharlatanerie oder der Quacksalberei vorliegen?

Die illegale Ausübung der Medizin kann, da sie ein gewohnheitsmäßiges Verhalten beinhaltet, keinen Versuch darstellen. Die Quacksalberei stellt gleichfalls nur dann ein Verbrechen dar, wenn sie gewohnheitsmäßig auftritt, womit versuchte Quacksalberei nicht möglich ist. Die Scharlatanerie, welche kein gewohnheitsmäßig verübtes Verbrechen darstellt, kann einen Versuch beinhalten.

Was bedeutet für das Strafrecht ein versuchtes Verbrechen?

Das Strafgesetz legt dies präzise fest:

> Verbrechen:
>
> I - Begangen, wenn in ihm alle Elemente seiner legalen Definition vereint sind;
>
> II - Versucht, wenn die Ausübung eingeleitet, jedoch wegen Umständen, die nichts mit dem Willen des Täters zu tun haben, nicht begangen wird.[67]

---

[67] Strafgesetzbuch, Art. 14

7. Mittäterschaft

Kann derjenige, der bei der Ausübung der illegalen Medizin, der Scharlatanerie oder der Quacksalberei mithilft, ebenfalls bestraft werden?

Ja. Es spielt keine große Rolle, ob die Tat öffentlich oder privat begangen wurde, wenn der Täter des Verbrechens verantwortlich gemacht wird, wird derjenige, welcher bewiesenermaßen bei der Ausübung geholfen hat, als Mittäter betrachtet, und kann somit bestraft werden. Dies sagt Artikel 29 des Strafgesetzbuches aus: " Wer welcher Art auch immer zu einem Verbrechen beiträgt, ist im Maße seiner Schuld auch von den diesen auferlegten Strafandrohungen betroffen.

8. Öffentliche Straftat

Was bedeutet öffentliche Tat?

Verbrechen können eine private[68] oder eine öffentliche Handlung[69] sein. Im Fall einer öffentlichen Tat, kann sie von der Repräsentation abhängig[70] oder unabhängig sein.[71] Wenn es sich um eine unabhängige öffentliche Tat handelt, können gesetzliche Maßnahmen sogar gegen den Willen des vermutlichen Opfers oder seines gesetzlichen Vertreters ergriffen werden.

Sind Verbrechen bezüglich Spiritueller Heilungen private oder öffentliche Handlungen?

Sowohl die illegale Ausübung der Medizin, als auch Scharlatanerie und Quacksalberei sind unabhängige öffentliche Handlungen.

Heißt das, dass gesetzliche Maßnahmen selbst dann ergriffen werden können, wenn die betroffene Person dies nicht will?

Ja. Die Logik ist, dass die von der Spirituellen Heilung betroffene Person kein Interesse an einem Strafprozess gegen das Medium hat, welches als Vermittler für die Spirituelle Heilung gedient hat. Doch die polizeiliche Unersuchung kann eingeleitet werden, und der Strafprozess kann sogar gegen den Willen der betroffenen Peron geführt werden.

---

[68] Wenn das gerichtliche Verfahren auf Initiative des vermutlichen Opfers mittels der von ihr oder durch einen gesetzlichen Vertreter eingereichten Klage eingeleitet wird.

[69] Wenn das gerichtliche Verfahren auf Initiative der Staatsanwaltschaft (Anklagevertreter) in Folge einer Anzeige eingeleitet wird.

[70] Im Rechtswesen hat der Begriff Repräsentation verschiedene Bedeutungen. Wenn das Gesetz sagt, dass die Initiative des Staates von der Repräsentation abhängt, um eine Untersuchung einzuleiten (Zivilpolizei) oder Anzeige zu erstatten (Staatsanwaltschaft), wodurch der Prozess eingeleitet wird, heißt das, dass das Opfer oder der gesetzliche Vertreter dies autorisieren (zustimmen, erlauben), dass gesetzliche Maßnahmen ergriffen werden.

[71] Die unabhängige Tat hängt nicht von der Repräsentation ab.

9. Ermittlungsverfahren und Verurteilung

Wie geht der Richter vor, um herauszufinden, ob es in einem konkreten Fall tatsächlich zu einer spirituellen Manifestation gekommen ist oder es sich um Betrug handelt?

Nach Erhalt der Anklage und der Entscheidung für ein Verfahren, lädt der Richter den Angeklagten zu seiner Verteidigung vor. Die in ihrem gesamten Umfang ausgeführte Verteidigung ist eine in der Bundesverfassung vorgesehene Garantie des Bürgers.[72] Ganz gleich, welches Verbrechen begangen wurde, es wird ein Ermittlungsverfahren geben, das Beweise erbringt, wobei die Zeugenaussagen hervorstechen. Am Ende, verkündet der Richter nach den Beurteilungen der erbrachten Beweise durch Kläger und Verteidigung das Urteil, welches den Angeklagten verurteilt oder freispricht.

Was bedeutet Ermittlungsverfahren?

Das Ermittlungsverfahren ist die Phase des Prozesses, in der die Beweise erbracht und Ermittlungen durchgeführt werden, um alle Zweifel bezüglich der als strafrechtlich unzulässig angezeigten Sache zu klären.

Ist es nicht sehr schwierig für den Richter, zu wissen, ob es in einem bestimmten Fall tatsächlich eine spirituelle Behandlung gab oder es sich nur um Betrug handelt?

Nicht, wenn das Ermittlungsverfahren gut durchgeführt wurde. Und damit dem so ist, können und müssen sowohl die Kläger, als auch die Verteidiger Beweise einbringen. Selbst dann noch muss der Richter den Angeklagten freisprechen, falls Zweifel geblieben sind, wobei er sich auf das Prinzip "in dubio pro reo" (im Zweifel für den Angeklagten, Anm. der Übersetzerin) beruft, denn "es ist besser neun Schuldige freizusprechen, als einen Unschuldigen zu verurteilen".

Werden die Zuwiderhandelnden zur Verantwortung gezogen, wenn es sich tatsächlich um Betrug und/oder finanzielle Vorteilnahme handelt?

Ja. In der Weite des brasilianischen Territoriums gibt es viel Schwindel im Namen der Religion. Wenn der Richter anhand der gesammelten Beweise von einer kriminellen Handlung überzeugt ist, wird die Entscheidung verurteilend ausfallen.

Was ist die Beweissammlung?

Die Antwort ist bereits in der Frage selbst enthalten. Sie ist die Sammlung von Beweisen, der im Ermittlungsverfahren erbrachten Beweise, welche dem Richter die Verurteilung oder den Freispruch ermöglicht.

---

[72] Bundesverfassung, Art. 5: "den Prozessierenden im Gerichtsverfahren oder im Administrativverfahren und den Angeklagten im Allgemeinen werden der Widerspruch und die umfangreiche Verteidigung garantiert..."

10. Vorgezogenes Urteil

Kann der Richter vor dem Prozess ein Urteil sprechen, wenn er überzeugt ist, dass kein Verbrechen vorliegt?

Er kann die Klage abweisen. Doch wenn ihr durch das geltende System des Strafgerichtsverfahrens stattgegeben wurde, kann er den Angeklagten lediglich im endgültigen Urteilsspruch freisprechen, nachdem dem Angeklagten das umfassende Recht der Verteidigung gegen die gegen ihn gerichtete Anklage gewährt wurde.

Kann der Richter selbst wenn er der Klage stattgegeben hat, den Angeklagten vorzeitig freisprechen, was bedeutet, vor der Anhörung der Zeugenaussagen?

Für Laien muss erklärt werden, dass es im brasilianischen Zivilverfahren das *Urteil vor dem Rechtsstreit* gibt, bei welchem der Richter, nach Einschätzung der Tat durch den Kläger und nach dem Widerspruch des Angeklagten, entscheiden kann, dass kein zu beweisender Tatbestand vorliegt, sondern lediglich ein zu entscheidender Rechtsgegenstand.[73] Dann wird er ohne weitere Verzögerungen die Entscheidung treffen.

Was den Strafprozess angeht, ist ein vorgezogenes Urteil nicht erlaubt. Ohne Zweifel entwickelt sich das Rechtswesen derart, dass in der Zukunft die vorgezogene Entscheidung möglich sein wird, jedoch nur zum Freispruch, denn eine vorgezogene Verurteilung würde die verfassungsmäßige Garantie des umfassenden Verteidigungsrechtes verletzen. Es ist wohl wahr, dass das vorgezogene Urteil schon bezüglich der Verjährung schon von einigen Richtern praktiziert wird, was jedoch Verjährung auf Basis der wahrscheinlichen Strafe bedeutet. Doch das vorgezogene Urteil zur Freisprechung, welches den Verdienst beurteilt und den Angeklagten freispricht, ist noch nicht möglich.

Und was ist Verdienst (mérito)?

In diesem Fall, ist Verdienst die wirkliche Tatsache, beziehungsweise das als Verbrechen angezeigte Verhalten, das im Strafgesetz vorgesehen ist. Bei der Ermittlung müssen bestimmte Regeln befolgt werden, wie sie im Strafverfahrensgesetz vorgegeben werden. Am Ende des Prozesses verkündet der Richter die Entscheidung des Verdienstes, wobei er den Angeklagten verurteilt oder freispricht. Wenn der Richter der Klage stattgegeben hat, kann er nur noch am Ende bei Urteilsverkündung freisprechen.

Gibt es keine andere Alternative?

In einem bestimmten Gerichtsbezirk war Medium João in einer gerichtlichen Untersuchung wegen illegaler Ausübung der Medizin und wegen Quacksalberei angezeigt worden. Der Klage wurde stattgegeben, und er wurde zum Verhör geladen. Im Verhör sagte er aus, von nichts zu wissen, denn er sei während er Medikamente verschrieb oder Heilungen durchführte inkorporiert. Er als Medium sei nur ein Werkzeug der Geistwesen. Nach dem Verhör sprach der Richter mit dem

---

[73] CPC, Art. 330: "Der Richter wird direkt von Antragstellung an Bescheid wissen und das Urteil verkünden:
I - wenn es nur um einen rechtlichen Verdienst geht oder wenn dieser rechtlich und tatsächlich ist, jedoch keine Notwendigkeit besteht, in einer Anhörung Beweise zu erbringen.

Vertreter der Staatsanwaltschaft und argumentierte, dass er den Prozess in diesem Moment abschließen würde, sofern der Kläger keine Berufung einlegt. Er stellte klar, dass er zahlreiche Strafprozesse wegen Mordes, Diebstahls, Raubüberfällen, Entführungen, Vergewaltigungen und anderer gewalttätiger Verbrechen zu leiten hätte, und es keinen Sinn mache, die Zeit des Gerichtes mit diesem Prozess zu verschwenden, in welchem der Angeklagte nichts getan hatte, was irgendjemandem geschadet hätte. Tatsächlich gab es in den Gerichtsakten lediglich Bestätigungen von Begünstigten, und keinen einzigen Geschädigten. Im Einverständnis mit dem Anklagevertreter und ohne irgendein Erscheinen der Verteidigung rief er den Prozess zur Ordnung und revidierte die vorherige Entscheidung, mit welcher er der Anklage stattgegeben hatte; er beschloss, die Gerichtsakte niederzulegen und den Vertreter der Staatsanwaltschaft einzuladen, welcher sich dafür aussprach, keine Berufung gegen die Entscheidung einzulegen, womit diese in ein Urteil gewandelt wurde.

11. Verjährung

Als die Erklärungen über die Spirituellen Heilungen zur Verbreitung freigegeben wurden, waren die Daten angegeben, an welchen die Informationen mitgeteilt wurden. Weshalb wurden diese Daten im Buch nicht veröffentlicht?

Um zu verhindern, dass die veröffentlichten Daten rechtlich gegen Medium João verwendet werden. Mit Bedacht werden die von den durch Spirituelle Heilungen begünstigten Menschen gegebenen Informationen nur sehr vage, ohne Angabe des Datums präsentiert. Der Autor hat dafür Sorge getragen, nur solche Fälle zu veröffentlichen, anhand welcher es wegen der Verjährungsfrist nicht möglich ist, wegen Ausübung illegaler Medizin, Scharlatanerie oder Quacksalberei gerichtlich gegen Medium João vorzugehen.

Was ist Verjährung?

Das bedeutet, dass der Staat (die Justizgewalt) ihr Recht zu bestrafen aufgrund der Zeit, welche vergangen ist, ohne dass der Prozess zu einem Ende gekommen wäre, verloren hat.

Gibt es viele Fälle von Verjährung in Brasilien?

Ja, aus vielerlei Gründen, besonders durch das Übermaß an Gerichtsverfahren.
Das Gerichtswesen ist schlicht nicht in der Lage, so viele Verfahren zu beurteilen, wie ihm zugeführt werden.

12. Geringfügige Verbrechen

Angenommen, man würde dem zustimmen, dass Spirituelle Heilungen eine Verletzung des Strafrechtes bedeuten, würde es sich dann nicht um geringfügige Verletzungen handeln?

Doch, sowohl die illegale Ausübung der Medizin, als auch Scharlatanerie und Quacksalberei sind geringfügige Vergehen.

Wie kann man wissen, wie Vergehen anhand ihrer Schwere oder Geringfügigkeit einzuordnen sind?
Geringfügig sind jene Vergehen, deren Höchststrafe zwei Jahre nicht überschreitet; wenn die Mindeststrafe nicht höher als ein Jahr ist, wird es als Vergehen mittleren Ausmaßes angesehen; wenn das Vergehen weder geringfügig, noch von mittlerem Ausmaß ist, so ist es schwerwiegend, was bedeutet, dass die vorgesehene Mindeststrafe über einem Jahr Freiheitsstrafe liegt.

Was ändert sich am Prozess, wenn das Vergehen als geringfügig eingestuft wird?

Im Strafprozess wird die Form, der befolgte Weg oder die Gesamtheit der Prozesshandlungen Verfahren genannt. Wenn es sich um ein geringfügiges Vergehen handelt, erlaubt das vorgesehene Verfahren einen Vergleich, um den Strafprozess zu vermeiden. Wenn das Vergehen mittleren Ausmaßes ist, kann ein Vergleich geschlossen werden, um den Prozess einzustellen. Bei schwerwiegenden Vergehen ist kein Vergleich zulässig.

Sind die Vergehen, die mit Spirituellen Heilungen zu tun haben, geringfügig?

Ja, denn aufgrund der geringen Schwere überschreiten die vorgeschriebenen Höchststrafen zwei Jahre nicht.

13. Berufung

Ist nach der richterlichen Entscheidung, ob verurteilend oder freisprechend, Berufung möglich?

Ja. Im brasilianischen Recht ist die Berufung verfassungsmäßig garantiert.
Es gibt zwei Instanzen der Rechtsprechung. Diejenige Partei, welche nicht mit der Entscheidung des Richters einverstanden ist, kann in zweiter Instanz (Gerichtshof) Berufung einlegen. Wenn der Angeklagte freigesprochen wird, kann der Staatsanwalt Widerspruch einlegen, wenn er will. Wenn es zur Verurteilung kommt, kann die Verteidigung gleichermaßen Berufung einlegen.

Wird in den Prozessen wegen Spiritueller Heilungen häufig Widerspruch eingelegt?

Nein. In der Regel wird alles in erster Gerichtsinstanz entschieden. Nach Ansicht des Autors müssen verschiedene Umstände berücksichtigt werden. An erster Stelle ist es Tatsache, dass es wegen der vorgesehenen geringen Strafen häufig zu Verjährung kommt.

Auch besteht ein allgemeines Verständnis der Richter in dem Sinne, dass Verbrechen der illegal ausgeübten Medizin, der Scharlatanerie und der Quacksalberei geringfügige Vergehen sind, welche keine schwerpunktmäßige Behandlung des Gerichtes verdienen. Nur in Fällen von offensichtlichem Betrug kommt es zu einem Urteilsspruch.

Außerdem erkennt der Richter in anbetracht der Tatsache, dass jeder Bürger in der Ausübung seiner Religion frei ist, und nur Praktiken, welche die öffentliche Moral und das Gesetz gefährden, zu verurteilen sind, den verfassungsmäßigen Schutz der Religionsfreiheit an.

Derart werden die meisten Vorfälle in erster gerichtlicher Instanz mit einer Verurteilung der betrügerischen Fälle gelöst und umgekehrt mit einem Freispruch, wenn die Spirituellen Heilungen seriös sind, was die Zahl der eingelegten Widersprüche reduziert.

14. Psychographie und Urheberrecht

Gehören die Urheberrechte von Büchern, die psychographisch empfangen und von Geistwesen, welche inkarniert Familie hatten, diktiert wurden, den Hinterbliebenen?

Nein. Die Justiz hat bereits festgelegt, dass die Autorenrechte mit dem Tod enden. So kann man also nicht von geerbten Autorenrechten sprechen. Geistwesen haben weder Erben, noch Nachfolger.

Schützt das Gesetz die Urheberrechte auf unbestimmte Zeit?

Nein. Der rechtliche Schutz gilt nur für das intellektuelle Schaffen im Leben und für bestimmte Zeit nach dem Tod des Autors. Zurzeit gilt der rechtliche Schutz siebzig Jahre.

Gibt es konkrete Fälle zu diesem Thema?

Ja, es gibt einen Fall, der Bücher betrifft, die von dem Geistwesen Humberto de Campos diktiert wurden, und von Francisco Cândido Xavier psychographisch empfangen wurden.

Wer war Humberto de Campos?[74]

Humberto de Campos (1886 - 1934) war ein großer Journalist, Politiker, Kritiker, Chronist, Dichter, Biograph und Memoirenschreiber. Er hat die lobreichen Kommentare zu dem Buch *Parnassische Schule des Jenseits* geschrieben, einer Sammlung von Gedichten, welche von desinkarnierten Geistwesen diktiert worden waren.[75] Humberto de Campos lobte das Buch, doch er machte einen ungewöhnlichen Kommentar, indem er behauptete, dass von Geistwesen diktierte Bücher unlauterer Wettbewerb seien, denn inkarnierte Schriftsteller wie er müssten mit den alltäglichen Kosten zum Überleben kämpfen.[76]

Und was hat Humberto de Campos mit Chico Xavier zu tun?

Während seines Lebens nichts. Als er desinkarnierte, hat sein "Geist" ein umfangreiches literarisches Werk diktiert, welches von Chico Xavier psychographisch empfangen und von der Federação Espírita Brasileira (Spiritistische Vereinigung Brasiliens) herausgegeben wurde.

---

[74] Siehe auch Kapitel I, 2.
[75] Academia Brasileira de Letras. In: CMPOS, Humberto de. Unter http://www.biblio.com.br/templates/humbertodecampos.htm
[76] SOUTO MAIOR, Marcel. *As vidas de Chico Xavier*, S. 48

Die Botschaften, Erzählungen, Chroniken, Novellen und die Gedichte, also alles, was von Humberto de Campos diktiert und von dem ehrbaren Medium aus dem Staat Minas Gerais empfangen worden war, wurde in Büchern veröffentlicht (Neue Botschaften; Die Gute Nachricht; Reportagen aus dem Jenseits; Brasilien, Herz der Welt; Vaterland des Evangeliums und Chroniken des Jenseits.)
Erwähnenswert ist, dass die Urheberrechte von Chico Xavier auf die Federação Espírita Brasileira übertragen wurden.

Worin bestand die Absicht der Familie von Humberto de Campos?

Humberto de Campos' Witwe ging mit einer zu klärenden Frage gegen die Federação Espírita Brasileira und Chico Xavier vor Gericht, damit der Richter per Urteil festlege, ob das literarische Werk von dem "Geist" Humberto de Campos sei, oder nicht.

Falls nicht, dass verfügt werde:

a) die Beschlagnahmung der im Umlauf befindlichen Exemplare;
b) strafrechtliche Sanktionen gegen die für die Veröffentlichung Verantwortlichen;
c) das Verbot, den Namen Humberto de Campos für jegliche literarische Veröffentlichung zu nutzen;
d) dass die für die Veröffentlichung Verantwortlichen Zahlungen und Schadensersatz leisten müssen.

Falls ja, dass geklärt werde:

a) ob die Urheberrechte ausschließlich der Familie Humberto de Campos oder der durch die Federação Espírita Brasileira repräsentierten Geistigen Welt gehören, und ob es einen literarischen und wirtschaftlichen Beitrag des Mediums, welches psychographisch empfangen hat, gab;
b) dass die Rechte der Familie Humberto de Campos anerkennt werden; demnach könnten die Rechteinhaber frei über die Werke verfügen;
c) ob die Federação Espírita Brasileira wegen der Veröffentlichung der entsprechenden Werke dem Gesetz nach bußgeldpflichtig wäre.[77]

Hat der Prozess viel Aufmerksamkeit erregt?

Mehr als man sich vorstellen könnte. Die Presse im Allgemeinen hatte schon eine umfangreiche Diskussion darüber eröffnet gehabt, ob die erste Veröffentlichung Francisco Cândido Xaviers (Parnassische Schule des Jenseits) tatsächlich ein von den Geistern der Verstorbenen Dichter diktiertes literarisches Werk oder nur eine Täuschung sei. Renommierte Intellektuelle und ehrbare Literaturkritiker, sowie die Vertreter verschiedener religiöser Glaubensgemeinschaften griffen die Polemik auf. Der vorherrschende Ton war, dass die Kommunikation mit dem Jenseits möglich sei, wenn man an ein Leben nach dem Tod glaubt. Mit dem gerichtlichen Vorgehen der Familie von Humberto de Campos hat sich die Polemik beträchtlich verschärft. Den Intellektuellen und den Kritikern schlossen sich viele Juristen an. Die Presse schenkte dem Fall ziemlich viel Aufmerksamkeit, wie dies bei Themen, welche das öffentliche Interesse wecken, geschieht.

---

[77] TIMPONI, Miguel. Die Psychographie vor den Gerichten S. 12/13.

Auf welche Seite hat Chico Xavier sich bei diesem Prozess gestellt?

Der Prozess hat Chico Xavier wegen des Widerhalls in der Presse und der eventuellen Festnahme als Betrüger sehr verwirrt.

Und wie war die Entscheidung des Gerichtes zu solcherlei spirituellen Manifestationen?

Nach einem brillanten Widerspruch seitens des Rechtsanwaltes der Federação Espírita Brasileira und von Chico Xavier (Miguel Timponi), verwarf der Richter die Klage der Klägerin. Dagegen wurde Widerspruch eingelegt, doch der Gerichtshof bestätigte die Entscheidung des Richters und beendete die Diskussion. Der Prozess wurde zum Präzedenzfall und diente der Federação Espírita Brasileira als Werbung und machte das Medium Francisco Cândido Xavier bekannter und berühmter.

Wurden nach dem Prozess weitere Bücher von dem Geist Humberto de Campos diktiert?

Ja, doch von da an wurden die von Chico Xavier psychografisch empfangenen und von dem Geist Humberto de Campos diktierten Werke als von dem Geist "Bruder X" diktiert identifiziert.

15. Psychographie als gerichtlicher Beweis

Akzeptiert das brasilianische Strafgerichtswesen die psychographisch aufgezeichnete Botschaft als Beweis?

Es muss klargestellt werden, dass es Verbrechen gibt, deren Urteil von der Kompetenz des Amtsrichters abhängt, und Verbrechen, bei welchen die Entscheidungsgewalt bei der Jury liegt (den Geschworenen). Laut Verfassung liegt die Entscheidungsgewalt bei vorsätzlichen (beabsichtigten) Verbrechen gegen das Leben bei der Jury, welche sind: Mord, Überredung und Anstiftung zu oder Mithilfe bei Selbstmord; Kindesmord und Abtreibung. Die Geschworenen sind in ihrem Urteilsspruch souverän, was bedeutet, dass sie psychographisch empfangene Botschaften als Beweis anerkennen können. Was die Verbrechen angeht, deren Urteil in der Kompetenz des Amtsrichters liegt, muss er im Einklang mit seiner freien Überzeugung entscheiden. Um zu seiner Überzeugung zu gelangen, kann der Richter bei der Analyse der gesammelten Beweise auch die psychografisch empfangenen Botschaften in Betracht ziehen.

Die spiritistische Literatur bezieht sich auf den sogenannten "Fall von Goiânia". Worum geht es bei diesem Fall?

Ein Mord in Goiânia fand viel Beachtung in der nationalen und ausländischen Presse, da die Entscheidung des Richters (Orimar de Bastos) auch auf von Chico Xavier empfangenen Briefen basierte. Der Vorfall ereignete sich als zwei befreundete Jungs mit einem Revolver spielten, nachdem sie die Munition entfernt hatten. Dies geschah im Haus des Angeklagten (José Divino Nunes) und der Revolver gehörte seinem Vater (des Angeklagten). Derjenige, der die Patronen aus dem Revolver genommen hatte, Maurício Garcez Henrique, wurde von einem von dem anderen

Jungen ausgelösten Schuss getroffen. Letzterer wusste nicht, dass eine Patrone in der Waffe geblieben war. Gegen den Schützen wurde ermittelt, er wurde wegen vorsätzlichen Mordes angeklagt, und der Prozess wurde geführt. Kein Zeuge hat die Tatsachen miterlebt. In mehr als einem psychografisch empfangenen und an die Eltern adressierten Brief erklärte das Opfer den Täter für unschuldig, indem er sagte, dass dies alles nicht mehr als ein Unfall gewesen sei und den Freund keinerlei Schuld traf. Die Eltern des Opfers verglichen die Unterschriften der Papiere des Sohnes und die der psychografisch empfangenen Briefe und kamen zu dem Schluss, dass sie identisch sind. Auch wurden darin die Namen von mit dem Opfer verwandten Personen erwähnt, die das Medium nicht kannte.

Der Richter analysierte anfangs den Gesichtspunkt der "Absicht" und schlussfolgerte, dass kein vorsätzliches Verbrechen vorlag. Dann analysierte er die mögliche "Schuld" und schlussfolgerte ebenfalls, dass der Angeklagte keinerlei Schuld hatte, da das was geschehen war unvorhersehbar war.

Es muss klargestellt werden, dass es nach brasilianischem Recht bei Verbrechen mit Mord, deren Urteilsspruch in der Entscheidungsgewalt der Jury liegt, eine erste Phase gibt, die in der Verantwortung des Amtsrichters liegt, welcher nach dem Sammeln der Beweise eine der folgenden Entscheidungen trifft: a) er stellt unter Anklage: Er überlässt den Angeklagten dem Urteil der Jury; b) er stellt nicht unter Anklage: Er legt den Prozess mangels Beweisen für die Tat oder die Täterschaft nieder; c) er spricht den Angeklagten frei: Wenn er einen unbestreitbaren Grund anerkennt, der ein Verbrechen ausschließt, beispielsweise legitime Notwehr; d) er stuft das Verbrechen herunter: Wenn er anerkennt dass das begangene Verbrechen nicht der Entscheidungsgewalt der Jury obliegt, da der Staatsanwalt meint, dass es sich um Körperverletzung mit Todesfolge handelt; in diesem Fall liegt die Entscheidung nicht bei der Jury, sondern beim Richter.

In dem erwähnten konkreten Fall hat der Richter die Anklage für gegenstandslos erklärt, da die begangene Straftat mit keiner der vom brasilianischen Strafrecht vorgesehenen Sanktionen belegt werden konnte, zumal die Tat unvorhersehbar war.[78]-[79]

Es heißt auch, dass ein von Chico Xavier psychografisch von dem Geist Alencar Furtado Filho empfangener Hinweis die endgültige Entscheidung beeinflusst habe. Was ist tatsächlich geschehen?

Im Jahr 1982 war das politische Klima in Brasilien aufgrund der langsamen politischen Öffnung, welche aus der Machtübergabe durch das Militär an die Zivilisten resultierte, sehr angespannt. Einer der politischen Führer jener Epoche war der Abgeordnete Alencar Furtado, welcher sein Mandat durch die "Revolution" erhalten hatte. In diesem spannungsgeladenen Ambiente wurde der Bundesabgeordnete Heitor Alencar Furtado Filho im Alter von nur 26 Jahren zum Mordopfer, als er von einer Kundgebung zurückkehrte. Er parkte sein Fahrzeug am Rand der Autostraße, um sich auszuruhen, als er von einem durch einen Polizisten (José Aparecido Branco) abgegebenen Schuss getroffen wurde. Der Mord wurde als Unfall ausgelegt, doch durch das politische Klima kam die Meinung auf, er sei Opfer

---

[78] Hérico Marcos C. Arantes. *Lealdade*, S. 11/28, 37/41, 78/79 und 91/94.

[79] Neben dem Studium diverser Publikationen, die sich auf den Fall beziehen, hat der Autor Richter Orimar de Bastos, der das Urteil gefällt hat, persönlich interviewt.

einer in Auftrag gegeben Hinrichtung. Politische Demonstrationen und der Widerhall in der Presse zeigten an, dass das Urteil in einem vorsätzlichen, qualifizierten Verbrechen münden würde.
Chico Xavier empfing eine Botschaft von dem Opfer, in welcher er bestätigte, dass der Schuss "versehentlich" abgegeben worden war. Der Vater des Opfers überprüfte die Botschaft und bestätigte, dass sie tatsächlich von dem Sohn stammte. Die anfänglich vorgesehene Strafe von dreißig Jahren wurde auf acht Jahre und zwanzig Tage verkürzt.

Gibt es außer den bereits erwähnten einen ähnlichen Prozess, in welchem die spirituelle Kommunikation mit dem Mordopfer das Urteil beeinflusst hat?

Ja. In den achtziger Jahren, wurde Gleide Dutra de Deus, die ehemalige Miss Campo Grande (der heutigen Hauptstadt des Staates Mato Grosso do Sul), von einem Schuss in den Hals getroffen, welcher von ihrem Mann, João Francisco de Deus, abgegeben worden sein soll. Alle Komponenten eines Verbrechens aus Leidenschaft waren gegeben, denn das Opfer war sehr schön, und der eifersüchtige Ehemann hatte die erschwerende Gewohnheit, bewaffnet herumzulaufen. Die Version des Angeklagten, dass es sich um einen versehentlich abgegebenen Schuss gehandelt habe, war sehr wackelig, obwohl das Opfer bevor es verstarb im Krankenhaus zu zwei Krankenschwestern gesagt hatte, dass der Ehemann nicht schuldig war.

Der Angeklagte suchte bei Chico Xavier spirituelle Hilfe. Gleide diktierte Chico eine Botschaft und sprach den Ehemann frei. Als das Urteil gefällt wurde, sprach die Jury den Angeklagten mit sieben zu null Stimmen in einem ersten Urteil frei. Beim zweiten Urteil wurde er wegen schuldhaftem Mord zu einem Jahr Gefängnis verurteilt, doch wurde er nicht inhaftiert, da es aufgrund der bereits vergangenen Zeit schon zu Verjährung gekommen war.[80]

16. Zé Arigó

Wurde das bekannte Medium aus Minas Gerais gerichtlich verfolgt?

Ja. Doch zu jener Zeit war Spirituelle Heilung noch nicht als geringfügiges Verbrechen eingestuft worden.

Wer war Zé Arigó?

José Pedro de Freitas, bekannter als "Zé Arigó", 1921 in Congonhas do Campo, Minas Gerais, geboren.[81] Indem er den Geist von Dr. Fritz inkorporierte, führte er für die Wissenschaft unerklärliche chirurgische Eingriffe durch, die international als Operationen ohne Anästhesie und ohne irgendeine Art von Desinfizierung stattfanden, und bei denen er einfache Instrumente (verrostete Scheren, Löffel, Messer und Taschenmesser) benutzte.[82] Obwohl er schon vorher in Congonhas

---

[80] CANAL JUSTIÇA. Erhältlich unter http:/www.canaljustiça.jor.br/index.php?id=15628
[81] BASÍLIO, José. José Pedro de Freitas (Zé Arigó).
Erhältlich unter http:/www.geae.inf.br/pt/biografias/arigo.php
[82] FULLER, John G. ARiGÓ: Der Chirurg mit dem verrosteten Messer, S. 6/10.

operiert hatte, wurde er erst zwischen den 50er und 60er-Jahren bekannt. Die politische Verwicklung und die ausgiebige Werbung durch die Medien lieferten Zé Arigó gerichtlichen Prozessen aus.

Wie verlief das Strafverfahren gegen Zé Arigó?

Er wurde zweimal wegen Quacksalberei und illegaler Ausübung der Medizin gerichtlich verfolgt. Der erste Prozess begann im Jahr 1956 und endete in einer Verurteilung zu einer Gefängnisstrafe von einem Jahr und drei Monaten. Bevor es zu der Festnahme kam, wurde er von dem Präsidenten der Republik, Juscelino Kubitschek begnadigt.[83] In einem erneuten Prozess wurde er zu einem Jahr und vier Monaten Gefängnisstrafe verurteilt. Er war im Jahr 1962 einige Zeit in Conselheiro Lafaiete, Minas Gerais, einer Nachbarstadt von Congonhas dos Campos, inhaftiert. Er starb am 11. Januar 1971 als Verkehrsopfer.[84]

17. Berühmte, gerichtlich verfolgte Medien

Gab es neben den bereits erwähnten, andere Prozesse gegen berühmte Medien?

Es gab zahlreiche und u.a. können folgende genannt werden:

Inácio Bittencourt

Er wurde am 19. April 1862 in Portugal geboren und starb am 18. Februar 1943 in Rio de Janeiro. Als verschreibendes und heilendes Medium wurde Inácio Bittencourt mehrere Male wegen illegaler Ausübung der Medizin gerichtlich verfolgt und immer freigesprochen. Erwähnenswert ist die geschichtsträchtige Entscheidung des Obersten Bundesgerichtes in einem Grundsatzurteil vom 27. Oktober 1943, welches die religiöse Manifestation anerkannte, die durch die verfassungsmäßige Garantie geschützt ist.[85]

Euripedes Barsanulfo[86]

Ein Name mit großer Bedeutung im brasilianischen Spiritismus. Euripedes Barsanulfo wurde wegen illegaler Ausübung der Medizin gerichtlich verfolgt. Der Prozess wurde aufgrund von Verjährung niedergelegt, da sich kein Richter fand, der ihn hätte verurteilen wollen.[87]

Domingos Filgueiras

---

[83] Es ist erwähnenswert, dass Juscelino Kubitschek Arzt war und eine seiner Töchter durch das Medium Zé Arigó geheilt worden war.
[84] FULLER, John G. ARiGÓ: Der Chirurg mit dem verrosteten Messer, S. 21/25, 130/133, 137, 152/171, 224/229.
[85] BITTENCOURT, Inácio.
Erhältlich unter http:/www.omensageiro.com.br/personalidades/personalidade-8.htm
[86] Siehe auch Kapitel IV, 6.
[87] BARSANULFO, Eurípedes. Erhältlich unter:
http://www.terraespiritual.locaweb.com.br/Espiritismo/biografia53.html

Im Jahr 1904 wurde das Medium Domingos Filgueiras aus Rio de Janeiro zusammen mit dem damaligen Präsidenten der Federação Espírita Brasileira wegen des Todesfalles einer an Pocken erkrankten Frau, welche das Medium behandelt hatte, mit der Begründung der Ausübung von Quacksalberei gerichtlich verfolgt. Am Ende wurde die Tat sowohl bezüglich des Mediums, als auch des Präsidenten der FEB, mit dem Argument, dass keine Beweise für den Zusammenhang des Todes des Opfers mit den eingenommenen Medikamenten vorlagen, als gegenstandslos beurteilt.

Als verschreibendes und heilendes Medium wurde er mehrere Male strafrechtlich verfolgt, wobei der letzte Prozess im Jahr 1905 stattfand. Die fortlaufenden Heilungen durch seine medialen Verschreibungen störten die Ärzteschicht. Auch die Ordnungshüter des Gesundheitsamtes stellten sich gegen ihn, doch er ging aus jeder Anklage wegen illegaler Ausübung der Medizin mit unverletztem Ruf hervor und wurde jedes Mal freigesprochen.[88]

18. Rechtsauffassungen

Gibt es unter den Rechtsauffassungen solche, die positiv gegenüber Spirituellen Heilungen eingestellt sind?

Ja. Zahlreiche Autoren schreiben umfangreiche und günstig eingestellte Kommentare über Spirituelle Heilungen, wobei sie immer versuchen, Betrug von dem durch die Wissenschaft nicht zu Erklärenden zu trennen versuchen.

Gibt es, obwohl sich die Kommentare hier auf das brasilianische Recht beziehen, in der ausländischen Rechtsauffassung Autoren, deren Kommentare zugunsten Spiritueller Heilungen es verdienen hervorgehoben zu werden?

Wenn es sich um Rechtsauffassungen handelt, die juristisch von Belang sind, sind die Lektionen des bekannten Juristen Jimenez de Asúa bekannt, welcher der Meinung ist, dass immer dann keine strafrechtliche Verantwortung besteht, wenn eine geistige Störung, wenn auch nur vorübergehend, vorliegt. Ist dies der Fall, stellt der vorübergehende Bewusstseinsverlust den ein Verbrechen ausschließenden Grund dar, beziehungsweise:

Erstens, eine mentale Störung von unmittelbarer Ursache, nachweislich vorübergehend, welche mit der Heilung endet, die sich von einer permanenten Störung abhebt; zweitens, eine erwiesene pathologische Basis; drittens, dass sie den freien Willen und das Bewusstsein allgemein aufhebt, wobei nur eine Vernebelung nicht ausreicht. (ASÚA, 1942, S. 265)

Auch andere Zitate sind wichtig:

Deshalb nennen die Engländer ihren Zustand im Verlauf dieser Funktionen voller Freude als Trancezustand, was den Übergang in einen anderen Seinszustand

---

[88] FILGUEIRAS, Domingos. Erhältlich unter: http://www.universoespirita.org.br/textos-voluntários/DOMIMGOS.htm

bedeutet und heißt, dass sie in diesem Zustand ohne Bewusstsein...also nicht verantwortlich sind. (IMBASSAY, S. 85)

Der Berater Aksakof, versichert in seinem klassischen Werk - *Animismus und Spiritismus*: Alle Spiritisten wissen, dass die Manifestationen nicht vom Willen des Mediums abhängen, dies sowohl bei intellektuellen, als auch bei physischen Manifestationen; das Medium kann diese nicht hervorrufen. (AKSAKOF, S. 92)
Erinnern wir uns auch daran, dass das Medium das Phänomen, welches er erfährt, nicht besser versteht, vielleicht sogar noch weniger, da er ja nicht weiß, was während seiner Trance geschieht... Aus welcher Quelle auch immer die manifestierte Intelligenz stammen mag, sie lag vollständig außerhalb der normalen menschlichen Fähigkeiten... Alles, was wir sagen können, ist, dass es hinter diesen Manifestationen eine okkulte Intelligenz gibt, eine außerordentliche Affirmation, welche alle Fundamente des Materialismus zerstört. (BARRET, S. 97)

Dass sich die verdächtigen Heiler darin übertreffen, die Öffentlichkeit zu täuschen, um Geld zu verdienen, ist wahr. Doch die uneigennützigen Personen zu verfolgen, deren einzige Freude darin besteht, die Leiden ihres Nächsten zu lindern, ist eine empörende Ungerechtigkeit. (FERRIÈRE, S. 249)

Welche Zitate aus der brasilianischen Rechtsauffassung können besonders hervorgehoben werden?

Zahlreiche, darunter:

Diejenigen, welche sich der Methoden bedienen, die Teil des Rituals der Religion sind, der sie angehören, sind keine aktiven Straftäter. (JESUS)

Das Medium handelt nicht für sich; es gibt bei Phänomenen eine innerliche Kraft, welche diese hervorruft. Alle metaphysischen Autoren, selbst jene, die gegen das Eingreifen der Toten sind, betonen die Besonderheit, dass das Medium im Trancezustand manchmal eine völlig andere Persönlichkeit hat; er handelt unter fremdem Einfluss und kann sich diesem nicht immer entziehen.

Es ist jedoch nicht möglich zu garantieren, dass das anwendende und das verschreibende Medium sich seiner Handlungen bewusst ist, beziehungsweise immer frei handeln kann. (IMBASSAY, S. 81)

Die Medialität impliziert die partielle oder die absolute Lossagung vom bewussten Handeln des Mediums im Trancezustand. (IMBASSAY, S. 82)

Und stellen die religiösen Rituale, bei welchen chirurgische Eingriffe zur Linderung der Leiden des Opfers gemacht werden, bei welchen es zu Öffnungen seines Körpers, zu Amputationen, etc. kommt, ein Verbrechen dar? Das unwissende Individuum, das über keinerlei medizinische Kenntnisse verfügt, jedoch in religiösen Ritualen chirurgische Eingriffe vornimmt, entspricht nicht der Straftat der Quacksalberei, da es nicht möglich ist, diese Handlung in das typische Bild einer Straftat einzuordnen. Bei der Analyse des Abschnittes II sehen wir, dass der Artikel den Gebrauch von Gesten, Worten oder jeglicher anderer Mittel erwähnt. Also kann die Durchführung chirurgischer Eingriffe nicht in diese allgemeine Formel "jeglicher anderer Mittel" eingeordnet werden, da hierbei keinerlei Ähnlichkeit zum Gebrauch von Gesten und von Worten besteht, was eine analoge Einordnung erfordern würde.

Auch entspricht sie nicht der illegalen Ausübung der Medizin, denn dies würde erfordern, dass der Täter medizinische Kenntnisse hat, obschon er keine Habilitation besitzt. Gegebenenfalls könnte sie dem Vergehen der Körperverletzung entsprechen. Sind jedoch medizinische Kenntnisse vorhanden, kann sie als illegale Ausübung der Medizin eingestuft werden. (CAPEZ, S. 244)

Um das Verbrechen der Scharlatanerie aufzudecken, müssen immer starke Rückstände der Böswilligkeit festgestellt werden. Außerdem muss geprüft werden, ob die Tat unter dem eindeutigen Vorsatz des Täters geschah. (BITTENCOURT, S. 269)

Es ist notwendig, dass die Wunderheilung als Mittel oder eines der Mittel des Lebens angenommen wird. (BENTO DE FARIA, S. 77)

19. Richterliche Entscheidungen

Und was die Rechtssprechung angeht, findet man richterliche Entscheidungen zu Spirituellen Heilungen, die aufgrund irgendeiner Art spiritueller Manifestation für den Angeklagten ausgefallen sind?

Ja. Es gibt einige:

Das Auflegen der Hände und Gesten, die im Stile einer Anwendung gemacht werden, die einen streng religiösen Ursprung haben und auf Heilung spirituellen Charakters abzielen, sind keine strafrechtliche Form der sogenannten Quacksalberei. Artikel 284, II des Strafgesetzbuches kann seinem Wortlaut nach den Gegenstand des Glaubens umfassen, doch die betreffenden Praktiken müssen durch das Sieb der Moral, der guten Gewohnheiten und der öffentlichen Ordnung hindurchpassen. (RF, 184/333)

Um das Verbrechen der Scharlatanerie aufzudecken, müssen immer starke Rückstände der Böswilligkeit festgestellt werden. Außerdem muss geprüft werden, ob die Tat unter dem eindeutigen Vorsatz des Täters geschah. (RT, 299/434)

Bei der Ausübung der Quacksalberei in all ihren Formen wird immer das Vorhandensein des Vorsatzes vorausgesetzt, das heißt, dass der Täter das Ergebnis wünscht oder das Risiko eingeht, es hervorzurufen, was bei dem medialen Individuum nicht der Fall ist. Dieser ist im Trancezustand ohne Bewusstsein und kann somit nicht für die in seiner Abwesenheit von den Geistwesen, welche in ihn inkorporieren, ausgeführten Handlungen verantwortlich gemacht werden. (RT, 304/498)

Im Spiritismus sind "Anwendungen" Teil des Rituals, wie die Segnung der katholischen Priester, und sie stellen kein Delikt im Sinne des Art. 284 dar. (RT, 404/282)

Nicht charakterisiertes Delikt. Angeklagte verkündet durch Gesten und Worte die Heilung von Leiden. Vollbringen dieser durch natürliches Wasser. Kennzeichnende Gutwilligkeit. Ist sich nicht bewusst, dass das Betragen unerlaubt ist. Freispruch. Fehlen des subjektiven Elementes des Art. 284 des Strafgesetzbuches, der unerlässliche Vorsatz wurde nicht bewiesen, somit kann nicht von dieser Konfiguration gesprochen werden. (RT, 425/328)

Der gute Glaube des Gläubigen dient als "mediales Instrument", kann den Vorsatz abwenden. (RT, 425/328)

Wenn die Heilung, die der Angeklagte für die Leiden desjenigen anpries, der ihn aufsuchte, gemeinschaftlich durch Gebete, einer reinen Glaubensfrage, erbeten worden war, so stellt diese Praxis angesichts der durch die Verfassung garantierten Religionsfreiheit kein Delikt der Quacksalberei dar. (RT, 446/414)

Es handelt sich nicht um ein Delikt der Quacksalberei, wenn die Angeklagten als Vertreter einer religiösen Sekte sich darauf beschränkt haben, zu beten und für die Gesundheit der Menschen zu bitten, die für die Heilung ihrer Leiden zu ihnen kommen. (RT 452/406)

Verbrechen gegen die öffentliche Gesundheit. Quacksalberei. Beschreibung - Missionar einer ordentlich eingetragenen Sekte, der Wunderheilungen in seinen religiösen Diensten durch den Glauben des Kranken an Gott, durch die Salbung mit gesegnetem Wasser und Öl und das Verteilen von Hostien anpreist - Es fehlen Beweise für die Tatsache, dass er diagnostiziert, Medikamente verschrieben oder Arznei an Kranke verabreicht hat, die um ihrer selbst Willen als Wundermittel oder von geheimer und übernatürlicher Qualität durchdrungen betrachtet werden könnten - Außerdem Praktiken, die auch in anderen Religionen üblich sind - Freispruch - Anwendung des Art. 386, VI, do CPP und Art. 284 des CP. (TACrimSP - RT, 642/314)

Scharlatanerie und Quacksalberei. Dem Führer einer religiösen Sekte zugeschrieben. Anzeige beschreibt nicht einmal, ob die zugeschriebenen Vergehen möglichen Schaden angerichtet haben. Religionsfreiheit, außerdem verfassungsmäßig gesichert. Fehlen eines echten Grundes für ein strafrechtliches Vorgehen. Entschieden abgewiesen. (RT 699/376)

Ich kann die Heilung durch übernatürliche Mittel nicht als Ausübung der Medizin bezeichnen. Es wird nicht gesagt, dass der Berufungskläger Arzneien verschreibt. Er selbst sagt, dass er die Geistwesen anruft, und diese verschreiben. Es handelt sich jedoch um die Ausübung eines Kultes. Ich finde, dass das Vorgehen des Berufungsklägers keine Ausübung der Medizin darstellt, sondern die Manifestation eines religiösen Glaubens ist, der des Respekts ebenso würdig ist, wie jeder andere religiöse Glaube... Nun, ich habe noch nie gesehen, dass jemand beabsichtigt oder gar erreicht hätte, die kirchlichen Autoritäten, welche die Kirchen anführen und Wunder tun, einem gerichtlichen Verfahren zu unterwerfen. Heilen mittels Spiritismus heißt an das Eingreifen der Geistwesen zu glauben, wie auch wir Katholiken an das übernatürliche Eingreifen glauben. Aus diesen Gründen sollte die Tat nicht als Ausübung der Medizin, sondern als Glaubensmanifestation betrachtet werden. (IMBASSAY, S. 122)

Das Medium, welches von einem Geistwesen oder einer fremden Kraft eingenommen wird, kann keinerlei Ergebnis vorhersehen; obgleich er sich an ein Tischchen setzt und darauf wartet, dass die "Kraft" kommt, um die Medikamente für ihn zu verschreiben, ist das Ergebnis, welches er erwartet, gut; was das Medium voraussetzt ist immer ein gutes Ergebnis. Und das Vorhersehen eines guten Ergebnisses stellt sicherlich kein Verbrechen dar. (IMBASSAY, S. 124)

Wenn die verschriebenen Medikamente alle auf der Basis von Vitaminen sind; kein Rauschgift enthalten oder sie keine physische oder psychische Abhängigkeit verursachen; nicht gesundheitsschädigend sind oder keine Nebenwirkungen haben; und ohne ärztliche Verschreibung verkauft werden können, kann man nicht von Quacksalberei sprechen. (FRANCO, 1987, S. 1010)

Die Handlung des Segnens, üblich in vielen Religionen und Glaubensrichtungen, ist eine im ganzen Land verbreitete Praktik, und wenn derjenige, der sie ausübt daraus keinen Beruf mit Einkommen macht, stellt sie kein Delikt der Quacksalberei dar. (FRANCO, 1987, S. 1013)

HC - Strafverfahren - Religionsfreiheit - Scharlatanerie - Quacksalberei - Anzeige. Die Anzeige muss die Straftat mit all ihren Umständen beschreiben, so dass sie Gelegenheit bietet, das Verteidigungsrecht auszuüben. Scharlatanerie und Quacksalberei beziehen die Liste der Verbrechen gegen die öffentliche Gesundheit mit ein, beziehungsweise werden gegen eine unbestimmte Personenzahl ausgeübt. Verbrechen mit konkreter Gefahr (möglichem Schaden). Das Strafrecht der Schuld ist mit der abstrakten Gefahr, der etwaigen Annahme auf hypothetischer Ebene nicht vereinbar. Der Mensch ist für das was er getan hat oder unterlassen hat verantwortlich. Die reine Vermutung wird abgelehnt. Derart muss die Anzeige das Ergebnis angeben (in genormter Form). Andernfalls wäre sie nicht adäquat. Die Religionsfreiheit ist verfassungsmäßig garantiert und der Ort des Gottesdienstes geschützt. (STJ, HC n. 1.498)

Literaturverzeichnis

A VIDA DE SAOFRANCISCO XAVIER:
Available at:<http://apostolado.sites.uol.com.br/morxa.htm>. Accessed: jan 11 2005.

_____.Available at: <http://apostolado.sites.uol.com.br/besa.htm>. Accessed: jan 11 2005.

ADOLFO BEZERRA DEMENEZES CAVALCANTI.
Available at: <http://www.feparana.com.br/biografias/adolfobezerra.htm>. Accessed: jan 11 2005.

ALVES, Carlos Joel Castro. *O Espinho e a Rosa.* Uberaba: Editora Vitória, 1997.

_____. *Uma Missao de Amor.* Uberaba: Editora Vitória, 1995.

ARANTES, Hércio Marcos C. *Lealdade*. 5. ed. Sao Paulo: Instituto de Difusao Espírita, 1992.

A MINAS DO REI SALOMAO. Available at: :<http://www.acasicos.com.br/html/salomao.htm>. Accessed: jan 11 2005.

ASÚA, Jimenes de. El Criminalista: Editoria La Ley,vol. 2, Buenos Aires, 1942. P. 265, *apud.* POVOA, Liberato. In: *Joao de Deus* Fenomeno de Abadiania, p. 21/22.

BRASANULFO, Euripedes. <http://www.ceismael.com.br/bio/bio08.htm>. Accessed: jan 11 2005.

_____.Available at: <http://www.terraespiritual.locaweb.com.br/Espiritismo/biografia53.html>. Accessed: sep 12 2005.

BASÍlIO, José. *Bezerra de Menezes*. Available at: <http://www.geae.inf.br/pt/briografias/bezerra menezes.php.>. Accessed: jan 11 2005.

_____. Zé Arigó. Available at: <<http://www.geae.inf.br/pt/briografias/arigo.php>. Accessed: jan 11 2005.

BATISTA, Eva Patrícia. *Bezerra de Meneszes.*
Available at: <http://www.espirito.org.br/portal/artigos/neurj/bezerra.html>. Accessed: jan 14 2005.

BERNARDO, Carlos A. *Iglesia.* Available at: <http://www.geae.inf.br/pt/briografias/andreluiz.php.>. Accessed: jan 14 2005.

BITENCOURT, Cezar Roberto. *Tratado de Direito Penal.* Sao Paulo: Saraiva, 2004, v. 4, p. 269.

BITENCOURT, Inácio. Available at:
<http://www.omensageiro.com.br/personalidade/personalidade8.htm>. Accessed: sep 12 2005.

BRAGDON, Emma (PhD) *et al. spiritual Alliances.* 5 Ed Woodstock (EUA): Lightening Up Press, 2004.

BRASIL. *Código de Processo Civil.* Atualizado até 10-01-2005. 35. ed. Sao Paulo: Saraiva, 2005.

BRASIL. *Código de Processo Penal.* Código Universitário Sraiva. Atualizado até 13-01-2005. 35. ed. Sao Paulo: Saraiva, 2005.

BRASIL. *Código Penal.* Código Universitário Sraiva. Atualizado até 13-01-2005. 35. ed. Sao Paulo: Saraiva, 2005.

BRASIL. *Constituicao Federal* Código Universitário Sraiva. Atualizado até 1301-2005. 35. ed. Sao Paulo: Saraiva, 2005.

BRASIL. Superior Tribunal de Justica, HC n. 1.498 Rel. Min. Luiz Vicente Chernicchiaro.

BRASIL. Supremo Tribunal Federal. CASTRO, Monistro Viveiros de. In: IMBASSAY, Carlos. *Mediunidade e a Lei*, p. 122.

BRASILEIRO, Emídio Silva Falcao. *O Livro dos Evangelhos* Sao Paulo: Lúmen Editorial, 2000.

CAMPOS, Humberto de. *Academia Brasileira de Letras.*
Available at: <http://www.biblio.com.br/Templates/humbertodecampos/humbertodecampos.htm>. Accessed: may 09 2005

_____.Available at: <<http://www.feparana.com.br/biografias/humberto_campos.htm>. Accessed: may 09 2005.

CAPELLI, Esse. *Crestomatia Espirituasista* A grande análise. 2. ed. Goiania: Proluz, 2004.

_____. *Mediunidade* Elucidacoes práticas. Gioania: Proluz, 2000.

_____. *Reencarnacao, a mediunidade e a* BÍBLIA. Goiania: Proluz, 2001.

CAPEZ, Fernando. *Curso de Direito Penal* Parte Especial. Sao Paulo: Saraiva, 2004, v. 3, p. 244.

DIÁRIO DA MANHA. Goiania, domingo, September 11, 2005, caderno *Cidades*, p. 4.

EGITO, Lárcio do. *Grandes Iluminados* Salomao. Available at: <http://joselarciodoegito.com.br/site-salomao-232htm>. Accessed: jan 11 2005.

EMMANUEL. Avaiable at: <http://www.ame.org.br/emmanuel.htm>. Accessed: jan 11 2005.

_____. Available at: <http://www.editoraideal.com.br/benfeitores/benfeitores-08.htm>. Accessed: jan 14 2005.

FERAUDY, Roger. *A Terra das Araras Vermelhas* 4. ed. Limeira: Editora do Conhecimento, 2003.

FERREIRA, Lana Basílio. *A Paranormalidade em Face da Lei e da Ciencia.* Dissertacao de Pós-Graduacao. Recife: Faculdade de Direito UFP, 1993.

FILGUEIRAS, Domingos. Available at: <http://www.universoespirita.orgbr/textos_voluntários/DOMINGOS.htm>. Accessed: sep 13 2005.

FRANCO, Alberto Silva. *et. al.* Código Penal e sua Interpretacao Jurisprudencial. 2. ed. *Revista dos Tribunais* Sao Paulo, 1987, p. 1010/1013.

FRANCO, Divaldo P. *No Limiar do Infinito* 4. ed. Salvador: Livraria Espírita Alvorada Editora, 1995.

FULLER, Jonh. *ARIGÓ:* O Cirurgiao da Faca Enferrujada. Sao Paulo: Nova Época Editorial Ltda, 1974.

GARCIA, Ismar Estulano. *Procedimiento nas Infracoes de Menor Potencial Ofensivo* Goiania: AB Editora, 2005.

HAWKING, Stephen *et al. A Briefer History of Time.* Rio de Janeiro: Ediouro, 2005, p. 4, 51 e 53.

HOLTZ, Alberto. *Sapiens* 100 % Ciencia, Família Super. Edtora Abril, Edicao 01, setembro/2004, p. 30.

HOUAISS, Antonio. *Dicionário Houaiss da lngua portuguesa*. Rio de Janeiro: Editora Objetiva, 2004.

IMBASSAHY, Carlos. *A Mediunidade e a Lei* 3. ed. Rio de Janeiro: Federacao Espítira Brasileira, 1983, p. 81/82/85.

IRMA SCHEILLA. Available at:<http://www.grupoirmascheilla.com.br/Quem%20e 20%Irma%Scheilla.htm>. Accessed: sep 15 2005.

JESUS, Damásio Evangelista de. *Direito Penal*. 15. ed. Sao Paulo: Saraiva, 2002, v. 3.

_____. *Direito Penal Anotado* Sao Paulo: Saraiva, 1989.

KARDEC, Allan. *O Céu e o Inferno*. 52. ed. Rio de Janeiro. Federacao Espírita Brasileira, 2003.

_____. *O Livro dos Espíritos* 74. ed. Araras: Instituto de Difusao Espírita, 1992.

_____. *O Livro dos Médiuns*. 20. ed. Araras: Instituto de Difusao Espírita, 1991.

_____. *The Sprits Book*. 10. ed. Sao Paulo: LAKE Livraria Allen Kardec Editora. Tr. Anna Blackwell.

KENDALL, Margareth. *Religioes em Diálogo* Colecao Cultura Religiosa. Sao Paulo: Edicoes Sao Paulo, 1997.

LEYMARIE, Madame P. C. *Processo dos Espíritos*. (Resumo em portugues de *Procés des Spirites*, por Hermínio C. Miranda). 2. ed. Rio de Janeiro: Federacao Espírita Brasileira, 1977.

LIMA, Luiz Rocha. *Medicina dos Espíritos* Rio de Janeiro: Educandário SocialLar de Frei Luiz, 1984.

LOPES, Jair Leonardo. *Em Defesa de Arigó*. Belo Horizonte: [s.n.], 1965.

LOYOLA, Inácio de. Available at:<http://www.fca.org.br/inacio.htm>. Accessed: jan 11 2005.

LOYOLA, Santo Inacío de. Available at:<http://www.planeta.terra.com.br/arte/sfv/StInacio.html>. Accessed: jan 11 2005.

LUCCA, José Carlos de. *Justica Além da Vida*. Sao Paulo: Petit Editora, 2004.

LUIZ, André. *Perfil e Obra*. Available at: <http://www.geocities.com/Paris/Tower/1120/andre.html>. Accessed: jan 14 2005.

MAES, Hercílio. *Mediunidade de Cura* 11 ed. Limeira: Editora Conhecimento, 2003.

MILLER, René Fülöp. *Os Santos Que Abalaram o Mundo* Traducao de: Oscar Mendes. 16. ed. Rio de Janeiro: José Olímpio, 2004

MORSCH, Arthur Rocha (SJ). *Inacío de Loyola* Sao Paulo: Edicoes Loyola, 1993.

MURPHY, Joseph. *O Poder do Subconsciente* 38. ed. Rio de Janeiro: Record, 1994.

OLIVEIRA, Weimar Muniz. *O Apóstelo de Século XX* Chico Cavier. Goiania: Federacao Espírita do Estado de Goiás, 2001.

_____. *A Filosofia do Direito* Além da 3ª Dimensao. 3. ed. Goiania: Federacao Espírita do Estado de Goiás, 2004.

ORTIZ, Fernando. *Filosofia Penal dos Espíritas* 2. ed. Sao Paulo: LAKE-Livraria Allan Kardec Editora. Traducao de: Carlos Imbassay, 1998.

PARANHOS, Roger Bottini. *Akhenaton* A Revolucao Espiritual do Antigo Egito. Limeira: Conhecimento, 2004.

PELEGRINO-ESTRICH, Robert. *Joao de Deus*: O Curador es Seus Milagres. Sao Paulo: Editora e Gráfica Terra.

PEREIRA, Yvone. A. *Memórias de um suicida* 2. ed. Rio de Janeiro: Federacao Espírita Brasileira, 2004.

PIRES, J. Herculano. *ARIGÓ* Vida, Mediunidade e Martírio. 4. ed. Sao Paulo: EME, 1998.

POVOA, Liberato. *Joao de Deus* Fenomeno de Abadiania. 5.ed. Anápolis: Editora Múltipla, 2003.

REVISTA ISTO É . Cajamar: Deitora Tres, n. 1889, 2005.

REVISTA CRISTA DE ESPIRITISMO. Sao Paulo: Editora Vivencia, ano VII, n. 37, 2005.

REVISTA ESPIRITA ALLAN KARDEC. Gioania: ano XIII, n. 53, julho, 2005.

REVISTA PARAPSICOLOGIA. Sao Paulo: Editoria Arte Antiga, ano 2, n. 23, 2005.

REVISTA UNIVERSO ESPÍRITA. Sao Paulo: Editora Universo Espírita, ano 2, n. 24/26, 2005.

REVISTA VIDA & RELIGIAO. Sao Paulo: Editora ON Line, ano 1, ed. 06, 2006

ROCHA, Osvaldo Pereira. *Rei Salomao*. Available at: <http://www.oprocha.elo.com.br/rei-salomao.htm>. Accessed: jan 12 2005.

ROHDEN, Huberto. *Setas na Encruzilhada* Rio de Janeiro: Freitas Bastos S/A, 1967.

SAVARIS, Alfredina Arlete. *Curas Espirituais Realizados por Joao Teixeira de Faria* Monografia (Especialista em Estudos da Consciencia) Faculdade de Ciencias Biopsìquicas do Paraná, Curitiba, 1997.

SCHRITZMEYER, Ana Lúcia Pastore. *Sortilégion de Saberes* curandeiros e juizes nos tribunais brasileiros (1900 1990). Sao Paulo: IBCCRIM, 2004.

SILVA, Fernando Correia da. *Osvaldo Cruz* Available at: <http://www.vidaslusofanas.pt/osvaldo_cruz.atm>. Accessed: jul 14 2005.

SOUTO MAIOR, Marcel. *As Vidas de Chico Xavier* 2. ed. Sao Paulo: Planeta, 2003.

TELES, Ney Moura. *Direito Penal* Parte Especial. Sao Paulo: Editoria Atlas, 2004. v. III.

TIMPONI, Miguel. *A Psicografia Ante os Tribunais* 5. ed. Rio de Janeiro: Federacao Espírita Brasileira, 1978.

TRIBUNAL de Alcada Criminal de Sao Paulo. *Revista dos Tribunais* n. 642, p. 314.

XAVIER, Chico. *Fragmentos de uma vida* Available at: <http://www.mensageiros.org.br>. Accessed: jul 14 2005.

_____. Available at: <http://www.canaljustica.jor.br/index.php?ed=15628>. Accessed: sep 12 2005.

_____. Available at: <http://www.omensageiro.com.br/personalidades/personalidade2a.htm>. Accessed: jan 14 2005.

XAVIER, Francisco Candido. *Voltei.* 21. ed. Rio de Janerio: Federacao Espírita Brasileira, 2001.